·终身学习与可持续发展教育研究丛书·

张翠珠　史枫　桂敏　林世员◎编著

北京市学习型城市建设发展报告（2020）

知识产权出版社
全国百佳图书出版单位
—北京—

图书在版编目（CIP）数据

北京市学习型城市建设发展报告. 2020 / 张翠珠等编著. —北京：知识产权出版社，2022.5
ISBN 978-7-5130-8109-2

Ⅰ.①北… Ⅱ.①张… Ⅲ.①城市建设—研究报告—北京—2020 Ⅳ.①F299.271

中国版本图书馆 CIP 数据核字（2022）第 050981 号

责任编辑：王颖超　　**责任校对**：谷　洋
封面设计：北京麦莫瑞文化传播有限公司　　**责任印制**：孙婷婷

北京市学习型城市建设发展报告（2020）
张翠珠　史　枫　桂　敏　林世员　编著

出版发行：知识产权出版社有限责任公司　　**网　　址**：http://www.ipph.cn
社　　址：北京市海淀区气象路 50 号院　　**邮　　编**：100081
责编电话：010-82000860 转 8655　　**责编邮箱**：wangyingchao@cnipr.com
发行电话：010-82000860 转 8101/8102　　**发行传真**：010-82000893/82005070/82000270
印　　刷：北京九州迅驰传媒文化有限公司　　**经　　销**：新华书店、各大网上书店及相关专业书店
开　　本：720mm×1000mm　1/16　　**印　　张**：20.5
版　　次：2022 年 5 月第 1 版　　**印　　次**：2022 年 5 月第 1 次印刷
字　　数：300 千字　　**定　　价**：98.00 元
ISBN 978-7-5130-8109-2

《北京市学习型城市建设发展报告（2020）》编委会

编　著　张翠珠　史　枫　桂　敏　林世员

前 言

北京是全国首个提出建立终身学习制度和学习化社会的城市。自2000年起,北京启动全市范围的学习型城区和学习型组织创建活动,后期逐渐形成北京特色的学习型城市建设工作机制、工作模式和工作基础,为学习型城市建设提供了相对充分的组织、队伍、制度的保障。北京市学习型城市建设通过整体设计和系统推进,在全市层面对北京市学习型城市建设的蓝图进行统一规划,形成组织推进体系、终身教育体系、终身学习服务体系、制度体系等系统建设路径,为学习型城市建设提供清晰的目标和稳步推进的路线图。

截至"十三五"规划末,北京市16个区全部通过先进区的认定,西城区、房山区、顺义区等7个区通过示范区的认定。先进区和示范区的创建,大力推进了学习型街道、学习型乡镇、学习型社区和学习型家庭等持续建设,同时充分发挥教育服务区域发展、服务社会治理的功能,促进教育更加开放,将学习型城区建设与推进区域治理特别是社会治理体系和治理能力现代化相结合。

值此"十四五"规划的开局之年,本书着重对北京市学习型城市建设与发展的实践模式、阶段特征和未来展望进行梳理总结。本书主要分为三个部分。第一部分详细分析北京市学习型城市建设的时代背景、发展动因、推进路径和实践模式等,阐释其突出成效,并展望未来建设重点。

第二部分对北京市16个区和燕山地区的学习型城区发展现状、典型做法和特色亮点进行汇编。第三部分是北京市部分区的典型实践案例,涵盖基层党建、家校社协同育人、学习成果认证、老年教育、大教育体系建设等方方面面。

本书由北京教育科学研究院终身学习与可持续发展教育研究团队主编,是对北京市学习型城市发展模式和实践特色的集中整理与分析。本书可供教育理论研究人员、成人教育实践者、各级各类教育行政主管部门、城市发展研究人员等专业人士阅读参考。本书为整理汇编,不周之处在所难免,尚祈业内专家不吝指教。

目　录

第一部分　建设充满创新精神和发展活力的学习之都

第二部分　区域发展:北京市学习型城区建设发展报告

第三部分　路径探索:北京市学习型城市建设的特色实践

附　录

第一部分　建设充满创新精神和发展活力的学习之都

一、社会发展背景

20世纪60年代中后期，发达国家社会“进入被称为后工业的年代以及文化进入被称为后现代的年代”[1]。科学技术的进步极大地促进了人类社会的物质文明建设，并使其在经济、政治和文化的发展方面取得了很大成就；但过度的工业化也带来不少负面影响乃至严重后果，诸如环境污染、资源枯竭、城市功能不足等。以物质和资本投入为主要驱动力的发展方式逐渐走到了尽头，人类社会进入重大转型时期。同时，由于科技的飞速发展和人类知识总量的迅速积累，科技进步日益成为经济发展的决定因素。一种基于高新技术产业化的新型经济开始孕育，知识成为首要的生产力，人类正在步入一个以智力资源的占有、配置，知识的生产、分配、使用（消费）为最重要因素的经济时代——知识经济时代。

知识经济是在充分知识化的社会中发展的经济，是促进人与自然协调、可持续发展的经济；是以无形资产投入为主的经济；是在世界经济一体化条件下的经济；是以知识决策为导向的经济。这样的一种新型经济，与工业经济相比有许多重大的改变：从交往手段看，知识经济是和物流经济相对的信息经济；从产业结构看，知识经济是继农业、工业经济之后的高科技经济；从自然资源角度看，知识经济是取代大量消耗自然资源经济的可持续发展经济；从人力资源看，知识经济是不同于劳力经济的智力经济，其价值体现在智力和知识的占有上。在知识经济中，经济发展的动力越来越不依靠自然资源和物质资本的投入，而是知识、智力、无形资产的投入起决定性作用。在现代经济中，知识正在成为真正的资本与首要的财富。

由生产力和生产关系统一构成的社会生产方式对教育形态起决定作用。

---

[1] ［美］让-弗朗索瓦·利奥塔尔．后现代状态：关于知识的报告［M］．车槿山，译．南京：南京大学出版社，2011：11.

教育的基本职能是传授知识、促进人的发展。知识经济的发展，意味着教育时代的到来，意味着教育对未来社会、未来经济承担着更深重的责任和更艰巨的任务，意味着教育必须根据经济、社会的新变化和新要求在教育思想、价值观念、教育体制、目标、内容、方法等各个方面进行创新和变革，教育必须在促进人的全面和可持续成长与发展方面做出重大改变。

首先，人是知识积累的载体，知识的空前积累表现为知识的爆炸、在社会各个层面的渗透和更新速度的加快，人仅仅是完成学校阶段的教育显然已远远不够，教育必须在时间和空间上延伸，与生命有共同外延并扩展到社会的各个方面。

其次，科技的快速发展，以及产业结构调整、职业变化加快，对人的适应能力提出更高要求，不但要贯穿终身，而且要求全面。从这个目标出发，教育必须超越传统的启蒙教育与继续教育的阶段划分，如文化教育与职业教育、职前教育与职后教育等，重新规划、安排教育的各个阶段及其之间的过渡与沟通，并使教育的途径多样化，同时提高每种途径的价值。

最后，知识经济是在充分知识化的社会中发展的经济，是在物质发展极为丰富的基础上发展的，拥有知识不仅成为社会发展的基础，更是每个人生存、发展的必备条件，是人们提高生活质量、促进职业生涯发展的基础。因此，教育成为每个人在身体、智力、情感、社会交往等各个方面，最充分地利用其禀赋和能力的必不可少的条件。

总之，针对工业社会对人类的异化，针对知识经济兴起对人的全面发展的要求，越来越多的专家学者开始反思片面的、以物为中心的发展观，提出了以人为本的社会发展观，即将人的全面发展视为社会发展的根本目的，提出了教育改革的新思想、新目标和新方向。终身教育思潮、学习型社会理论应运而生、渐成趋势。

20 世纪 60 年代以来，终身教育思想在世界范围得到广泛传播，世界上许多国家已经把终身教育作为 21 世纪教育发展战略的重点，并根据终身教育思想、观念而构建起一套原理原则、价值体系及行动规范，对教育加以改革和改造；并逐渐认识到，要实现终身教育的理想，保障和促进人的终身教育与终身学习，就必须建设“学习型社会”。从20世纪80年代至今，终身教育更由一种教育思潮发展成为方兴未艾的国际教育乃至社会改造运动。此外，在社会转型大背景下，对工业社会发展方式的反思、知识经济发展的迫切要求使社会发展走向更加可持续的发展道路。“建设学习型社会”是实现以人为本的协调和可持续发展社会的基本途径，成为一种渐被各界人士认同并支持的新的社会发展目标和方式。

二、北京市建设学习型城市的动因

2020年是“十三五”的终局之年，也是承接“十四五”的关键之年。作为我国的首都，北京市国民经济和社会发展始终走在全国前列。早在20世纪90年代，北京市委、市政府就对世界多极化、经济全球化背景下的城市发展面临的机遇和挑战有着清醒的认识。为了落实基本实现现代化、建设“三个北京”和世界城市的发展目标，北京市委、市政府把建设学习型城市列入首都经济和社会发展的战略目标加以推动和落实：1999年北京市委、市政府在《关于深化教育改革全面推进素质教育的意见》中明确提出“率先基本实现以建立终身学习制度和进入学习化社会为主要标志的教育现代化”目标；2002年北京市第九次党代会提出“构建学习型社会，推进首都教育现代化”的战略目标。2005年北京市委在《关于制定北京市国民经济和社会发展第十一个五年规划的建议》中提出“努力构建终身教育体系，积极推动学习型城市建设”。2007年北京市委、市政府召开全市建设学习型城市工作会议，颁布《关于大力推进首都学习型城市建设的决定》，明确指出：“大力推进学习型城市建设是应对知识经济挑战，适应经济全球化，增强城市综合竞争力的必然选择；是建设创新型城市的基础和前提；是落实科学发展观，建设社会主义新农村，构建社会主义和谐社会首善之区的重要保证；是构建全民学习和终身学习的现代教育体系，提高广大市民素质，促进人的全面发展的现实需要。”

2010 年 2 月，中共中央办公厅印发《关于推进学习型党组织建设的意见》指出：“当今世界正处在大发展大变革大调整时期，世界多极化、经济全球化深入发展。特别是现代科学技术进步日新月异，知识创造、知识更新速度大大加快，创新能力越来越成为综合国力和国际竞争力的核心因素。无论是一个国家、一个民族还是一个政党，如果不加强学习、不提高学习能力，势必落后于时代。”正是基于对当今时代发展本质和趋势的准确把握，党的十六大、十七大、十八大报告提出要形成、建设全民学习、终身学习的学习型社会；党的十九大报告进一步强调：“办好继续教育，加快建设学习型社会，大力提高国民素质。”党的十六届三中、四中、五中、六中全会都把创建学习型社会作为坚持科学发展观，建设社会主义和谐社会以及“十一五”期间全面建设小康社会的重要组成部分；党的十七届四中全会又进一步提出建设马克思主义学习型政党的要求。建设学习型社会成为国家政治、经济和社会发展的重要战略目标。党的十九届四中全会进一步明确：“要加快发展面向每个人、适合每个人、更加开放灵活的教育体系，建设学习型社会。”

2020 年突如其来的新冠肺炎疫情考验着北京的城市治理能力和治理水平，学习型城市建设在面临危机的背景下依旧履行着提供优质、公平的学习机会的承诺。北京市各级各类教育机构都认真执行“停课不停学”的政策，特别是社区学院，发挥着给普通市民传播健康理念、丰富防疫知识的重要作用。

20 余年来，北京市学习型城市建设取得了显著的成效，其基本经验如下。

第一，把建设学习型城市与首都城市发展目标和工作重点——落实科学发展观、构建和谐社会首善之区、建设创新型城市以及教育改革和创新——紧密结合起来。

第二，建立良好的创建工作领导体制和运行机制，形成党委领导、政府主导、部门联动、社会协同、全民参与的学习型城市建设格局。

第三，不断完善终身教育体系和覆盖城乡的终身学习服务体系。

第四，大力推进各类学习型组织创建活动，形成良好的推动模式。

第五，重视理论研究，注重发挥科研的先导作用。

第六，制定政策，完善措施，建立有效的创建保障机制。

在上述经验中，把推进各级各类学习型组织创建作为建设学习型城市的重要的基础性工作，形成党委领导、政府推动、教育主导、条块结合以及专家指导、自愿参与、以评促建的创建工作推动机制，是北京市学习型城市建设实践的一个鲜明特色。

三、北京市学习型城市建设的阶段和特征

自 1999 年北京市委、市政府在《关于深化教育改革全面推进素质教育的意见》中明确提出“率先基本实现以建立终身学习制度和进入学习化社会为主要标志的教育现代化”目标至今，北京建设学习型城市已历经 20 余年发展，大致经历了三个发展阶段。

（一）学习型城市建设起步阶段（1999—2007 年）

以 1999 年北京市委、市政府印发《关于深化教育改革全面推进素质教育的意见》和 2007 年北京市委、市政府颁布《关于大力推进首都学习型城市建设的决定》为起止标志。这一时期的工作是以宣传终身教育、学习型社会、学习型组织理念为先导，以推进创建学习型企业、学习型区县等学习型组织评估和发展作为北京市学习型城市建设的基础和实践的切入点。

2000 年 12 月，北京市教委印发《关于深化企业教育综合改革，建立现代企业教育制度，创建学习型企业的若干意见》。2001 年 6 月，由北京市教委牵头，会同市经委、市商委、市建委、市市政管委联合印发《关于开展“发展企业教育，创建学习型企业先进单位”评估工作的通知》，发布“发展企业教育，创建学习型企业先进单位评估指标体系”，成立学习型组织建设专家指导组。

2001年11月至2002年1月，专家组对北京西单商场股份有限公司、北京蓝岛大厦有限责任公司和北京翠微大厦股份有限公司进行试评估。三家商业企业成为北京市首批“发展企业教育，创建学习型企业先进单位”。以此为标志，北京建设学习型城市、创建学习型组织的评估工作和实践探索正式拉开序幕。

2001年，北京市政府办公厅转发《北京市教委关于全面推动社区教育发展，促进首都学习化社区建设的意见》（以下简称《意见》）。《意见》提出：“在3—5年内建立较为完善的社区教育体系，基本形成具有区域特色、能满足社区成员日益增长的精神文化需求的学习化社区。”为贯彻和落实《意见》精神和工作目标，2002年5月，经过专家组评估，西城区成为北京市第一个“发展社区教育，创建学习型区（县）先进区”。

2002—2004年，北京市教委组织专家连续三年开展“北京市示范性社区教育中心”评估工作，为下一步创建学习型街道和乡镇工作打下扎实基础。

2001年至2007年年初，经过严格评估，共有首钢、同仁堂等32家企业被正式评为“北京市发展企业教育，创建学习型企业先进单位”；西城区、海淀区等11个区县（含燕山地区），被评为“北京市发展社区教育，创建学习型社区先进区（县）”；34家社区教育中心被评为“北京市示范性社区教育中心”。

2007年3月30日，北京市委、市政府颁布《关于大力推进首都学习型城市建设的决定》（以下简称《决定》）。《决定》明确提出：“推进学习型城市建设的目标是：到2010年北京初步建成学习之都，成为以现代终身教育体系和学习型组织为基础，以广大市民的良好素质为支撑，教育事业最发达、学习资源最丰厚、学习氛围最浓厚、学习条件最优越、优势人才最集中、能够通过学习带动各项工作创造一流业绩、充满创新精神和发展活力的知识化、国际化大都市，为实现‘新北京、新奥运’战略构想，为构建社会主义和谐社会首善之区奠定坚实的基础。”阐述了推进学习型城市建设的重要意义、指导思想、基本要求、总体目标和具体目标，明确了学习型组织建设是北京市学习型城市的重要基础，而且对不同类别组织的创建内容和重点都作出了明确要求。自此，北京市学习型城市建设工作从创建学习型组织为切入点的局部实践，上升为城市发展的一项重要战略，成为一项有顶层设计、规划和系统推进的重要事业。

由于各级领导重视，工作方向明确、目标清晰，所以在北京市学习型城市建设的起步阶段就为今后的发展奠定了良好、深厚的基础。其主要特征为：

（1）市委、市政府重视。将终身教育和学习化社会理念吸收到教育改革和发展战略中，纳入北京市经济社会发展五年计划和教育专项规划，支持教育行政部门发挥统筹协调作用，推动学习型社会建设。

（2）提供政策保障。从市委、市政府颁布《决定》、委办局联合发文推动创建，到市教委发布“北京市创建学习型区县/组织先进区县/单位系列评估指标体系”，共计发文 30 多项，不但为学习之都建设作出系统、完整的顶层设计，还为工作开展提供了充足的依据。

（3）学习化社会目标包含在教育现代化目标之中。创建工作以市教育行政部门为主导，各区县党委政府积极响应，区县教委组织落实，初步形成了学习化社会建设工作体制。

（4）以评促建为主要手段。2001 年，市教委成立专家指导委员会，建立专家队伍，形成以宣讲、视导、评估和回访为主要环节的评估工作流程，在创建工作中发挥了重要作用。

（5）政府投入有了机制保障。市教委每年安排专项资金用于表彰和奖励创建学习型城市工作先进单位，支持基层学习型组织创建活动。各区县政府按照常住人口每年人均 1 元标准投入社区教育，西城区、顺义区还把这一标准提高到 2 元。

（6）加强理论研究和宣传，培养创建工作队伍。2002 年设立学习型城市建设市级课题，时任市委教育工委副书记夏强担任课题组组长，研究成果《关于在北京构建学习型城市的构想》公开发表。市教委重视学习化社会创建工作队伍建设，组建专家组，对企业和区县创建工作开展评估。每年举办培训班，对区县教委、行业主管部门、社区街道、企事业单位及各类学校的相关负责人进行培训，收到良好效果。[1]

（二）体系建设与系统评估阶段（2007—2013 年）

以 2007 年北京市委、市政府召开建设学习型城市工作会议、颁布《关于大力推进首都学习型城市建设的决定》（以下简称《决定》）和 2013 年首届国际学习型城市大会在北京召开、发布《建设学习型城市北京宣言》（以下简称《北京宣言》）为这一阶段的起止标志。

以建设学习型城市工作会议召开和《决定》颁布为标志，北京市学习型城市建设进入落实发展战略、进行体系建设的新阶段。

1. 确定目标体系

《决定》明确提出学习型城市建设的总体目标和可落实的具体目标：

（1）构建各类教育相互沟通和相互衔接的终身教育体系和服务全民的终身学习体系；

（2）学习和创新成为首都发展的重要理念和市民的普遍行为；

（3）各类学习型组织的创建活动覆盖全市；

（4）把和谐文化建设放在突出位置，以学习型城市建设促进和保证首都成为社会主义和谐社会首善之区；

（5）把落实人文奥运行动计划与创建学习型城市活动紧密结合起来。

2. 建立管理组织体系

（1）建立科学的领导管理体系，完善组织领导机构。根据《决定》的要求，北京市成立由市领导任组长、29 个委办局负责人任副组长的“建设学习型城市工作领导小组”，负责组织协调全市学习型城市建设工作；领导小组办公室设在市教委；建立健全各级领导责任制，建立“一把手”为“第一责任人”的制度。

（2）各区县建立健全相应的指导协调工作机构，负责推进本地区学习型

---

[1] 孙善学．北京市学习型城市建设历程、特征及趋势研究［J］．经济与管理研究，2014（7）：94-101.

城区创建工作。

（3）加强各部门统筹协调、资源整合，充分发挥工会、共青团、妇联、科协等人民团体和社会组织的作用，形成党委领导、政府主导、部门联动、社会协同、全民参与的学习型城市建设格局。

3. 确立实施体系，推动实践发展

（1）健全首都终身教育体系和终身学习服务体系。将终身教育体系扩展为终身学习服务体系，在市委、市政府的文件中予以确立，是北京市在建设学习型城市理论与实践上的创新。主要内容包括：建立终身教育制度，促进终身学习；大力开展社区教育，满足社区居民的多样化学习需求；大力发展职业培训，全面提高从业人员的职业技能；大力加强农村教育，推动社会主义新农村建设；建立覆盖全社会的终身学习服务体系；充分发挥现代信息网络在终身教育体系中的重要作用；等等。

（2）完善学习型组织创建与评估体系。学习型组织建设与评估也由此从单一的创建学习型企业和学习型区县，扩展到创建学习型街道和乡镇，创建学习型学校、机关、医院、科研院所等各类组织，人们对学习型组织理论的认识以及创建实践也在不断深化。市教委组织专家组制定、完善北京市创建学习型企业、街道、乡镇、新村、机关、学校等系列指标体系，并会同相关委办局联合发文，系统推进各类学习型组织创建工作，进行广泛的实践和积极的探索，并涌现出大批创建先进单位和典型。

4. 建立保障体系和机制

（1）加大对创建学习型城市的宣传力度。宣传和表彰学习型城市建设过程中涌现出来的先进典型，介绍推广个人和组织积极学习的经验；营造建设学习型城市的舆论氛围。

（2）完善学习激励机制和先进典型的表彰奖励制度。对个人建立和完善培训、考核、使用与待遇相结合的激励机制。每年对在创建学习型区县、学习型组织活动中涌现出来的先进集体和先进个人进行表彰。启动首都市民学习品牌、首都市民学习之星的评审与表彰工作。

（3）完善投入保障机制。形成政府、企事业单位、社会团体共同承担的投入保障机制。各级财政每年要安排一定比例的经费用于支持终身教育和学习型城市建设，确保建设学习型城市工作的稳定投入。

（4）加强学习型城市建设的理论研究与交流。2007 年 2 月，市教工委、市教委成立北京市学习型城市研究中心，作为学习型城市建设的专门研究机构，开展理论与实践研究，编写出版指导丛书和培训教材。定期总结交流建设学习型城市和各类学习型组织的实践经验。

（5）加强学习型城市创建队伍建设。发挥首都理论研究人才聚集的优势，建立一支实力较强、结构合理、善于创新的理论研究专家队伍，有一定理论水平和丰富实践经验的管理工作者队伍和社区教育志愿者队伍。

5. 举办首届国际学习型城市大会，搭建国际交流合作机制

随着学习型城市建设工作的全面推进以及理论与实践研究的逐步深入，北京与联合国教科文组织（UNESCO）及英国、德国、美国、韩国等开展多方面的研究、研讨与合作。先后举办终身教育、终身学习研讨会和论坛 20 多次。特别是与 UNESCO 终身学习研究所（UIL）就开展学习型城市研究、共同推动世界学习型城市建设达成共识。

2013 年 10 月 21—23 日，由 UNESCO、中国教育部、北京市人民政府共同主办的首届国际学习型城市大会在北京召开。时任国务院副总理刘延东、时任联合国教科文组织总干事伊莲娜·博科娃出席开幕式并致辞。有联合国教科文组织成员、各国（地区）城市政府和教育部门官员、联合国有关机构、跨国企业以及专家学者在内的 300 名国际代表、200 多名国内城市代表参加会议。北京市领导在大会上发言，介绍北京建设学习型城市的经验。大会通过《建设学习型城市北京宣言》和《学习型城市的关键特征》两项文件，成为国际学习型城市建设的重要纲领。

这一时期的工作重点突出在两方面：一是创建以企业、社区为重点，完善终身教育体系，延伸教育功能，促进教育社会化和社会教育化；二是学习型组织创建与评估从初步探索进入全面推进和深化发展阶段。通过以评促建、以点带面的方式，推进并带动部门、行业、区域内学习型组织建设的普遍开展，促进终身教育理念以及学习型社会、学习型组织基本理论的普及，在全

社会和各级组织中营造良好的学习和创建的氛围，为学习型城市建设打下广泛、深厚、扎实的组织基础。

体系建设与系统评估阶段是学习之都建设开展得最广泛、最深入，终身教育与终身学习服务体系、各类学习型组织创建两大支柱均衡推进的黄金时代，积累并形成学习型城市建设的北京经验和北京模式，在全国走在前列，在世界获得重要影响力。

（三）要素建设与实施监测阶段（2013—2020 年）

一般意义上的要素是指构成一个客观事物的存在并维持其运动所必备的主要因素，是组成系统的基本单元。这里的要素是指构成学习型城市建设体系的主要因素和基本单元。从体系建设到要素建设，是学习型城市建设深入扎实发展的标志，突出表现在以下两个方面。

1. 要素建设：从《北京宣言》到《北京行动》

党的十八大后，习近平总书记多次强调“中国要永远做一个学习大国”。教育部等七部门发布《关于推进学习型城市建设的意见》，首届国际学习型城市大会发布的《北京宣言》提出建设学习型城市的六大支柱，这些文件明确了学习型城市的组成要素。为进一步将已有的政策具体化、落实在实践中，2016 年，北京市教工委、北京市教委联合 12 个部门联合发布《北京市学习型城市建设行动计划（2016—2020 年）》（简称《北京行动》），提出实施十大工程。这十大工程是深化学习型城市要素建设的具体部署和体现。

（1）学习型示范城区建设推进工程；

（2）市民终身学习示范基地建设工程；

（3）终身学习数字化网络平台建设工程；

（4）学分银行建设工程；

（5）学习型组织培育工程；

（6）创新职工素质提升工程；

（7）新型职业农民培训工程；

（8）老年教育“夕阳圆梦”工程；

（9）家庭教育和家风建设工程；

（10）社区教育指导服务系统建设工程。

2. 全面推进与质量提升：从评估到监测

从2000年正式启动学习型城市建设实践到21世纪第一个10年的结束，学习之都建设从破冰启动到完善体系建设，从构建终身教育与终身学习服务体系建设到广泛开展各类学习型组织建设，北京市学习型城市建设取得了很大的成绩和丰富的经验。为更扎实、更有针对性地推动工作，北京教育科学研究院牵头开展“首都学习型城市建设指标体系研究”，2013年制定出“学习型城市建设指标体系”，出版《学习型城市建设指标体系研究》专著。2014年，在市教委的指导下，北京教育科学研究院运用研制的指标体系进行试测评并撰写了监测报告。

2015年，因在学习型城市评估与监测方面的出色探索，北京获邀在第二届国际学习型城市大会上发言，介绍经验。2016年，“做好学习型城市监测”作为重要的保障措施被纳入北京市教委等14个委办局共同发布的《北京市学习型城市建设行动计划（2016—2020年）》。

2018年，北京市开展学习型城市建设成果展示活动。

2017—2019年，北京市积极参与教育部《学习型城市建设监测指标》的制定及修订工作，与中国成人教育协会共同组织并完成北京、上海、武汉、成都、太原等8个城市的试测评工作。2019年10月底在教育部发出《关于进一步开展学习型城市建设监测项目工作的通知》后，北京市积极贯彻通知精神，于11月19日发布《北京市关于进一步开展学习型城市建设监测项目工作的通知》，在全市全面开展监测工作。截至2019年12月底，全市17个城区和地区都完成了监测数据、政策文件的填报和监测报告的撰写。北京教育科学研究院终身学习与可持续发展教育研究所也完成对全市监测的数据和资料初步的统计和分析工作，为深化首都学习型城市建设提供了科学依据。

四、北京市学习型城市建设的发展理念、体系框架和实践模式

“模式”最初是指对操作过程的经验性的概括，是对实践积累经验的抽象和升华，而后是指从不断重复出现的事件中发现和抽象出的规律，是解决问题的经验方法的总结。经过多年的摸索和探究，结合城市发展特征，北京积累了建设学习型城市独特的经验和推进方法，形成了北京模式。

（一）认识和理念

《北京宣言》宣称，学习型城市调配其资源，促进从基础教育到高等教育的包容性学习，重振家庭和社区学习活力，促进工作场所学习，推广运用现代学习技术，提高学习质量，培育终身学习文化。学习型城市能够提升个人能力、增强社会凝聚力、培育公民权利、促进经济和文化繁荣，并为可持续发展奠定基础。

根据北京的实践，我们认为：学习型城市是以信息社会和知识经济为背景，以终身学习为核心理念，以完善的终身教育和终身学习服务体系、普遍的学习型组织为基础，以保障和满足全体成员的学习需求、促进人的全面发展和城市可持续发展为出发点和归宿的城市发展形态。学习型城市建设已超越教育系统的改革而成为社会建设的重要内容。

学习型城市的核心理念是人本主义，是以促进全体市民的全面发展，提高其生活质量和幸福感为根本目的。

（二）体系框架

体系框架是指北京市学习型城市建设实践的脉络和主要路径，是总结模式的重要参考。可以概括为：一套顶层设计，一个保障基础，两根重要支柱。

1. 制定发展战略，全面规划设计

北京市坚持将学习型城市建设纳入城市发展战略和规划，并出台专门的学习型城市建设的综合性、规划性文件，从战略高度系统设计、科学规划建设工作。在学习型城市建设发展的每个阶段都出台文件，把握方向，推动建设工作深入持久（见表1）。

表1　推进学习型城市建设的专项规划性文件

发文时间	文件名称	发文单位
2007年	关于大力推进首都学习型城市建设的决定	北京市委、市政府
2011年	北京市中长期教育发展和改革规划纲要学习型城市建设（专章）（2010—2020年）	北京市委、市政府
2012年	北京市学习型城市建设工作“十二五”规划	北京市建设学习型城市领导小组
2016年	北京市学习型城市建设行动计划（2016—2020年）	北京市教委等14个部门

2. 夯实建设学习型城市的保障基础

（1）坚持政府主导，保障措施有力。加强组织领导，强化分工合作。北京市建立跨部门、跨行业和跨区域的领导体制。成立由市委、市政府29个委办局和部门组成的建设学习型城市工作领导小组，明确各成员单位在推进学习型城市建设中的职责分工。形成市、区县、街乡建设学习型城市三级领导体制和管理网络，形成党委领导、政府推动、教育主导、社会参与的学习型城市创建工作运行机制。

（2）完善基本制度，健全工作保障。北京市建立健全工作推进、经费投入、队伍建设等制度。市及各区县每年投入专项经费，用于各种教育、学习设施的建设以及奖励在建设学习型城市工作中的突出单位。2013年全市社区教育财政经费投入总额为 12051.3 万元。培育了咨询、组织管理、教育教学、理论研究、志愿服务、信息宣传等多支队伍，形成推动工作的骨干力量。

（3）完善评估与监测制度。北京市先后修订创建学习型街乡、社区（新村）以及创建学习型企业、机关、学校先进单位等系列评估指针体系；研究制定创建学习型区县、学习型城市指标体系。规范、引领各城区、各类组织的创建工作。开展学习型城市建设工作和发展状态的监测。

（4）坚持科研引领，指导基层实践。2007 年北京市教工委、教委在北京教育科学研究院建立学习型城市研究中心，组建长期稳定的学习型城市建设专家和评估队伍，指导、引领实践的发展。2010 年相继在北京师范大学、中国人民大学、首都师范大学建立学习型社会、学习型组织研究基地。西城区、朝阳区、房山区等区县成立具有独立机构编制和经费管道的区级理论研究机构，建立研究、咨询、指导队伍。

3. 巩固学习型城市建设的支柱之一：终身教育与终身学习服务体系

（1）以终身教育思想为指导，推动学校教育改革发展。比如，重视学前教育改革。加大以课程改革为核心，深化基础教育改革。开展职业教育改革，进行职业教育分级制实验、中高职衔接和职普融通、贯通培养办学试验。

（2）大力发展成人继续教育，为各类群体提供学习服务。积极开展“首都职工素质教育工程”。广泛开展创建学习型企业活动，保障广大职工的学习权和发展权。积极发展农民继续教育。建立多部门组成的农村富余劳动力转移培训工作小组，建立 44 个转移培训基地。全市 180 个乡镇、3000 多个行政村的成人学校，每年培训农民 50 万人次以上。重视为老年人、流动人口、残障人员、就业困难人员等群体提供学习服务。重视发展老年教育，共有市级老年大学 2 所，区县级老年大学 16 所；全市街道及社区老年学校 3100 所，每年参加学习人数达 30 万人次。

（3）完善终身学习制度，探索学习成果的积累与转换。北京市总工会职工大学、自学考试办公室与大型企业联合开展的“学分银行计划”等，对参训职工采取当量替换、学分互认的形式续接开放大学学历。北京市西城区发放几万张终身学习卡，建立市民学习成果认证制度，促进职工和市民自主学习、参与学习型城市建设的积极性。

（4）依托城市乡村社区建立社会化学习服务网络。全市建立以社区学院或区级成人教育中心为龙头的三级社区教育网络基地。在所有街道和乡镇成立社区教育中心或成人学校，在80%以上居委会和行政村建立市民学校。每年参加各类培训的市民达850万人次以上。利用社会公共资源，建立终身学习服务基地。引导全市的文化馆、科技馆、图书馆、博物馆等机构面向社会开放其教育资源及设施，在全市建立2000多个市民学习服务基地。

（5）利用信息技术手段，打造数字化学习平台。充分利用各种网络和远程教育资源，建立北京市学习型城市网站并建立具有在线及线下学习、学分记录与积累功能的“京学网”，提供健康生活、优秀传统文化、科学普及、政策解读、技能培训等系列的数百门课程、5000余学时的学习资源。年点击率超过150万人次。

4. 巩固学习型城市建设的支柱之二：创建学习型组织，促进管理变革

（1）学习型组织是学习型城市的基础细胞。北京形成了以评促建、以点带面，推进和带动部门、行业、区域内学习型组织建设普遍开展的工作方式和机制，目前北京已评选出市一级创建学习型组织先进单位150个，各区县评选出创建学习型组织先进单位1200余个。

（2）创建区域性学习型组织。推进学习型城区和地区建设，将学习型区县建设与区域经济建设、民主管理、精神文明建设、构建和谐社会以及环境建设紧密结合，促进区域全面发展。推进学习型社区建设，通过开展全民学习活动，满足人们精神文化需求；促进社区文化的形成和发展，在社区内构建良好的社会关系，增强人们对社区的认同感、归属感。

（3）创建单位性学习型组织。推进学习型企业、机关、学校等学习型组织创建工作。通过创建，引导各类组织改进领导方式，推进组织变革；通过创建，调动在职员工的积极性，挖掘人的内在潜能，形成与时俱进、追求卓越、勇于创新、人际和谐的组织文化，不断提升组织的创造力和竞争力。

（三）实践模式[1]

根据北京市学习型城市建设的实践，借鉴国外的建设经验和模式，北京市学习型城市有宏观的整体性、综合性的模式，中观的实施过程、实施推动模式，微观、单项的技能成长模式、个人发展模式、学习中心模式等。这里仅着重分析宏观和中观建设模式。

1. 学习型城市建设体系构架的“亭屋”模式

根据上述对体系框架的分析，也借鉴UNESCO以帕特农神庙构架抽象图描绘学习型城市的体系框架，我们将北京市学习型城市建设的构架以“亭屋”模式表现：终身教育和终身学习服务体系建设是“亭屋”的两大支柱之一，也是北京市建设学习型城市的核心内容。终身教育体系包括从学前教育到高等教育，正规、非正规与非正式教育，学校、家庭、社会教育等各方面。重点在于工作场所、社区、家庭教育以及流动人口、残障人员、就业困难人员和老年人等群体。终身学习服务体系重点在于提供学习资源和平台，提供面向全体市民的终身学习公共服务（见图1、图2）。

学习型城市建设的保障制度和体系是“亭屋”的地基，是北京市学习型城市建设得以顺利实施的基础保证。包括政策保障、领导及组织保障、经费保障、人员保障、宣传保障及研究保障等。

“亭屋顶”是建设学习型城市的成效。从服务对象看，成效包括个人、各类组织以及城市本身从学习型城市建设中获得的收益：个人教育水平、就业能力的提高；组织内部学习体系的完善以及变革、创新能力；城市政治、经济、文化的包容和可持续发展水平。

“亭屋”模式的每个要素都由若干实施要点组成。因此，与UNESCO发布的“学习型城市关键特征”对世界各国建设学习型城市具有指导、监测的作用一样，“亭屋”模式既为北京建设学习型城市提供了实施路线图，据此开发

---

[1] 这部分内容多引自：张翠珠．追寻学习型城市建设路径：北京模式的探索［J］．开放学习研究，2017（2）：41-46.

的学习型城市指标体系也为测量学习型城市实施进程和发展状态、水平提供了工具。

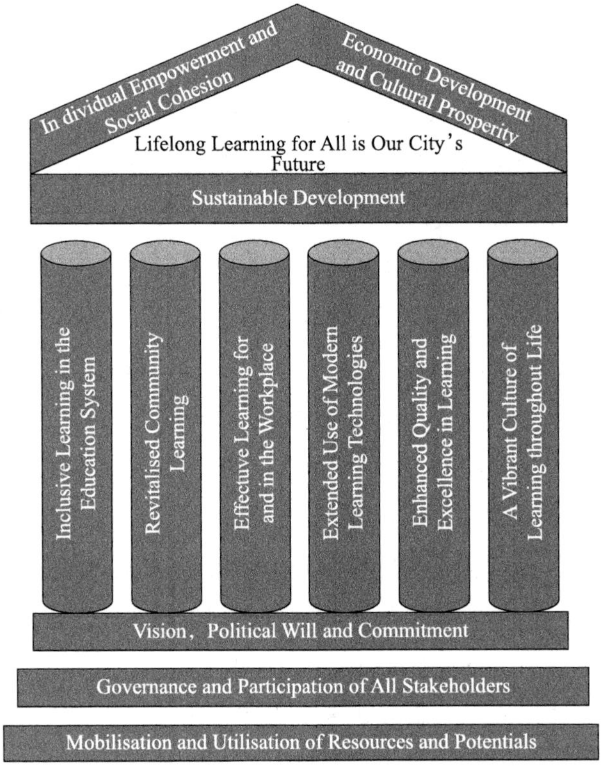

图 1　UNESCO 学习型城市关键特征

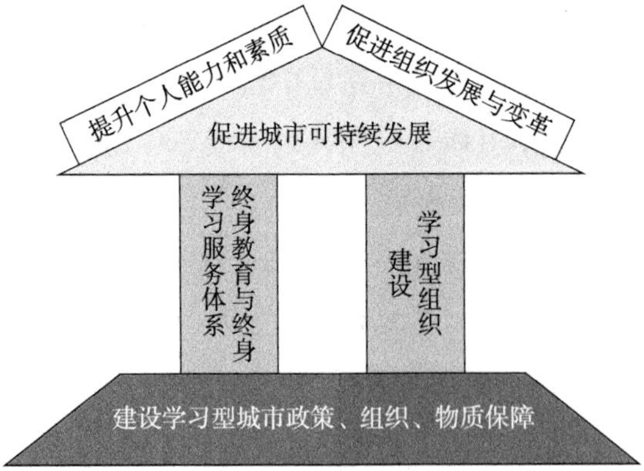

图 2　北京市学习型城市建设的“亭屋”模式

2. 学习型城市建设实施的“PMIAI五环节”模式

在培训领域，有一种系统培训方法和模式，是指企业中培养人的活动逐渐形成一个相对独立、规范的体系和比较稳定的工作程序和步骤。系统培训模式是世界上企业培训领域最重要、最普遍应用的模式之一。它主要分为五个步骤：分析培训需求；设计培训课程；制定培训课程；实施培训；评价培训。它从分析企业的教育培训需求出发，以评价教育培训的结果以及这个结果与企业需求相契合的程度为结束；评价的结果又作为下一轮培训需求分析的依据，构成教育培训运行环，即系统培训模式，它既是企业培训的战略模式，又是工作模式。

系统培训模式对工作步骤和环节的总结，不仅适用于培训领域，还适用于一切项目、工程乃至事业的推进与实施。借鉴系统培训模式，从建设学习型城市的实践经验看，从制定规划、建立多级领导管理体制、推动实施、开展评估推动实践，最后根据评估回馈进行改进，北京形成了建设学习型城市实施过程的五个环节、步骤，即规划—管理—实施—评估—改进，并不断循环上升，即PMIAI五环节模式（见图3）。

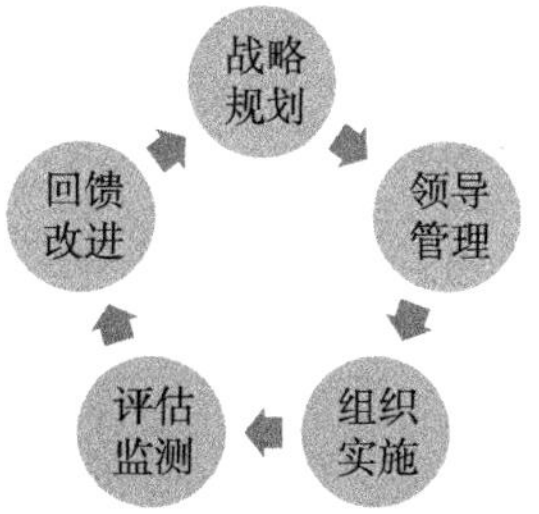

图3　学习型城市建设实施的“PMIAI五环节”模式

北京建设学习型城市的战略规划、领导和管理系统的环节，在前面的实践描述中已经介绍；在组织实施方面，全市是在建设学习型城市领导小组及其办公室的部署下，各部门和城区政府推动落实，教育部门和各级教育机构承担主要的实施任务。在“PMIAI五环节”模式中，北京最具特点的是评估监测与回馈改进两个环节。

评估监测环节：从2001年正式开展学习型城市建设工作以来，北京一直以评估为手段，发动、推进、激励各城区、社区的学习型区域以及企业、学校、机关等各类学习型组织建设。先后制定并不断修订学习型城区、社区以及学习型企业、学校、机关等系列建设标准，开展评估活动。有效普及终身学习理念，营造终身学习的社会氛围，促进学习型城市建设。为科学、准确了解十几年来北京建设学习型城市的效果和水平，北京教科院完成“北京市学习型城市指标体系”的研究和编制，制定学习型城市监测指标。并运用指针、收集资料，对北京市创建学习型城市、城区创建学习型城区状况进行分析。这项工作目前在中国乃至世界都走在前面，得到 UNESCO 的肯定，并在第二届国际学习型城市大会上作大会发言。

回馈改进环节：在学习型城区、社区及学习型组织评估活动中，由专家组成的评估组对评估对象的创建工作进行分析，将创建工作的经验、特色以及存在的问题进行回馈，以利于评估对象的工作改进。今后，我们还将利用监测数据和分析结果对城市、各城区学习型城市、城区建设情况进行回馈，总结经验，指出问题，改进工作。

北京在学习型城市建设实施的五个环节上，不但有具体而丰富的实践内容，而且五个要素和环节之间形成了联系紧密的有机整体。

3. 政府引领下的“多元治理”模式

自党的十八大报告提出致力于“治理体系和治理能力现代化”以来，社会多元主体的新型治理体系正在逐步形成和发展，社会治理模式在不断发生变化。“治理”（governance）是与政府的“统治”（government）相对而言的。治理概念试图指出很多社会问题已经不再是只靠政府自身的管制就能解决，社会的管理不仅需要政府的力量，还应该包含更多的社会公共机构和公共服务组织。“治理”和“统治”最根本的区别是：治理的权威不一定是政府，而且权力的运行是一个上下互动的过程，可以通过合作、协商、伙伴关系，确立认同和共同的目标等方式来实施对公共事务的管理，即形成多元社会治理的格局。多元社会治理需要各主体在明晰国家、社会、个人的关系，界定政府与市场的界限基础上，共同构成一个角色有别、职能明晰、运转高效的有机统一体。

学习型城市是城市发展的重要组成部分，因此，学习型城市建设是一个漫长的、复杂的过程，没有哪个部门和力量可以单独推进，必须由政府、市场、社会各类组织以及公民个人协力合作完成（见图4）。

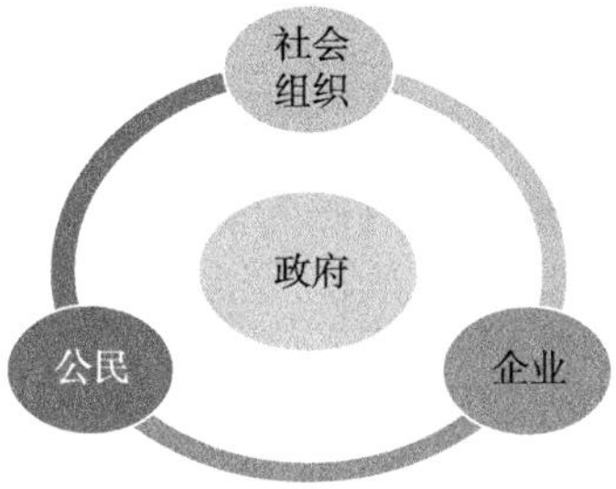

图4 多元主体的社会共同治理模式

北京在建设实践中，逐步形成党委领导、政府主导、社会动员、公民参与的建设机制。如各政府部门结合自身工作职能，积极参与支持学习型城市建设工作：北京市劳动和社会保障局大力开展面向失业人员、农村劳动力、在职职工和高技能人才的职业技能培训；市文化局每年举办一次国际图书节，开展优秀图书推荐和阅读活动；市社团管理办公室在各类社团组织中积极开展学习社团组织建设工作。形成社会广泛支持、各部门协同参与，推动学习型城市建设的良好局面。特别是社会组织的不断发展壮大，社会力量的不断增强，正在成为学习型城市建设中日益重要的主体。北京正在形成政府、社会组织、企业、公民个人等多元主体的建设模式。即政府（Government）—社会组织（Social Organization）—企业（Enterprise）—公民（Civics）组成的G-SEC多元主体的治理模式。

在多元主体的治理模式下，政府部门不再是单一的参与主体，社会组织等第三部门和市场机制等三个主体也扮演着不同角色、承担着不同任务。多元主体的社会治理模式的形成，将大大增强北京市学习型城市建设力度和效率，激发建设的潜力和活力，推动学习型城市建设走向更高阶段。

4. 推进学习型组织创建及其评估模式

北京的学习型组织建设及其评估工作，不但是北京市建设学习型城市工作有成效、有亮点的部分，而且形成了自身的工作特点和工作模式，即创造性地提出并实践“单位性学习型组织”和“区域性学习型组织”创建思路和创建方法。所谓单位性学习型组织是指学习型企业、机关、学校等，是以典型性组织为创建单位；区域性学习型组织是指学习型区县、街道、乡镇、社区等，是以地域或社区为创建单元。

这里的“组织”是指社会学意义上的、为达到特定目标而有意识建立起来的社会群体，或是为了达到某种目标而组成的有机体。❶ 所谓单位性学习型组织，是指创建学习型组织是以典型性、常规性组织为范围和创建主体。

单位性学习型组织建设的开始是以 2001 年对北京市三家商业单位进行“发展企业教育创建学习型企业先进单位”评估为标志的。此前，北京市已印发“评估工作通知”、制定评估指标体系，组建专家组，并组织专家承担起宣传终身教育和学习型组织理念、指导企业开展创建工作以及正式评估的职责和任务。2001—2003 年，北京市教委连续三年对 32 家创建学习型企业先进单位进行评估。2004 年，市教委组织专家组对创建学习型企业先进单位指标体系进行修订。2007 年，北京市委、市政府召开学习型城市建设工作会议、颁布《关于大力推进首都学习型城市建设的决定》之后，北京市推动单位性学习型组织创建及其评估扩展到学习型学校等；在区级层面，更是扩展到学习型机关、医院、图书馆、社团等更广泛的组织类型。

区域性学习型组织建设工作的开始是以 2002 年北京市对西城区“发展社区教育促进学习化社区建设先进区县”进行评估为标志。此前，北京市教委印发相关文件和“评估工作通知”，制定评估指标体系，组织专家担负起宣传理念、普及创建知识、指导区县创建、正式评估的职责和任务。同年，市教委还印发《关于加强街道社区教育中心的建设的通知》和《北京市示范性社区教育中心建设标准》，并于 2002—2004 年连续三年对全市部分区（县）级、街道（乡镇）社区教育中心进行达标评估。

区域性学习型组织创建及其评估工作一直持续至今并不断提升，到 2015 年，经过评估，全市所有区都成为创建学习型城市先进区。2012 年，根据创

---

❶ 张友琴，童敏，欧阳马田．社会学概论［M］．北京：科学出版社，2008：204.

建工作不断深化的现实需求，北京市启动创建学习型城市示范区及其评估工作，截至2019年年底，已有西城、房山、顺义、延庆、门头沟、怀柔、大兴7个区成为示范区。

在推进各类组织创建过程中，北京市始终将以评估促建设、以评估促发展作为重要手段，并重视创建过程，重视通过创建给地区/社区、组织带来的促进和变革作用，因而形成了宣传发动—培训提高—专家视导—评估鉴定—表彰奖励—检查指导的创建及其评估的模式（见图5）。以评促建成为北京市创建学习之都最具有代表性的工作方法和创建模式。

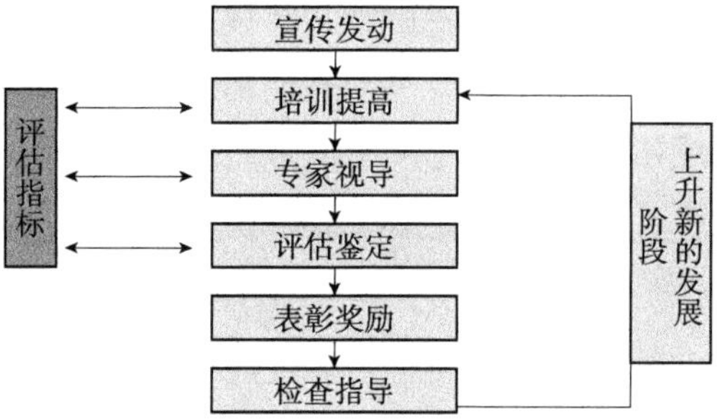

图5　北京市推进学习型组织创建及其评估模式

五、北京市学习型城市建设的推进路径和实施内容

北京市学习型城市建设的突出特色在于整体设计和系统推进，在全市层面对北京市学习型城市建设的蓝图进行统一规划，形成组织推进体系、终身教育体系、终身学习服务体系、制度体系等系统建设路径，这为学习型城市建设提供了清晰的目标和稳步推进的路线图。

（一）学习型城市建设的整体规划与系统设计

2002年北京市第九次党代会提出“构建学习型社会，推进首都教育现代化”的战略目标。2005年北京市委在《关于制定北京市国民经济和社会发展第十一个五年规划的建议》中提出“努力构建终身教育体系，积极推动学习型城市建设”。2007年北京市委、市政府召开全市建设学习型城市工作会议，颁布《关于大力推进首都学习型城市建设的决定》，明确指出：“大力推进学习型城市建设是应对知识经济挑战，适应经济全球化，增强城市综合竞争力的必然选择；是建设创新型城市的基础和前提；是落实科学发展观，建设社会主义新农村，构建社会主义和谐社会首善之区的重要保证；是构建全民学习和终身学习的现代教育体系，提高广大市民素质，促进人的全面发展的现实需要。”2009年北京市建设学习型城市工作领导小组通过并颁布《关于进一步推进学习型区县建设的意见》《关于认定“首都市民学习品牌”项目工作的意见》《关于开展“首都学习之星”、“优秀学习指导教师”评估工作的意见》《关于进一步明确北京市建设学习型城市工作领导小组成员单位职责分工的意见》等各项文件。2016年北京市教工委、教委、社工委等14个部门联合印发《北京市学习型城市建设行动计划（2016—2020年）》，明确了推进学习型示范城区建设、市民终身学习示范基地建设、终身学习数字化网络平台建设、学分银行建设、学习型组织培育、创新职工素质提升、新型职业农民培训、老年教育“夕阳圆梦”、家庭教育和家风建设、社区教育指导服务系统建设等十大重点工程的目标和要求。其目标是，到2020年要建成以完善的终身教育体系和学习型组织为基础，以广大市民的良好素质为支撑，学习资源丰富、学习氛围浓厚、创新活力涌现的学习型城市。

除在全市层面对学习型城市建设进行整体设计和规划外，北京市16个区也在区政府层面对本区的学习型城市建设进行规划设计，向上对接全市学习型城市建设整体规划，对下引领指导本区学习型城市建设工作。

延庆区于2017年出台《北京市延庆区“十三五”时期加强学习型城市建

设的指导意见》，从政策层面对延庆区学习型城区建设提出发展目标和具体要求，为该区持续推进学习型城市建设提供重要政策支撑。门头沟区学习办研究制定并下发《门头沟区创建学习型组织示范单位评估办法》《关于创建门头沟区新型职业农民培训基地的通知及评估办法》《关于创建门头沟区市民终身学习服务示范基地的通知及评估办法》三个文件，对学习型示范组织的评选工作作了进一步规定，对基地建设提出明确要求，保障此项工作的顺利实施。燕山学习办积极组织调研，及时召开学习型城市建设工作会议，研究部署相关工作，解决相关问题；多次邀请学习型组织专家下到机关、街道、企业、社区调研指导工作；定期召集领导小组成员单位交流研讨学习型城市建设工作成果和经验；积极参加上级部门举办的培训和会议，学习了解先进做法和经验；为了更好地推进学习型燕山建设工作，制订《燕山地区学习型城市建设五年行动计划（2016—2020 年）》，形成燕山工委领导、政府推动、教育主导、条块结合、资源共享、专家引领，共同参与的运行机制。

全市层面的学习型城市建设有规划、有蓝图，区级层面有落实、有创新，上下联动、无缝对接的整体设计让北京市学习型城市建设目标适切超前，整体指引着学习型城市建设实践。

（二）学习型城市建设中的组织推进体系建设

1. 组织协调机制建设

学习型城市建设是城市建设中一项复杂的系统工程，涉及城市管理与发展的方方面面，需要强有力的组织协调机构予以支撑。

2007 年 3 月根据市委、市政府颁布《关于大力推进首都学习型城市建设的决定》，市委、市政府成立“北京市建设学习型城市工作领导小组”，由主管教育工作的市委领导、市政府副市长任组长、副组长，29 个市属部门为成员单位（见图 6）。领导小组负责贯彻落实市委、市政府关于推进学习型城市建设的政策和措施，组织制定工作目标和实施方案以及政策性文件，研究解决建设中的重大问题。领导小组办公室设在市教委。成员单位分别承担相应的工作职责和任务分工。各区县分别成立相应的领导机构制订工作规划，明确党委、政府和各有关部门工作任务。全市自上而下形成党委领导、政府推动、条块结合、部门分工负责的创建工作领导体制。在具体工作执行落实层面设立具体的小组，明确各行政部门的责任，保证该项市政府的计划能够有责任主体执行。

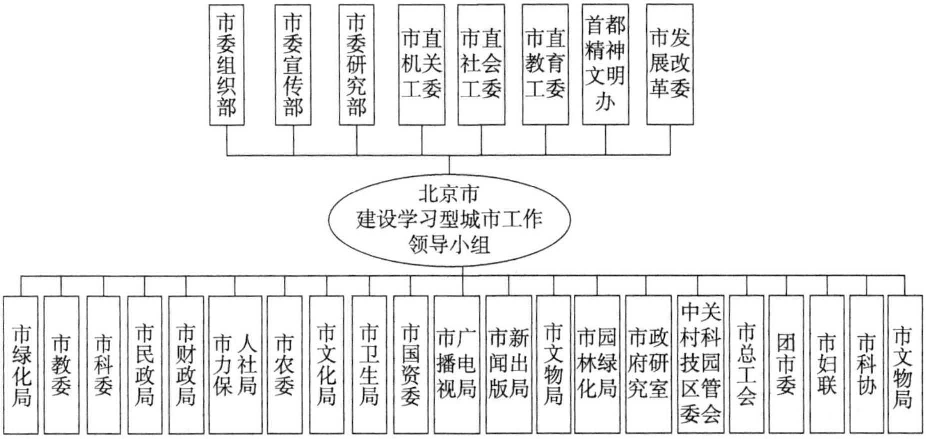

图6　北京市建设学习型城市工作领导小组组成单位

各区政府也建立相应的工作机构，确定主要领导负责主管，保证学习型城市建设在本辖区的落实。海淀区把建设学习型城区作为“一把手工程”，成立海淀区学习型城区建设工作领导小组，组长由区委书记和区长担任，成员由各委、办、局、街、镇等相关部门的“一把手”参加。为充分发挥教育在建设学习型海淀中的主导作用，将领导小组办公室设在区教委，办公室主任由教工委书记、教委主任担任。区委、区政府各有关机关也建立相应机构，建立起符合海淀区区情、具有海淀特色的学习型城区建设管理体制和运行机制，积极开展学习型城市建设工作。怀柔区委、区政府始终把学习型创建工作作为一项战略任务来抓，成立由区委书记任组长、区长任常务副组长，区委主管领导、主管副区长任副组长，各部委办局“一把手”为成员的创建学习型怀柔工作领导小组，统筹领导学习型怀柔创建工作。通州区成立由区委常委、宣传部长为组长，主管教育工作副区长为副组长，有关委办局、街道办事处、乡镇政府主管领导为成员的通州区建设学习型新城区工作领导小组，统筹协调和指导学习型城区建设工作。形成党委领导、政府统筹、教育部门主管、有关部门配合、社会积极参与、社区自主活动、群众广泛参与的管理体制和运行机制，保障学习型通州区可持续发展。与此同时，把创建学习型通州区工作做到了五个纳入：纳入区党代会、人代会工作报告；纳入通州区国民经济和社会发展规划和年度计划；纳入区人大、区政协视察督导范围；纳入区政府折子工程重点工作；纳入争创全国文明区重要指标。

2. 社区教育四级体系建设

通过建立健全社区教育网络推动学习型城市建设，是北京市开展学习型城市建设的重要渠道。建立了市—区—街道（乡镇）—社区（村）四级教育网络体系。截至2019年年底，全市共有市级开放大学1所，区一级社区机构（社区学院、社区教育中心、职教中心）办学单位20所，街道（乡镇）社区教育学校（成人学校）377所。

北京开放大学（其前身为北京广播电视大学）于2012年7月31日正式挂牌成立，成为首都终身教育体系和学习型城市建设的重要实体力量。

全市共有区一级社区学院（社区教育中心）办学单位20所。其中西城区、东城区各有2所社区学院，西城区2所为宣武红旗业余大学和西城经科大；延庆区有1所职教中心和社区教育中心，前者分管农村社区成人教育，后者负责城区社区教育。其他区均有1所区级社区教育办学机构，只是称谓不相同，城六区多以社区学院、职工大学等为名称；远郊区一般以社区教育中心、成人教育中心为称谓。这些机构多数是由原来各区的职工大学、电大等成人高等教育机构合并而成，社区学院一般没有独立的法人和办学资质。

全市98%的街道、乡镇建有社区成人教育学校，其中具有独立法人地位的学校为76所。基本保持稳定。在加强办学实体建设的同时，北京市也十分注重学习型城市建设、社区教育研究和指导机构建设。2007年2月，北京市即依托北京教育科学研究院成立北京市学习型城市研究中心，负责相关的理论与实践研究。此后又陆续依托北京师范大学、清华大学、首都师范大学共同建立研究基地，分别成立首都学习型社会研究院、北京市组织学习与城市治理创新研究中心、北京市学习型学校研究中心等市级研究机构，共同开展学习型城市建设的相关研究工作。2016 年 10 月，北京市依托北京开放大学成立“社区教育指导服务中心”，主要职能是为社区教育提供业务指导和专业服务，研制社区教育课程和学习活动标准等，指导区县、街道（乡镇）、居（村）三级社区教育办学实体建设和业务工作。2019 年 11 月，在北京市第十五届终身学习周启动仪式上，北京市教委为北京开放大学颁发“北京老年开放大学”牌子，北京老年开放大学成立，开启了老年教育大众化的新篇章。2020 年 11 月，北京市又挂牌成立了 17 家区级老年开放大学。

（三）学习型城市建设中的制度建设

1. 学习成果认证、积累和转换制度

“学分银行”的主要内容为累积学分，它突破传统的专业限制和学习时段限制，将技能培训与学历教育结合起来。“学分银行”制度将学生完成学业的时间从固定学习制改变为弹性学习制。根据“学分银行”制度，学生只要学完一门课就计一定的学分，参加技能培训、考证也计学分，然后按全部应得学分累积；同时，允许学生不按常规的学期时间进行学习，而是像银行存款零存整取一样，学习时间可集中也可中断，即使隔了几年，曾有的学习经历仍可折合成学分，存于“学分银行”。无论是传统教育还是继续教育，都在统一的学分规则体系下，包括基本的学分要求以及学分所代表的学习当量等。制定学分银行与学分认证制度，在各级教育领域实行完全学分制。学分制度的建立能够较好地处理各类各级教育的转换与衔接问题，以学分为纽带，学习当量能够得到清晰的规则指导，而办学质量也将在统一的学分框架下得到明确约束。

2016 年以来，在市教委的指导、推动下，北京市部分地区、部门、学校开展“市民终身学习卡”“学分银行”“学员学业成绩认证”“技能加基础”等方面的实践，并初见成效。北京市推出加快建设学习型城市“十大工程”的其中一个工程即为学分银行建设工程。依托北京开放大学，组建市级学分银行管理中心、学分银行网上服务中心。拓宽终身学习通道，开展终身学习成果积累与转换工作。建立市民终身学习档案，为普通高校、职业院校、成人高校之间学分积累与转换提供平台。通过个人学习账号和学分累计制度，畅通继续教育与终身学习的通道。实现个人学习信息存储、学习成果认证、学分积累与转换，激励市民终身学习。分阶段为500万市民建立终身学习账户，发放“京学卡”。2019年9月，北京市教委批复同意在北京开放大学设立北京市学分银行管理中心。在2019年11月北京市第十五届全民终身学习活动周开幕式上，市教委领导为北京开放大学授予“北京市学分银行管理中心”牌匾。2020年11月，在北京市第十六届全民终身学习活动周开幕式上，举办北京市学分银行启动仪式，向市民发布北京市学分银行。学分银行设立管理委员会、专家委员会和服务体系。负责统筹协调全市学分银行各项工作，研究解决学分银行遇到的困难和问题，指导并监督学分银行有关政策措施的落实情况等工作。管理委员会主任由北京市教育委员会主管领导担任，委员由北京市人力资源和社会保障局、北京教育考试院、北京开放大学以及北京市成人教育学会等单位的主管领导和相关处室负责人组成。

从2004年开始，西城区实行“市民终身学习积分卡”制度。实行日常登记和年度验证相结合的方法，采用“以学时累计学分”制，每学时为45分钟（每单元即半日按4学时计算），每20学时（5个单元）为1学分。凡参加西城区文明市民学校总校，各委、办、局、社区学院、街道文明市民学校中心校举办的有明确教学计划的学习和参加具有办学资格的教育机构举办的学习培训，均可纳入“市民终身学习积分卡”累计学分。学习者按学年持培训部门出具的学习证明，交所在居委会市民学校，由各街道市民中心校统一办理学分登记。西城社区学院不断完善市民认证管理制度。通过加大学分课程建设力度，组织认证管理员培训班和任课教师培训班，召开街道层面工作协调会，对认证点进行分级评定等多种途径提升学分认证服务能力。截至2019年年底，授权认证点数量达到150家；系统内持卡学员个人学习账户近10万人。仅2019年，参与认证制度学分认证课程的有16个街道、61个认证点，申报课程共357门，全年共计18330课时，对个人账户学分达到标准的2512人进行积分兑换奖励。

“技能+基础”成人学历教育是北京市教委2006年开始组织实施的成人学历教育教学模式。实施“技能+基础”是培养造就新型农民、提高农村从业人员学历层次和科学文化素质的重要措施。从市民终身学习成果认证制度角度分析，它是职业资格证书与学历证书相衔接的有益尝试。2006年10月，市教委下发《关于在我市中等职业学校开展“技能+基础”成人学历教育教学模式改革试点工作的通知》。2008年1月，市教委下发《关于做好中等职业学校“技能+基础”成人学历教育有关工作的通知》。此后这项工作在北京市远郊区县开展得较为普遍，进展顺利。2016—2020年，依托市区农广校系统以及京郊各区中职学校、乡镇成人学校等开展面向农民的成人中专学历教育，全市每年举办的农民中等学历教育的办学规模稳定在1万人。

2. 经费投入保障制度

2016—2019年，朝阳区累计投入1.13亿元用于朝阳区建设学习型城市工作可持续发展，累计开展社区教育和学习型城区建设项目336个，在全区范围营造人人学习、终身学习氛围，为学习型示范城区建设推进工程打下坚实基础。

昌平区为保障社区教育稳步发展，区财政局每年根据社区教育实际经费支出，拨付社区教育专项经费。2017—2019年共投入专项社区教育经费835.93万元；市民文明学校建设经费1200万元，用于市民文明学校学习设备设施的改善。

（四）学习型城市建设中的终身教育体系建设

1. 国民教育

“十三五”期间北京市教育质量获得全面提升。结合自身特点，在强化供给侧改革、提升办学理念、优化学校管理、开发特色课程、推进学科建设、深化教学研究、建强师资队伍、加强品牌建设等方面持续发力，教育质量不断攀升。截至2020年年底，北京地区有34所高校、162个学科进入“双一流”建设名单，北京高校A^{+}类学科数量占全国的44%，7所职业院校入选国家职业教育"双高计划"。教育部评估监测结果显示，北京市义务教育质量位居全国前列。与上海、江苏、浙江作为整体参与2018年国际学生评估项目（PISA2018）测试，取得全部3项科目（阅读、数学、科学）第一的好成绩。北京国际奥林匹克学院作为世界第三家获国际奥委会批准成立。

"十三五"期间，北京市国民基础教育较好地实现了"两个确保"，即确保一般公共预算教育支出逐年只增不减，确保按在校学生人数平均的一般公共预算教育支出逐年只增不减。2019年全市教育财政经费投入达到1125亿元，公共财政教育支出占公共财政支出比例达到15.2%；2018年各级教育生均一般公共预算教育事业费和教育公用经费均居全国领先水平。努力配齐建强高素质专业化教师队伍，积极落实乡村教师岗位津贴，加大绩效工资投入，教师工资待遇和社会地位不断提升；2019年北京市小学专任教师本科及以上学历比例达94%，初中专任教师研究生学历比例达22%，普通高中专任教师研究生学历比例达32.4%。督政、督学、评估监测"三位一体职能"日趋完善，包括"职能体系""工作运行体系""政策标准体系""支持保障体系"在内的现代教育督导体系基本建成。深入推进"平安校园"建设，达标率超过70%，出台中小学幼儿园安全规定100条，全市中小学幼儿园"阳光餐饮"建设覆盖率达到99%。

"十三五"期间，北京市主要教育规划指标总体完成情况较好，规划确定的13项指标中，有8项已提前完成预期目标，占全部指标数量的61.5%（见表2）。

表2　"十三五"期间北京市主要教育规划指标完成情况

序号	指标	2015年	2016年	2017年	2018年	2019年	2020年
1	学前三年毛入园率（%）	95	>95	>95	>95	>95	90
2	义务教育毛入学率（%）	>100	>100	>100	>100	>100	>99
3	高中阶段教育毛入学率（%）	99	>99	>99	>99	>99	>99
4	高等教育毛入学率（%）	60	>60	>60	>60	>60	>60
5	新增劳动力平均受教育年限（年）	15	15.5	15.6	15.6	15.7	15.7

续表

序号	指标		2015 年	2016 年	2017 年	2018 年	2019 年	2020 年
6	主要劳动年龄人口受过高等教育的比例（%）		40	44	47	46	48	>48
7	从业人员继续教育年参与率（%）		>60	79	76	85	80	80
8	义务教育专任教师中本科及以上学历人员比例（%）		91.4	93.5	94.4	95.1	95.8	95
9	职业教育“双师型”教师比例（%）	中职教育	53	53	56	59	58	80
		高职教育	65	65	65	62	64	80
10	公共财政教育支出占公共财政支出比例（%）		16.8	13.9	14	13.7	15.2	17
11	在京国际学生规模（万人次）		12	12	12	11	11	15
12	中小学建网学校比例（%）		95.4	95.2	95.2	95.9	95.1	100

2. 继续教育与培训❶

城乡社区教育参与率逐年明显上升趋势。2013 年，城乡社区教育参与率为 43.64%，2014 年为 50.66%。2019 年，全市城乡社区教育参与率提升到 52.9%。

职工和农民在继续教育培训参与率在不断提升，政府、企业和教育培训市场提供的各类学习机会也都有明显的增加。2011 年农民成人教育参与率为 27.24%，2013 年达到 31.14%，2014 年略有下降，2015 年上升为 32.49%。“十三五”期间，北京市在全国率先开设“新型职业农民全日制高职学历班”，共培养 700 多人；以“合作社+田间学校”“线上线下融合”等多种形式举办农民中专班，每年培育 1 万人，农民培训每年 15 万人次。同时，北京市实施“高校引智帮扶”工程，全市 23 个市属高校与 34 个低收入村结对帮扶，2019 年年底全部完成“脱低”工作，助力脱贫攻坚，实现乡村振兴。

社区老年教育开展情况。根据社区教育监测统计，2016 年，参与社区教

❶ 本部分内容主要以 2011—2015 年“十二五”时期北京市统计年鉴和北京市教委的教育统计数据和北京市社区教育、学习型城市建设监测数据为基础编撰。

育60岁以上老人是378万人次；2016年年底，全市60岁及以上户籍老年人口约329.2万人。据统计，2019年北京市各系统举办的老年大学2433所，其中包括国企主办的23所、民办2所。基层老年教育机构7115所，包括乡镇老年教育机构535所，村居老年学校6371所，老年学习中心209所，老年学员总数达到237000人次。[1]

石景山区随着首钢的搬迁，产业工人面临再就业的难题，为适应新城区的建设，石景山区对产业工人行政管理的基础知识、职业技能和素养进行系统培训。石景山作为北京市试点一次性农转居，为转型人员适应新城区的生活方式，对中层管理人员进行物业管理知识培训，转变了劳动技能，提高了职业素养，为区域经济和社会稳定发展提供了人才保证，实现了“凤凰涅槃”。随着中部战区、陆军总部落户石景山区，作为“双拥模范城”，石景山高度重视军地“两地”人才培养，为驻区部队现役官兵开展职业技能培训和丰富文化生活的专业培训，加深了军民鱼水情，实现军地双方共建石景山，保卫美丽家园。门头沟区的新市民学堂是市民培训的重要场所。目前，门头沟九镇四街市民学校示范点达到34所。仅社区学院新市民学堂的年度培训就达到15000人次。门头沟区多次在北京市举办的市民纵横汉字输入法比赛中获得分组冠军和总冠军，同时也多次荣获大赛组织一等奖。此外，北京开放大学门头沟分校开办老年大学，与区残联、区老干部局联合开展老年教育，中等职业学校对广大市民开放体验课，助力老年人的幸福生活。

在提供平台的同时，北京市特别注重对自主学习型组织的培育、引导和支持。自主学习型组织的成员们经常在一起共同完成一定的学习项目，分享学习资源、情感、体验和观念，通过交流学习，形成良好的人际关系和强烈的团队归属感。据统计燕山地区各类自主学习型组织近300个，这其中代表性的有：老年大学书画社、东风街道传统文化协会、燕山风筝协会、燕山图书馆言石读书会、燕山书画协会、燕山妇联巧娘工作室、燕山红色剪纸工作室、星城太极协会、向阳街道诵读队、星城“星之韵”合唱协会、星城“红

---

[1] 中国老年教育发展报告（2018—2020年）[M]. 北京：当代中国出版社，2021：30.

舞船”合唱队等。自主学习型组织的培育和建设，不仅有利于丰富居民生活，陶冶居民情操，满足社区居民的多元化学习需求，而且在学习型组织的参与下，由学习办指派专职老师指导学习，不断创新学习形式，提升学习效果，使学习“活起来”“动起来”“乐起来”，在全地区营造了良好的学习氛围，提升市民整体素质，促进了社会和谐。

3. 教育资源整合共享

学习型城市建设一定要树立大教育、大培训的理念，构建资源整合、优势互补、机构合作、开放共享的教育培训体系。在开展学习型城市建设过程中，北京市重视整合市内各级各类正规教育机构、非正规教育机构和非正式教育机构的优质教育资源，充分利用现有信息化资源，建设各类公益性继续教育数字化资源库和优质资源开放平台。

通过市民终身学习示范基地、职工继续教育基地、新型职业农民培训基地三大基地建设，充分整合场地设施资源，引导全市的文化宫、科技馆、图书馆等各类机构面向社会开放教育资源及设施为市民提供服务，大批图书馆、文化馆、博物馆等已经成为中小学社会教育的大课堂和市民终身学习基地。截至2021年，共建立首都市民终身学习示范基地99个、北京市职工继续教育基地48个、北京市新型职业农民培训基地62个。故宫博物院、首都博物馆、国子监等著名的社会文化资源均加入基地名单，并收到多方面积极反响。各个基地通过定期举办市民大讲堂、市民剧场、终身学习活动周、市民艺术节等系列活动，深入社区、企业、学校，吸引广大居民、多方群团积极参加，充分营造全面参与终身学习的良好氛围，为市民提供了学习、体验、创新、交流的平台，成为构建首都市民“终身学习圈”的重要基础。

为了有效推进各级各类教育资源的开放，有效提升学习型城市建设的资源供给。早在2000年，北京市体育局就下发《北京市学校体育设施对外开放管理办法（试行）》。2007年，北京市人民政府办公厅转发市体育局等部门《关于学校体育设施向社会开放指导意见的通知》。在首都之窗的页面上专门设置“学校体育设施对外开放查询”板块，公布全市所有开放体育设施的情况，以供市民查询和监督。在一系列措施推动下，北京市各级各类学校面向市民开放程度逐年加大。2016 年全市各级各类学校面向社会开放 2540 所，占全部学校总数的 73%；中小学校主要是在课余时间的体育场馆设施面向居民开放。职业学校近年来随着招生减少，开始面向社区居民开展培训服务。西城区、朝阳区在推进职业教育进社区方面都有很好的探索。

大学图书馆的面向公众开放受到社会的关注和呼吁。依据教育部《普通高等学校图书馆规程（修订）》的规定，有条件的高等学校图书馆应尽可能地向社会读者和社区读者开放。《北京图书馆条例》也提出，本市鼓励学校、科研机构以及社会团体、企业、事业单位的图书馆（室）对社会开放。2012 年首都图书馆联盟成立时，26 所在京高校加入首都图书馆联盟时许下的承诺“逐步对公众免费开放”。但是在实际执行中，仍然存在着诸多的障碍和门槛。

北京市平均每百人拥有公共图书馆藏书册数（册）从 2016 年的 285. 36 册上升到 2020 年的 329. 28 册（见图 7）。

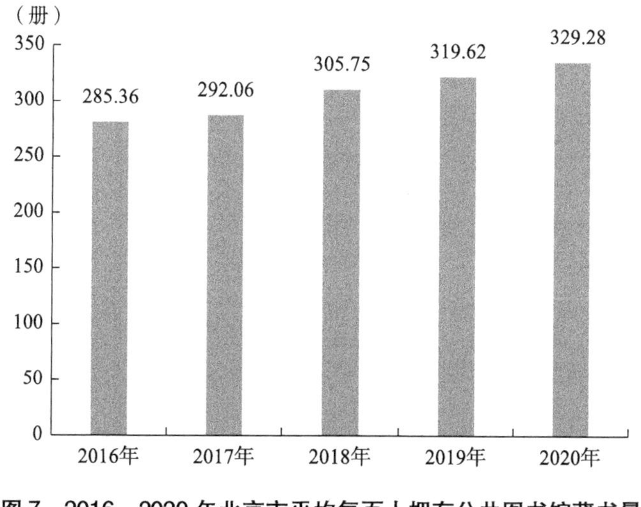

图 7　2016—2020 年北京市平均每百人拥有公共图书馆藏书量

北京市平均每百万人拥有博物馆、文化馆（艺术馆）数（个）从 2016 年的 8. 97 个上升到 2017 年的 9. 11 个、2020 年的 9. 91 个，总体是上升趋势，除去人口的波动，博物馆、文化馆（艺术馆）数量在过去的五年内是逐步增加的（见图 8）。

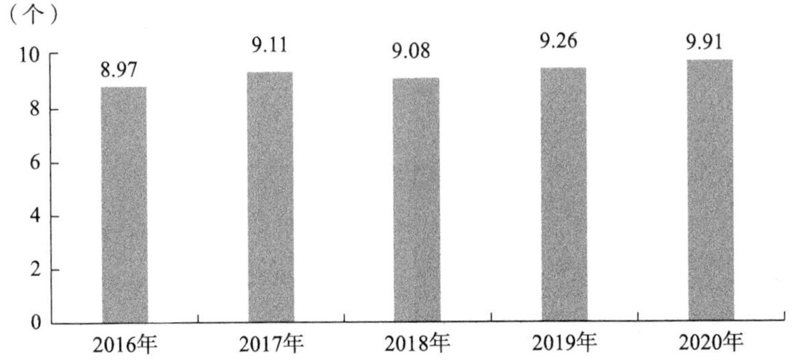

图 8 2016—2020 年北京市平均每百万人拥有博物馆、文化馆（艺术馆）数量

东城区先后与北京大学、孔庙和国子监博物馆、北京中医院医院、故宫博物院建立“北京大学国子监大讲堂”“四时五行话养生健康大讲堂”“故宫讲坛”，均获得“全国终身学习品牌项目”。丰台职业与成人教育集团发挥桥梁纽带作用，与区民政局合作，开展养老管理人员培训 1100 人次，服务区域老龄事业发展；与区文委合力打造“书香丰台”品牌阅读活动，市民年均参与 5 万多人次；与区妇联合作，开展“丰台最美家庭”评选，传承文明家风，弘扬正能量；与区人力社保部门、区农委、区残联合作开展培训，服务军转干部、失业人员、新型农民和残疾人创业就业。

（五）学习型城市建设中的终身学习支持服务体系建设

1. 技术支撑与平台建设实践与发展

数字化学习模式可以有效地超越时空距离，服务市民的个性化、多样化学习需求。北京市在开展学习型城市建设过程中，注重打造“互联网+终身学习体系”。各区学习型城市信息化建设初具成效，基本迈入了应用整合的门槛，离构建一个“开放、共享、交互、协作”的“人人皆学、处处可学、时时能学”泛在学习环境越来越近。“互联网+终身学习体系”的建设，不仅能解决群体规模的学习需求和个性化、人性化的学习需求，实现“包容和公平的全民优质教育和终身学习”的价值追求，还可以在以互联网为代表的现代信息技术支撑下，吸收开放、共享、交互等互联网基因，以互联网思维重新审视和设计学习的体系构成、资源组织模式和服务方式，助力“智慧北京”的建设，为北京学习型城市建设增添活力。

2. 北京市居民数字化学习设备的发展

在居民学习资源的指标中，每百户城镇家庭计算机拥有台数（台）、电话普及率（含移动电话）（部/百人）、平均每百户互联网宽带接入数（个）较高，基本上达到有线电视、计算机拥有、电话和互联网接入家庭普及化的程度。这些指标说明北京市居民的学习基础条件还是非常好的，并逐年提高。例如，北京市固定互联网宽带接入用户数由2016年的499.4万增加到2020年的747.4万；移动互联网接入流量从2017年的7.8亿GB增加到2020年的38.4亿GB（见图9、图10），在全国名列前茅。

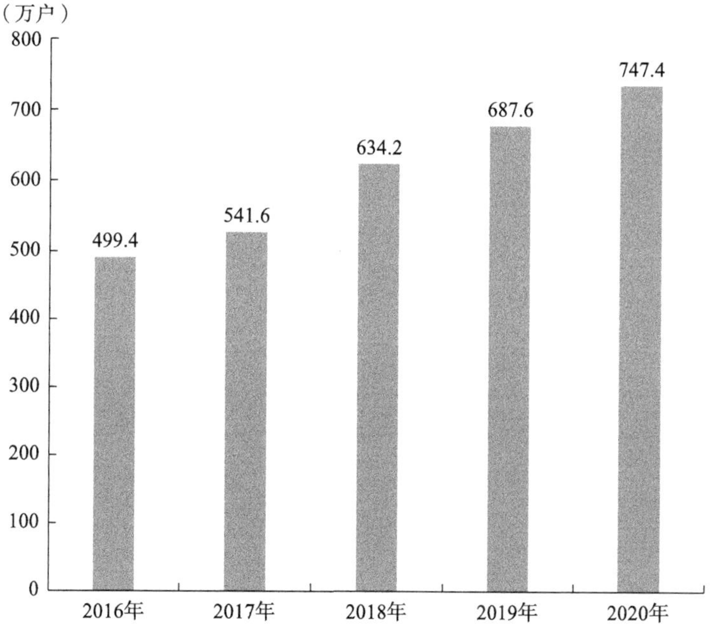

图9　2016—2020年北京市固定互联网宽带接入用户数量

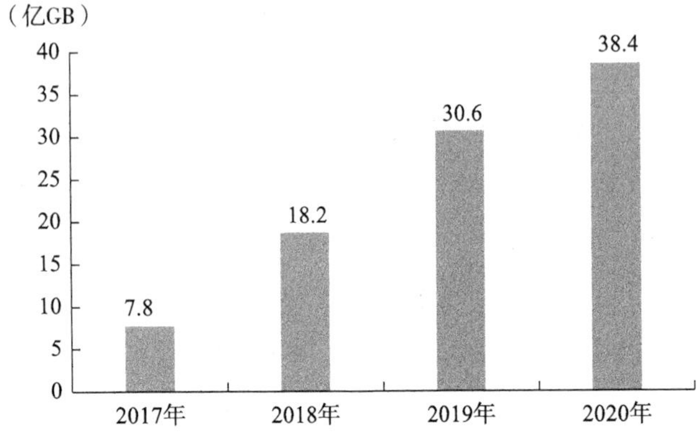

图10　2017—2020年北京市移动互联网接入流量

随着经济的发展、人民收入的增加、信息技术的普及，市民所拥有的获得学习资源的手段越来越丰富，学习的条件越来越便利。主要问题是城乡学习条件的差距仍然比较突出。乡村地区互联网普及程度还有待提升。

3. 信息技术手段在学习型城市建设中的应用

市区两级远程教育网建设的情况：北京市教委打造的学习网络平台是依托北京开放大学建好终身学习系统——京学网，部分区也设有区级的终身教育的学习平台。截至2020年，京学网上共有课程2993集，计77127分钟，注册人数5225人，点击量94万人次（见表3）。

表3　北京市终身教育学习网站

级别	网站名称	网站地址
市级	京学网	http：//www. bjlearning. cn/
东城区	东城学网	http：//dongcheng. bjlearning. cn/
西城区	学习型西城	http：//www. westcityedu. com/
朝阳区	朝阳区社区教育网	http：//www. cycedu. com/
海淀区	中关村学院网站	http：//www. zgcxy. bjedu. cn/
丰台区	北京市丰台区学习城市网	http：//www. bjftstudy. com：8502/
石景山区	石景山业余大学网站	http：//www. sjsyd. com. cn/
门头沟区	门头沟学习型城市网	http：//mtg. bjlearning. gov. cn/mtgxxxcs/index. htm
房山区	房山教育信息网	http：//www. fangshan. bjedu. cn/

续表

级别	网站名称	网站地址
顺义区	顺义学习网	http：//www. shyxue. com/
大兴区	兴学网	http：//www. bjdxxxw. cn/
平谷区	平谷学习网	http：//www. pgce. org. cn/

朝阳区在数字化学习型城市建设方面做得尤为突出。（1）朝阳区积极对接京学网，不断建设完善“朝阳 e 学习”市民数字化网络学习平台，新建微课 1550 个课件，到目前微课件数量达到近 3800 课时，并开展网上家长学校资源建设工作。（2）上线“朝教 e 社区”微信公众号，栏目融文本、音频、视频、互动答疑等形式于一体，注重指导资源的针对性、实效性、可读性，内容每周更新，2018 年 8 月在“朝教 e 社区”微信平台上线“入园指导”服务，开展学龄前儿童家长公益大讲堂线上培训，围绕新生入园的生理、心理特点，设计制作 6 个家庭教育指导微视频课程，推动家园共育。（3）充分利用网络平台和新媒体技术，开发资源，广泛普及家庭教育知识，深入推进家风建设工作。开办家庭教育电视栏目——“对话成长”节目，2016 年以来每周一期在朝阳有线电视台和北京电视台公共频道播出。（4）通过“文化+科技”手段宣传和展示朝阳文化，2016 年 12 月正式上线文化朝阳云平台，实现“森林演出季”“阅读行走 12 小时”等重大活动直播接入，充分利用文化朝阳云平台和“文蕴朝阳”微信公众号，对原创作品成果展示、首都市民音乐厅、京津冀邮票发行、文化遗产日等重大活动，开展广泛宣传，提升活动影响力和覆盖面。（5）继续办好“朝阳普法”微信公众号和“法润朝阳”微博，“七五”普法以来，公众号进行了增容改版，开展“不忘初心跟党走　依法治国当先锋”新媒体法治宣传教育活动。活动影响力覆盖全市 16 个区，参与用户来自 35 个省，总访问量达 22 万余人次。

2017 年 11 月通州区启动了满足居民学习的“通学网”的建设。创建“通州区学习办”微信公众平台，利用平台发布宣传通州区各类培训学习信息，广泛宣传终身学习理念和学习型城市建设的重要意义，提高市民素质和对创建学习型社会工作的知晓率和支持率。

昌平区开发网络数字教育资源，区政府委托区教委，开发昌平区市民学习网站，开设网上课程超市，制作市民学习卡，用于网上学习积分，激发市民们的学习热情和学习兴趣。另外，昌平各委办局还充分发挥现代信息技术与微媒体的作用，开发数字学习资源。昌平区政府办开发“北京昌平”微信公众号，司法局开发“昌律之窗”微信公众号；产品区科委三年来共建 50 个科普宣传一体机、30 个电子科普视窗、10 个科普健康小屋和 2 个科普体验厅，便于社区居民、企事业单位员工以及中小学生，学习与普及科学知识。

怀柔区打造数字化平台，构建“立体化”学习网络。依托“智慧怀柔”建设，将数字化学习方式作为推进学习型怀柔建设的重要手段，以“三网融合”为推动，以电视、电脑和手机等为终端，开通“怀柔学习网”、官方微博、微信等平台，设置视频课堂、电子图书馆、手机移动学习、远程教学、在线学习考试等项目，建有 24 小时自助图书馆，数字文化社区，农村公共电子阅览室，满足市民多维度学习需要。

海淀区充分发挥政府、学校和社会力量的作用，面向全社会不同群体的学习需求建设便捷灵活和个性化的学习环境，终身学习和学习型社会的信息化支撑服务体系基本形成。以中关村学院网站为依托，以中关村混合式教学平台为抓手，搭建海淀区终身学习数字化网络平台，延伸市民终身学习的服务半径。2018 年 2 月，海淀区政府与百度公司签署《建设海淀区“城市大脑”合作备忘录》，标志着海淀区“城市大脑”建设进入了快车道，旨在打造智慧海淀。海淀区积极将高新技术相关产业作为重点产业领域及发展方向，利用互联网整合各类教育学习资源，建设区域数字化学习平台——“学习型海淀”网。海淀区在建设过程中充分运用自身科技和教育两大优势，促进其良性互动。将高科技和优质教育资源有机结合，建设体验学习平台，使区域企业员工、居民、学生在亲身体验中感受新科技、新业态、新生活的魅力。

房山区先后在区成教中心和 23 所乡镇成校建设远程教育平台和双向视频录播系统，使网络课程、视频交互等学习活动可以通过计算机、手机、云电视等访问形式实现，完成区级终身学习服务平台一期建设。与农委合作，开通“智慧农民课堂”手机 App 平台，开设线上农技课堂、经营课堂、典型展示、农业政策、市场动态发布和灾害预警，着力打造农民生产和经营技能的随身课堂。制定学习型房山信息系统和学习型组织建设联盟微信平台建设方案，初步对学习型房山信息系统的功能定位、模块进行设计。以“学通房山”微信平台、《房山报》、房山电视台为载体，全面宣传学习型房山建设成果。“学通房山”微信平台连续3年在首都教育新媒体联盟获奖。

“顺义学习网”是顺义区学习型城市建设工作三大重点工程之一，在已有成果基础上，后示范区建设阶段，继续发挥网站的学习资源站、学习管理站、学习交流站，和学习服务站功能。网站制定阶段性发展目标，实现2016—2020年的升级改版目标，即不断完善新功能设计和开发，建成移动互联技术、数字电视等多种信息技术相融合的数字化平台；进一步创新运行机制和管理模式，加强推广和使用，逐步建立市民学习档案，继续探索市民学习成果认证和转换运作模式。截至2019年，顺义学习网累计点击量超1291万，注册人数8.55万人。重点特色项目包括：一是引进中国知网学术资源，提高区内教师、卫生等专业技术人员科研和教学能力。二是订制服务，搭建顺义学习网专属子平台。搭建区老干部（老年）网上大学、区人大在线平台、国家教育教学成果奖申报材料展示平台，并和老干部局签订战略合作协议。三是不断丰富网站的品牌内涵，形成“一网多终端”的功能架构，开发顺义学习网手机App客户端，开通网站的微博、微信和头条号，形成“一网多终端”的网站运行新格局。四是充实网站的数字化学习资源，截至2020年，顺义学习网视频资源量达到30266集，电子书100万册，电子期刊1000种。其中，手机App客户端的移动学习资源包含微视频600多集，电子书4万册，电子期刊1000种，有声读物3万多集。网站实现与京学网的数据联通和技术对接，共享京学网的5000集视频资源，实现网站账号的互联互通，进一步扩大顺义区数字化学习的影响力和辐射范围。网站注重加强特色资源建设，征集微课作品近400个，评选并上传至全国社区教育数字化学习联盟官网，连续两年获评“优秀组织奖”。

4. 整合开放学习资源，构建市民终身学习“立交桥”

为推进终身学习服务体系建设，东城区依托学区所建立的8个市民学习基地各具特色，满足了社会的多元化学习需求。学区市民学习基地的建立最大限度地整合学区内各学校的场地、师资、课程以及管理、智力等资源，向市民开放，很好地解决不断增长的市民学习需求与学习资源相对散、缺乏有效统筹利用之间的矛盾，有机整合优质教育资源，使区内的中小幼职学校成为社区文化教育中心，同时也反哺学校，为学生的成长提供丰厚的社会土壤。各市民学习基地定期开展市民学习需求调研，开设日常英语、计算机应用、法律常识、中医药养生、书法、绘画、舞蹈、合唱、京剧、茶艺、手工编织、心理健康等百余门课程，千余场讲座。2015 年，东城区职业学校明确了转型发展的方向和目标，借助职业学校丰富的师资、课程、实训基地、合作企业等资源，开发面向中小学和市民的职业体验课程，推动职业教育、成人教育与社区教育资源共享。东城区依托 5 所职成学校建立职业体验基地，开发实用技术、休闲娱乐、家庭生活、市民修养四大类共 115 门课程，为附近学校、街道提供选课菜单，深受市民的欢迎。2017 年，东城区启动“社区教育流动课程项目”，职业、成人学校教师走出学校，深入社区开设流动课程。居民们不仅可以到学校实训基地参加特色课程体验，还能在家门口享受便捷、丰富的学习资源。2017—2019 年，40 余位职业、成人学校教师深入社区为居民开设流动课程近百门，累计参与学习市民近万人次，教育服务社会的功能进一步彰显。

燕山地区已建立了一个教育对象普遍化、教育机会均等化、教育资源多样化、教育过程多元化、教育系统开放化、教育服务人性化的终身教育体系和终身学习服务体系，为学习者提供贯穿一生的各级、各类、各种形态的教育和学习保证，搭建了学习型城市之“架”。统筹整合地区优质资源，较好地满足了在职干部、职工和市民学习的需求。纵向贯通，一是以燕山成教中心为龙头，承担了燕山地区新型市民文明学校、燕山老年大学、燕山家长学校、北京开放燕山分校的教学管理工作，面向成人开设学历和非学历教育。二是基础教育发展硕果累累，7 所幼儿园全部公办、全部通过北京市一级一类园验收、其中星城幼儿园、小天使幼儿园、阳光幼儿园被评为北京市示范园，五所小学各具特色、四所初中均衡优质发展、高中重点本科通过达 47.5%，基础教育人民满意度逐年提升。横向连接，一是学校、机关、企事业单位积极参与学习型城市建设，构成了覆盖全区的横向教育服务支撑网络，开展丰富多彩的教育活动。二是燕山职业学校利用自资源优势，面向中小学生提供社会实践课程、面向成人提供职业培训。三是燕山党群活动服务中心下设燕山工委党校和燕山教育党校，面向党员干部群众，学生党员、学生团员及基层党组织，着力做好党性教育。

门头沟区着力构建多元学习服务圈，市民素质提升工程建起一大批新市民学堂，区属九镇四街均有学校，达到 34 所，三级社区学校延伸到村级和社区家门口，市民总校共举办 6 期培训班，培训人数达 15000 人次，市民培训如火如荼，市民和农民的学习和培训更加方便。新型职业农民培训工程加大力度、提高层次，截至 2018 年上半年，各类农民培训达 14061 人次，结合精准帮扶、新农村建设，实现门头沟区居民培训全覆盖、零死角。北京开放大学门头沟分校开办老年大学，与区残联、区老干部局联合培训老年人，中等职业学校对广大市民开放体验课，切实做到以文化人。“夕阳圆梦”工程和老年教育蓬勃发展，大力提倡老有所好、老有所学，达到老有所用，助力老年人的幸福生活。

5. 学习品牌与学习活动的实践与发展

东城区与北京大学、北京孔庙和国子监博物馆联手打造“北京大学国子监大讲堂”，与北京中医医院专家团队创建“四时五行话养生”健康大讲堂，先后获得“首都市民学习品牌”和“全国终身学习品牌”。2017 年，“故宫讲坛”“百姓学堂”获评北京市“终身学习品牌项目”。“故宫讲坛”获 2017 年全国“特别受百姓喜爱的终身学习品牌项目”的称号。故宫博物院、北京孔庙和国子监博物馆与东城区职业大学、职工大学于共同获评首批“北京市民终身学习示范基地”。以北京大学国子监大讲堂为题材的微视频“传承国学经典 构筑和谐东城”获全国第二届“传统文化进社区”微视频大赛一等奖。2018 年，“东城区社区文艺骨干培训班”、“北京人艺戏剧博物馆艺术讲座”、“彩虹圆梦”残疾人教育培训项目获得北京市“终身学习品牌项目”称号。同时，东城区“社区文艺骨干”培训班，获评全国“终身学习品牌项目”。

北京人民艺术剧院戏剧博物馆、北京市第一七九中学、北京现代职业学校获评第二批“北京市民终身学习示范基地”。

西城区以全市首批“北京市民终身学习示范基地”评选推荐为契机，开展基地建设与学习型城区建设相关培训，首都博物馆、北京天文馆、老舍茶馆、京彩瓷博物馆、西城经济科学大学、宣武红旗业余大学、北京外事学校、金融街社区教育学校等 8 家单位被评为“北京市终身学习示范基地”。“京彩瓷传统文化学习体验”“金声国乐民乐团”荣获 2017 年北京市终身学习品牌项目，“北京市流动天文馆”“京彩瓷传统文化学习体验”经北京市推荐获得“全国终身学习品牌项目”称号。2016 年、2018 年，西城区新增北京科技中心等三家服务基地，区级学习基地总数量已达 72 家。各基地依托自身资源优势开展市民教育与基地开放日活动，深受居民好评。

丰台区 2016 年建成丰台镇街道、长辛店街道珠光家园社区、卢沟桥街道青塔社区、花乡六圈村等 11 个市民学习中心；2017 年建成宛平街道、南苑街道南庭新苑社区、花乡造甲村等 9 个市民学习中心；2018 年与社会资源合作，建立汽车博物馆、大得珍藏馆等市民学习中心。2020 年，全区 21 个街乡镇都建设了区级市民学习中心示范点。各学习中心积极发挥市民学习引领，努力满足群众学习需求。其中汽车博物馆市民学习中心被认定为北京市民终身学习示范基地。市民体验和指导中心建设项目。加大对社区学院建设的投入力度，按照将社区学院建设成为区级市民学习体验和指导中心，全区社区教育和终身学习课程资源的聚合、开发、共享和推介中心，市民学习体验的示范中心，社区教育的管理和指导中心的目标，2017 年投入 250 万元、2018 年投入 500 多万元专项经费实施社区学院软硬件环境改造升级。目前，书法教室、绘画教室、录音棚、市民音乐讲堂等各体验教室改造工程已基本完成，即将进入室内装饰装潢和设备配备采买阶段，2018 年下半年有望投入使用。后续还将陆续完成烘焙教室、非遗等各类专业教室的建设及设备引进，为市民终身学习搭建体验平台。丰台区积极打造区域学习品牌及特色活动，打造丽泽大讲堂、航天大讲堂、京铁大讲堂等学习品牌。打造“书香丰台”品牌阅读活动，年均参与人数 5 万多人次。开展“丰台最美家庭”评选，评出最美家庭200个，传承文明家风，弘扬正能量。积极树立终身学习榜样，2016年评选出12名区级“首都市民学习之星”，推荐3人获评“首都市民学习之星”；2017年全区共有6人被评为“首都市民学习之星”，在全市各区县批准人数名列第一，也是丰台区历史最好成绩；2018年全区共有6人被评为“首都市民学习之星”。在2018年北京市成教学会举办的“终身学习品牌项目”遴选中，“北京市丰台区市民学习中心建设项目”“北京市丰台区丽泽大讲堂项目”“商联会学院”三个品牌被评为北京市2018年“终身学习品牌项目”。

房山区注重开展家庭教育和家风教育。“十三五”以来，为推动家、校、社共育人，在区成教中心成立了编制5人的区家庭教育指导中心，负责全区家庭教育综合协调、业务指导、咨询服务、督导评估等工作。全区近90所公办园全部成立了真爱家长学校，各中小学均建立了家长学校。出台《幼儿园家长学校建设管理办法》《中小学、幼儿园家长委员会组织和管理办法》《中小学家长委员会工作指导手册》。在对全区家长进行问卷调查的基础上，编印《家庭教育指导手册》，为家长提供家教指导。组建了68人的涵盖家庭教育、学前教育、心理健康等各方面的专家团队。开展“教师指导下的陪伴阅读”“三结合合力育人论坛”“育子有方好家长大讨论”等活动，促进家校合作育人。房山区继续加紧研究家庭教育指导师培养、家长学校课程研制、家庭教育指导专家资源库建设等工作。同时，借助“大阅读”“国学大讲堂”“家庭教育大讲堂”“学习型家庭创建”等活动，引导家庭成员树立传统孝道观念，积极践行社会主义核心价值观，形成良好家风。石楼成校的“全链条式和美家庭教育培训”获北京市终身学习品牌项目，被推荐参选教育部终身学习品牌。

门头沟区推进依学治理，实现管理变革，社会治理创新发展。城子街道龙门三区以学习共同体为载体，完善终身学习制度，开展丰富多彩的市民培训活动，以巧娘工作室、汇众协商议事社、帮帮银行等为抓手，实现社会治理的能力提升，促进学习成果的认证转化。最终改善社区人文环境，改变居民思维方式，促进人的变化，加强人的培养，提高人的能力，解放人的思想，推动和谐社会的全面发展。

6. 注重科研引领与国际合作

学习型城市建设实践的发展离不开理论的指导，北京学习型城市建设实践的持续创新得益于对学习型城市建设基本理论的探究和对国际国内实践的追踪研究。科研引领一直是北京学习型城市建设的重要法宝，一方面体现在专业研究机构的建立，2007 年市教工委、市教委依托北京教科院建立北京市学习型城市研究中心，2012—2013 年在北京师范大学、清华大学、首都师范大学三所高校建立首都学习型社会研究院、北京市组织学习与城市治理创新研究中心、北京市学习型学校研究中心等专门研究机构，建立项目研究引导的工作机制，市教委每年都会委托机构开展专门的研究。区一级政府也注重科研引领，对本区学习型城市建设的理论和实践问题进行探索，大兴区成立“大兴区职业教育与成人教育研究中心”，统一指导全区职成教育师资队伍建设、教育教学研究、学习型社会建设等工作，全面提升两种教育形态最直接有效服务经济社发展的质量。另一方面，科研引领也体现在专业研究人员队伍的建设，北京教育科学研究院、北京开放大学、首都师范大学等都有专门的从事继续教育、终身教育、学习型城市建设的研究人员队伍，另外，北京市也充分整合区域内研究机构、高校丰富的人才资源，联合开展学习型城市建设的相关研究。科研引领不仅推动北京的学习型城市建设，也深刻影响着全国学习型城市建设。北京教育科学研究院终身学习与可持续发展教育研究所的《学习型城市建设监测指标体系》成果，成为国家《全国学习型城市建设监测指导性指标体系（试行）》的重要蓝本，其团队在教育部组织的全国学习型城市建设监测中发挥了重要的中坚作用。

在开展学习型城市建设过程中，加强国际合作，学习国际上学习型城市建设的先进经验，同时把北京学习型城市建设的典型实践介绍给世界其他国家、地区的城市，加强国际交流与合作，也是北京学习型城市建设始终处于国际前列，并不断优化完善的制胜法宝。在国际合作中，与联合国教科文组织终身学习研究所保持密切合作，在理论研究、项目推进、实践指导等诸多方面进行了全方位的合作。

2011 年，北京终身教育研修团访问 UNESCO 设在德国汉堡的终身学习研究所（UIL），市教委领导、北京教科院研究人员与UIL的领导和研究人员进行广泛交流，并就推动世界学习型城市建设的想法进行了讨论。2012年，在双方的进一步努力和沟通下，特别是在北京市政府、国家教育部的支持下，确定2013年在北京举办首届国际学习型城市大会。2012年12月，北京市和杭州市举办第一届国际学习型城市大会专家咨询会，北京市介绍学习型城市建设及其评估经验，并和各国专家一起讨论大会准备发布文件的细节内容。

2013年，由UNESCO、中国教育部、北京市政府联合举办的首届国际学习型城市大会在北京举行。会议发布《建设学习型城市北京宣言》，就建设学习型城市的意义、什么是学习型城市、学习型城市建设的主要内容进行了清晰地阐述；会议的另一个重要成果文件是《学习型城市关键特征》，列举了衡量学习型城市建设成效的要点，实际上为建设学习型城市绘制了详细的路线图。

2014年、2016年，UIL与北京教科院就推进学习型城市建设签署二次合作协议，在推进学习型城市建设监测、开展合作研究、举办学术活动等方面进行合作。UIL、中国成人教育协会、北京教科院在北京共同举办学习型城市指标体系研讨会。

2015年，第二届国际学习型城市大会在墨西哥的墨西哥城举行。大会发布《建设学习型城市墨西哥宣言》。大会对全球首批建设学习型城市取得突出成绩的12个城市，授予“学习型城市奖”称号，并汇集12个城市建设案例结集出版。北京成为中国第一个获奖城市。北京专家获邀在大会上发言介绍北京市在学习型城市监测方面的有效探索。

2016年11月15日至16日，全球学习型城市网络第一届成员大会在杭州举行，北京市教委主管领导出席大会，并作“信息技术助力学习型城市建设”的主题发言。2017年、2019年，北京市派团参加在爱尔兰的科克和哥伦比亚的麦德林市举行的第三、第四届国际学习型城市大会，并在会上介绍经验。

北京主办、参加了迄今为止的四届世界学习型城市大会，在大会上贡献了中国智慧和北京经验。北京还注重与世界各国开展合作交流，接待英国、韩国、日本、美国、新加坡、约旦、澳大利亚等国家的专家学者，并建立了良好的合作关系，发挥了国际影响力。

7. 加强学习型城市人才队伍建设

为加强学习型城市建设人才支撑，加快培养推进学习型社会建设的骨干力量，北京市教委联合相关企业挖掘和利用各自资源和优势，合力打造“北京市学习指导师培训项目”，发挥职业院校和社区学院在首都经济社会发展、产业转型升级、京津冀协同发展中的重要作用，精心选拔和培养三批“学习指导师”，他们带着学习成果回到各自工作岗位后，成为推进北京学习型城市建设工作的重要力量。该项目为国内首创，学习指导师将成为推动学习型城市建设的火种，发挥“引擎”和“发动机”的作用，参与市民终身学习活动策划、社区课程研发、个性化学习、学习资源获取指导等学习服务工作。

除市级层面加强人才队伍建设外，北京市各区在开展学习型城市建设过程中，也结合各区进行人才队伍建设。石景山区社区教育志愿者协会秘书处设立在社区教育处，全区注册志愿者 4439 人。协会会长由社区学院院长担任，秘书处设在社区学院，负责协会的日常管理工作。协会以街道分为 9 个分会，负责本地区志愿者的培训、管理和服务工作。开展了志愿者送教进社区、市民骨干小教员培训、社区教育专兼职骨干管理人员培训、市民体验式培训、精神文明建设、区域大型活动、科研活动七类培训项目。14 年来，协会高擎志愿服务的火炬，积极推进“志愿者送教进社区”活动。在社区学院志愿者教师的带领下，建设包含 12 大类 122 门课程的资源库，制定“送教大课表”，通过“市民学校点课，协会选派教师”的方式，把课堂开在居委会，开在市民家门口。同时在石景山区全民终身学习周、外语学习周、市民学习节等全区大型教育活动的现场，在“书香家庭”评选、市民厨艺风采大赛、市民水仙节、花卉节、“一月一主题”市民体验大课堂等市民教育的各个角落，都能看到志愿者们的身影。在社区教育的实践中，协会注重市民学习品牌的培育，现已形成“智慧社区加油站”“市民公益英语”“市民学习圈”三个“首都市民学习品牌”。2009 年起，协会实施“志愿服务火种计划”，探索以“把社区优秀文化活动爱好者培养成弘扬志愿精神的志愿者，把优秀志愿者发展成为社区学习社团的领头人”为主要内容的社区教育志愿者递进培养工程，努力使社区学习社团的领头人成为石景山区学习型城区建设的一颗颗火种。为此协会通过开展“市民学习圈”“一街一品”等建设项目，为社区培养了一大批学习骨干及学习社团的带头人。

文教助理队伍是东城区社区最具特色的团队，是东城区专职社区教育工作者队伍的中坚力量。2005年，东城区制定下发《关于选派教师到社区工作的通知》，每年教委从全区中小学选拔70名左右教师作为文教助理进入社区工作。文教助理充分利用自身专业优势和特长，在社区组织开展形式多样的学习培训和文体活动，提升居民文化知识水平和生活质量，促进家、校、社区三结合。同时，作为社区教育的科研团队，他们深入居民中开展学习需求调研，撰写工作案例和科研论文，为东城社区教育规律的深入研究积累了丰富、鲜活实践经验。伴随着社区教育不断深化和学习型城区建设新形势新任务，以及基层管理体制机制的转型，文教助理队伍承载的职责和任务也在不断变化，承担的职责更广，服务面更宽。“十三五”期间为进一步发挥文教助理作用，加强队伍建设，提升文教助理专业化发展，提高职业素养，增强实务操作能力，培育他们在政策、组织、策划、协调、活动、科研等方面的能力，建设一支符合社区教育发展要求的高素质、专业化的社区教育师资队伍，东城区不断改进社区文教助理培训方案，运用问题驱动理论，采取“工作研训一体化策略、研修活动课程化策略、分层分类多元化策略”，重点设计“师德修养、社区教育基础理论、社区教育工作技能的实务、社区教育科研能力、人文综合素质”五方面的教育培训内容，实现了培训目标要求。邀请社区教育专家、学者为文教助理开展讲座，多角度提升老师们的职业素养。通过实施“组长沙龙”，开展团队学习、参观考察、社会实践，丰富了文教助理知识面，每年开展评选优秀文教助理、优秀论文、学习之星活动，树立先进典型，提高文教助理队伍社区教育专业化水平。

（六）学习型城市建设中的学习型组织建设

学习型组织是学习型城市的基本条件，没有大量的学习型组织的建设与形成，就没有学习型城市建设的成功。学习型组织的创建工作是北京市创建学习型城市中的重要支柱工作，学习型组织建设与评估更是北京学习型城市建设的起步点和突破点，以评促建、以评促发展是北京学习型城市建设的特色内容。学习型家庭、学习型企业、学习型城区、学习型学校等工作在市级和区级创建工作中开展的非常普遍。

北京的学习型组织建设工作，不但是北京建设学习型城市工作有成效、有亮点的部分，而且形成了自身的工作特点和工作模式。即创造性地提出并实践了“单位性学习型组织”和“区域性学习型组织”创建思路和创建方法。所谓单位性学习型组织是指创建学习型组织是以典型性、常规性组织为范围和创建主体。这里的“组织”是指社会学意义上的、为达到特定目标而有意识建立起来的社会群体。（也有社会学家认为：组织是指为了达到某种目标而组成的有机体）主要包括学习型企业、机关、学校等，是以典型性组织为创建单位；区域性学习型组织是指学习型区县、街道、乡镇、社区等，是以地域或社区为创建单元。

北京市在学习、吸收、综合学习型组织、终身教育理论的基础上，在单位性学习型组织创建方面初步形成了自己的创建思路、框架和方式，即运用五项修炼原则和技术，以学习、组织、人员、知识和技术五大系统为框架，使创建学习型组织与组织（或制度）变革、管理科学、文化塑造、激发个人潜能、建立组织内终身学习系统的等方面结合起来，不断提升组织的学习力、竞争力和可持续发展能力。在推动创建的实践工作中，北京明确以宣传、把握学习型组织理论内涵和特征为重点，着重强调创建的内在动力机制、创建单位领导层对创建学习型组织的认识和支持、制定创建规划、落实创建措施及保障等，注重引导创建单位通过深化学习，转变心智模式、建立组织共同愿景、加强团队和组织学习、系统思考和知识管理来实现组织的管理变革、持续创新发展；促进员工自我超越、不断成长，由工作中活出生命的意义和价值。

在推进和指导单位性学习型组织建设过程中，北京市在把握学习型组织理论核心的基础上，还注重根据不同类型组织的特点、工作职能和职责，提出不同的创建的重点和要求。

（1）创建学习型机关。要围绕提高依法行政能力，结合机关工作岗位要求和改革重点开展创建；领导干部在学习型机关建设中要率先垂范，促进机关学习氛围的形成；要强化机关的组织学习，推进机关的观念更新、工作创新、机制创新；鼓励、支持机关工作人员参加各类提高履职水平的学习培训，培养具有创新思维和创新能力的机关工作人员。要通过创建来推进机关转变职能，增强服务意识，提高服务水平，努力建设勤政廉洁、务实高效的服务型机关。

（2）创建学习型学校。各级各类学校要在建设学习型城市中发挥引领和骨干作用，大力推动教育创新；主动开放学校资源，积极参与社区教育和学习型组织建设，服务于全民学习。改变单纯灌输式的教育方法，探索创新教育方式，更加注重培养学生的创新精神和实践能力；发挥学生的主动性，培养创新型人才。积极培育勇于探索、具有特色的学校文化，提高学校的办学水平和创新能力。

（3）创建学习型企事业单位。企事业单位要根据知识创新、技术创新、效能提高等要求，引导员工制定职业生涯规划。积极开展员工的岗位培训和继续教育等学习活动，开发人力资源。要促进团队学习，使团队成员积极进行知识共享，思想沟通，形成默契合作的团队精神。推进整个单位的组织变革，改进领导方式，调动广大员工的积极性，挖掘人的内在潜能，形成与时俱进、追求卓越、勇于创新、人际和谐的组织文化，不断提升整个组织的创造活力和竞争力。

2000—2020 年，北京市先后研究、制定、修订了创建学习型城区、学习型街道和乡镇以及学习型企业、机关、学校等系列评估指标体系；评选出市级各类创建学习型城区、社区、组织先进单位 150 个，各区评选出创建学习型组织先进单位 1200 余个。2002—2015 年北京市所有区县都通过了创建学习型城区先进区的评估。从 2012 年开始，北京市开始创建学习型城区示范区。截至 2019 年年底，创建学习城区示范区评估通过的有西城、顺义、房山、门头沟、延庆、怀柔和大兴等 7 个区。

区域性学习型组织包括学习型街道（乡镇）、居委会（村庄）等。创建区域性学习型组织，既是以一定的空间和地域为范围创建学习型组织，又是借鉴、吸收、应用学习型组织理论来创建学习型社区（区域），是将学习型社区（区域）与创建学习型组织有机结合起来的创建类型。因此，创建区域性学习型组织必须同时把握建设学习型社会、学习型组织的创建内涵与要素，而最终落脚于社区的和谐和可持续发展，以及区域内所有人的全面发展。

社区是指聚集在一定地域的人们通过直接或间接互动形成的并通过共同的文化观念维持团结的人类生活共同体。占据一定的地域空间是社区的基本特征。社区空间不是纯粹的自然地理区域，还包括一些人文因素，是社会空间和地理空间相结合的人文区域。社区是以一定的社会关系为基础的，具有独特的共同的文化维持力，社区居民对其有心理和情感上的认同感。创建学习型社区的核心是，倡导并促进终身学习，通过开展学习活动、建立学习的网络来促进人的生活和生命质量提高，促进人的全面发展；促进社区文化的形成和发展，构建社区内健康、良好的社会关系，增强人们对社区的认同感、归属感，增强社区的凝聚力。因此，创建区域性学习型组织的重点工作包括：第一，统筹辖区内的教育、文化、科技等资源，实现资源共享，保证经费投入，加强教育设施建设，完善区域内终身学习的服务体系，为居民创设更好的学习条件；第二，把提高市民素质作为学习的重点，引导市民在学习中增长知识，陶冶情操，提高思想道德和科学文化素质，形成文明健康的行为方式。提升社区的文明程度。

在区域性学习型组织建设中，除把握学习型社区建设的核心和要点外，还要吸收、借鉴学习型组织建设的要点。此外，还要处理好社区与社区内各类组织的关系。例如，促进社区内各类组织，特别是街道或乡镇机关，社区内的党组织等创建学习型组织。这些组织通过创建，一方面，可以改进或创新社会、社区管理方式，促进社区发展，另一方面，其自身应成为本地学习型社区、组织建设的推动者、引领者和示范者。

北京学习型城市建设实践中，还有一个特别重要的类型，即学习型区县的创建工作。北京市学习型城市建设能够在较大范围开展、学习型组织建设数量与类型的不断扩展，都与积极推进学习型区县建设密不可分。从社会学角度看，由于社会功能和人际关系的不同，学习型区县建设与学习型社区建设还是有一定差别的。社区重在区域文化功能和人际关系的维持与更新，而区县则要促进区域内经济、文化、社会管理和服务等各方面发展，促进管理的改革、绩效的提升以及地区内的和谐。因此，学习型区县建设与学习型社区建设在内容和重点上还是不同的，如把学习型区县建设与区域经济建设、民主管理、精神文明建设、构建和谐社会以及环境建设紧密结合，通过学习型区县建设，促进区域全面发展以及形成具有区域特点的学习网络和创建模式，逐步培育各具特色的区域文化，激发区域创造力，增强区域凝聚力，全面提高区域的持续竞争力等，是学习型区县建设所包含和要强调的内容。

北京市各区在创建学习型先进城区的过程中广泛开展本辖区内学习型街道、乡镇、家庭、企业等学习型组织的创建工作。昌平区学习办在推动昌平学习型城市建设过程中先后开展了学习型机关、学习型学校、学习型企业、学习型镇街、学习型党组织、学习型社区、学习型家庭、学习型医院等 14 类学习型组织的创建与评估工作，形成一整套评估指标体系。2020 年，全区共有学习型组织先进单位 248 个，其中市级先进单位 1 个，市级学习品牌 1 个。创建学习型组织有力促进了学习型昌平建设工作。

朝阳区围绕学习型组织培育工程，探索学习共同体建设。为推动区域各类组织提高效能、提升活力，探索开展学习型社团建设，2017 年起在朝阳全区开展社区学习共同体建设，加快引导社区居民实现自我组织、自我教育、自我管理、自我服务。形成专家组对社区学习共同体项目进行全程跟踪指导，开展社区学习共同体知识专家讲座。召开共同体项目指导工作会，研讨形成《社区学习共同体培育标准》。筛选社区学习共同体试点培育组织，开展工作调研，两年来共培育安贞街道安贞编织协会、南磨房地区爱新觉罗启元文化能人志愿服务工作室等 35 个社区学习型组织为“朝阳区社区学习共同体”，并鼓励各街乡不断加大工作力度，运用社区学习共同体，调动居民参与社区治理、社会建设的积极性。

怀柔区重点深化学习党组织、学习型机关、学习型企事业单位、学习型社区、学习型家庭、学习型社团创建，形成多模式、广覆盖的学习型组织创建格局。各类学习型组织坚持全员学习、终身学习，把学习作为组织生存发展的第一需要，并有效地将学习行为转化为创新行为，推动组织持续发展，促进人的全面发展。以推进学习型党组织和学习型机关为龙头，引领全局；以推进学习型企业和学校为躯干，培育先锋；以推进学习型社区和乡镇为两翼，辐射城乡；以推进学习型家庭为细胞，打好基础的 9 个系列的学习型组织，构建遍布城乡的居民自主学习团队和学习共同体，培育积极向上的组织文化和学习文化，增强各类组织、团队的凝聚力和创新力，推动了区域学习型组织建设。该区学习型党组织、学习型机关、学习型学校、学习型街道、学习型乡镇创建率达到 100%。2017 年，怀柔区将学习型怀柔创建工作纳入区政府绩效考评内容，在绩效考评的基础上，将学习型怀柔绩效考评工作确定为市级示范项目，示范项目的确立和实施，开辟了学习型示范区建设的新路径，有效破解了学习型组织创建推动难、缺乏持续创建和深入创建等难题，起到了带动全局、拉动学习型怀柔建设的机制保障作用。

六、北京市学习型城市建设的成效

20 年来，北京市学习型城市建设始终服务于城市战略定位和首都深化改革发展的重点和中心工作，北京市学习型城市建设秉承“城教融合”原则和“公平、优质、创新、开放”的理念，不断完善终身教育与终身学习服务体系建设，积极推进学习型组织创建，持续丰富学习资源，培育全民终身学习文化，促进社会和谐和区域治理创新，提升市民素质和城市文明水平，成为推动北京“四个中心”和“国际一流和谐宜居之都”建设的重要载体和关键有力支撑。

（一）持续推进学习型城区创建工作

以评促建成为北京市推动学习型城市建设的重要模式和特色路径。学习型城市建设先进区和示范区的创建与评估推动学习型组织、学习型社区和学习型家庭的持续建设，同时充分发挥教育服务区域发展，服务社会治理的功能，促进教育更加开放。截至2020年，全市16个区和燕山地区全部通过创建北京市学习型城市先进区的评估；西城区、房山区、顺义区、延庆区、门头沟区、怀柔区、大兴区等7个区通过创建北京市学习型城市示范区的评估。

（二）终身学习服务基地建设全面提升

全市共建立首都市民终身学习示范基地是建设99个、北京市职工继续教育基地48个、北京市新型职业农民培训基地62个，故宫博物院、首都博物馆、国子监等著名的社会文化资源均加入基地建设。各基地定期举办市民大讲堂、市民剧场、终身学习活动周、市民艺术节等系列活动，居民和社会团体的参与度不断提高，成为构建首都市民“终身学习圈”的重要基础。

（三）基本公共教育服务体系进一步完善

终身学习服务体系基本形成，为全市人民提供便捷学习平台，不断完善满足各类群体的学习需求。老年教育服务体系不断完善。家庭教育与家风建设初展风采，各区结合本地实际积极探索推进本区家庭教育和家风建设，近万个家庭受益。充分利用数字化、网络化教育资源，为市民提供丰富的远程教育服务，学习方式不断创新，学习受众面不断扩大。

（四）服务区域经济发展能力全面提升

全面开展面向行业企业在职职工、部队现役与退役军人、新型职业农民的技能培训、中小学生科技实践培训、党政干部形势与政策培训、职教师资培训、社区教育培训、考工考级培训，服务区域经济发展的作用明显。建立了新型职业农民培育体系，创新形成“半农半读、农学结合”的培养模式，探索新型职业农民系统化培养新路径。农民学历水平和职业能力显著提升。

（五）学习型城市建设水平监测工作向纵深发展

北京市积极参与教育部《全国学习型城市建设监测指导性指标体系（试行）》的制定工作，并成为首批加入并完成试点监测的八城市之一。并在全国率先开展全市域的监测工作。全市 16 个城区全部完成了监测数据和监测报告的提交，全市学习型城市监测的统计分析已初步完成，为深化首都学习型城市建设与转型发展提供了科学依据。

教育开放和辐射影响力不断扩大。北京市建设学习型城市的经验和实践案例持续在全国和全球展示测与国际学习型城市建设资源交流合作的平台进一步拓展。2017 市政府委派市教委组团赴爱尔兰科克市参加第三届国际学习型城市大会，陈吉宁市长作为联盟城市市长给大会寄语“学习型城市建设将助推北京建成天蓝水清、森林环绕的生态城市和世界超大城市治理的典范”。

特别是“十三五”时期，借《行动计划》的政策推动和“十大工程”的实施，北京市在学习型城市建设的基础能力和创新发展方面成果显著。

一是以评促建，持续开展学习型城市示范区创建与评估。以评促建是北京市开展学习型城市建设的有力手段。2012 年北京市启动学习型城市示范区创建与评估。截至 2020 年，全市已有西城、房山、顺义、门头沟、延庆、怀柔、大兴等 7 个区通过学习型城市示范区创建与评估验收。以学习型城市示范区建设为抓手，多区切实加强区域内终身教育和终身学习服务体系建设，进一步推动各类教育的横向衔接与纵向沟通，着力挖掘社会资源，深入开展终身教育与学习活动，持续培育学习型组织。同时发挥辐射引领作用，基本形成组织与区域、社会与政府共同参与学习型城市建设的发展格局。

二是提质扩容，大力推进终身学习基地与平台建设。“十三五”期间，北京市共建成100个市级“市民终身学习示范基地”，48个职工继续教育基地，63个新型职业农民培训基地。同时，“北京市民终身学习平台”采取自建、购买、互换、共享等方式，为市民素质提升、不同群体的能力建设与发展提供有力支撑，形成线上线下相结合、市区两级互联共享、汇聚政府和行业优质资源的终身学习服务模式。

三是开展社会培训，提升城市人力资源能力建设。“十三五”期间，北京市发挥职成院校办学优势，对接首都经济社会发展需求，全面开展职业培训，促进更多劳动者“长技能、好就业”，提升职成教服务发展，推进就业创业能力，每年面向在职职工、现役退役军人、再就业人员、社区居民、残疾人等群体，开展100万人次的职业培训。

四是引智帮扶，助力实现乡村振兴战略。“十三五”期间，北京市在全国率先开设“新型职业农民全日制高职学历班”，共培养700百多人；以“合作社+田间学校”“线上线下融合”等多种形式，举办农民中专班每年培育1万人，农民培训每年15万人次。同时，北京市实施“高校引智帮扶”工程，全市23个市属高校与34个低收入村结对帮扶，2019年年底全部完成脱低工作，助力脱贫攻坚，实现乡村振兴。

五是老有所学，不断健全老年教育服务体系。发展老年教育，是积极应对人口老龄化、实现教育现代化和建设学习型社会的重要举措。“十三五”期间，北京市依托北京开放大学成立北京老年开放大学，统筹指导全市老年大学的教育教学工作，依托16个区的社区学院（社区教育中心、成人教育中心）建立区域老年开放大学，依托街道/乡镇建立老年学校，依托社区/村建立社区老年学习点，形成了市、区、街道（乡镇）、社区（村）四级老年教育服务网络，切实把老年教育办到百姓家门口，为老年学习者提供就近、便捷、高质量的终身教育服务。

六是家校社协同，构建全方位育人新体系。“十三五”期间，北京市实施“家庭教育和家风建设工程”，依托中国下一代教育基金会“全国伴随成长家庭教育服务平台”，每年培训家庭教育骨干、家庭教育志愿者 9000 余人次，为全市 50 万中小幼职学生家庭推送家庭教育同步指导 200 余次，受益人群 300 多万，组织专家走进家庭教育基地学校开展讲座及线上咨询活动 64 场，受众达到百万人次。

七是建设学分银行，搭建终身学习人才成长“立交桥”。“十三五”期间，北京市为加快推进学分银行建设，印发《北京市学分银行管理办法（试行）》，组建学分银行管理中心、分中心及联盟成员单位，形成学分银行服务体系，实现开放灵活的学习成果存储、认定与转换。

八是开展评估与监测，引领学习型城市建设科学发展。“十三五”期间，北京市充分发挥学习型城市建设的影响力和引领作用，在全国率先开展学习型城市建设水平监测，参与组织全国首批 8 个城市的试点测评工作。全市 16 个区完成监测工作，为深化首都学习型城市建设未来发展提供科学依据。

七、“十四五”时期学习型城市建设重点及展望

“十四五”时期是我国开启全面建设社会主义现代化国家新征程、向第二个百年奋斗目标进军的第一个五年和重要战略机遇期。面对百年未有之大变局，新一轮科技革命和产业变革深入发展的形势，围绕建设文化强国、教育强国、人才强国、体育强国、健康中国，国民素质和社会文明程度达到新高度，国家文化软实力显著增强的发展要求，北京市学习型城市建设工作将精准立足首都城市战略定位，深化城教融合，服务城市精细化管理，促进经济高质量发展和社会治理创新，进一步强化终身教育公共服务体系建设，促进社会学习资源开放共享，加速推进互联网和人工智能等技术应用，不断完善全民终身学习服务体系，深化学习型组织建设，丰富终身学习文化。

（一）深化城教融合，服务首都城市发展战略

“十四五”期间是我国全面建成小康社会的关键时期，教育要发挥助推器功能，为实现中华民族伟大复兴作出新贡献。中央明确首都北京“四个中心”的城市战略定位，学习型城市建设要紧密结合首都产业、就业、人口等布局调整，积极适应国际环境和经济发展新常态，从强化首都核心功能出发，精准把握城市战略定位，充分发挥学习型城市服务首都发展的作用，为建设一流和谐宜居之都作出新贡献。

（二）发挥部门协同，提供面向全民的终身学习服务

教育部门是学习型城市建设的牵头部门，但学习型城市建设取得的成果与部门协同息息相关。党的十九届四中全会提出“构建服务全民终身学习的教育体系”，服务全民意味着需要教育、文化、人社、科技、卫健、民政、环保、宣传等部门的协同共建。因此，要加大跨部门的工作机制建设，推进统筹协调，促进终身学习服务体系的事业发展，将终身学习理念和实践延伸至大教育范畴，破除教育领域内外的机制壁垒；加强资源整合力度，避免重复建设，合力构建服务全民终身学习的教育体系。

（三）完善终身教育终身学习服务体系建设，服务全民的全面发展

强化社区教育公共服务体系建设。加强党建引领，结合新时代文明实践活动，鼓励各区将基层党校、新时代文明实践活动中心功能与社区教育、市民学校三级办学网络基地相融合，形成综合性、价值引领的新型市民文明教育体系。深化学校教育改革，提高服务学生和社会发展的能力。大力发展职业教育和继续教育，夯实建设学习型城市的重要基础。完善终身教育制度，

构建人才成长立交桥。建立全民终身学习的制度环境，强化基础教育、职业教育、高等教育、继续教育的沟通衔接，促进普通教育与职业教育、学历教育与非学历教育、职前教育与职后教育的有机融合。广泛开展社区教育，不断提升市民文明素养和全社会文明程度。积极开展青少年校外教育，加强家庭教育和家长教育。大力开展新市民培训，促进以人为核心的城市化进程。服务脱贫攻坚和乡村振兴，开展技能扶贫，大力培育新型职业农民和农村实用人才。大力发展老年教育，推动养教结合、社区共学养老。

（四）服务城市精细化管理，推进社会治理创新

北京市是全国最早在学习型城市创建中提出“依学治理”理念的城市。随着首都经济社会快速发展，人民生活水平日益提升，人民群众的学习诉求呈现出多层次、多样化、个性化等特点。满足人民群众的学习需求，继续将教育培训下沉到社区，以社区教育为载体，规范社会行为，化解社会矛盾是学习型城市推动社会治理创新的重要方向。要始终坚持问题导向，强化内涵发展，全面推进学习型城市维护稳定环境，不断提高人民群众对首都教育和学习环境的满意度。

（五）适应国际环境发展新态势，创新教育方式方法

不断完善全民终身学习服务体系。当前国际局势出现巨大变化，世界进入充满变数、机遇与挑战并存的时代。学习型城市是促进城市可持续发展、智慧增长和社会融合的有效载体，要强调“面向全民”的学习体系建设，更加突出城乡教育公平与卓越。“互联网+”和人工智能深刻影响教育资源的配置与整合，扩大优质教育资源的覆盖面。畅通的人才培养通道和全方面的职业资格认证体系，为保障城乡居民获得更好生活，实现“人人皆学”“时时可学”“处处能学”提供基石。要以新理念、新策略，更好顺应时代潮流，构建面向每个人、适合每个人、更加开放灵活的终身学习服务体系。

（六）推进“人工智能+”等技术应用，打造数字化、智能化的学习之都

将促进全民终身学习纳入城市的信息化建设。依托北京开放大学和社区学院、社教中心，完善京学网和终身学习综合信息平台和网站建设，建立健全数据更新、交换共享和应用服务机制，构建教育大数据平台。建立覆盖全市城乡的数字化学习服务平台和学习资源库，促进数字化学习资源的开放、连接与共享，满足学习者本土化和个性化学习需求。充分运用人工智能技术，建设智能学习空间和学习体验中心等，推行场景式、体验式、沉浸式学习。通过开设学习超市、提供学习地图等形式方便社区居民灵活自主学习。加强各类人群的信息素养教育；加强对老年、残疾人等群体的信息知识和能力培训。建立学分银行和学习成果认证制度，完善终身学习账号和学分累计，发放“北京市民终身学习卡”，创新全民学习激励制度。

（七）深化学习型组织建设，促进各类组织的发展和变革

学习型组织能够有效地将组织及其成员的学习行为转化为发展能力和创新能力，从而促进组织成员的全面发展和组织自身的不断变革。深入开展各类学习型组织创建是深化学习型城市建设的重要支撑。

持续推进学习型城市示范区创建。有利于通过学习，提升素质、转变观念，结合区域重点工作、破解区域发展难题，提升营商环境，促进城市精细化管理，提高区域社会治理水平和多元主体的治理能力，提高竞争力和软实力，进而落实区域功能定位和实现可持续发展目标。

创建学习型党组织。通过学习型党组织建设，引领学习型机关、学习型单位、学习型企业、学习型社会组织等各级各类组织建设；以党员学习能力的提升带动周围群众学习能力的提升，以党组织学习能力的提升带动所在机构学习能力的提升。

深化学习型社区创建。全面推进学习型街道和乡镇、学习型社区和村庄创建工作。依学治理，把创建学习型社区与精神文明建设、民主管理、构建和谐社区及环境建设紧密结合，与解决社区的重大、难点问题能动地结合起来。把创建与社区治理和社区文化相结合，增强人们对社区的认同感、归属感。推进生态学习社区和学习型乡村建设，促进首都健康、生态城市，美丽乡村发展战略的实施。

深化各类学习型组织建设。学习型组织通过团队学习，知识共享，集体攻关，产生新思维，从而不断开拓工作和事业的新局面。创建重点在于改进领导方式，推进组织变革，挖掘人的潜能，重塑组织文化，不断提升组织的学习力、创造力和竞争力。大力推进学习型社团、学习型家庭、学习共同体建设。

（八）服务绿色、健康、生态城市建设，促进首都可持续发展

加强资源整合，充分利用各级各类学校、社区教育机构、高校科研院所、企业以及公共文化场馆、自然保护区、生态涵养区等资源开展劳动教育与生态文明教育培训和学习活动，培养学生和全体社会成员的生态意识与生态行为，提高生态文明素养。扎实推进垃圾分类宣传教育进课堂、进社区、进农村，引导市民积极参与垃圾分类，促进垃圾分类成为新时尚。树立健康第一的教育理念，特别是在新冠肺炎疫情防控进入常态化的背景下，着力加强体育美育劳动教育，在学校和城乡积极开展健康教育和生命教育，使人们学会尊重生命，学会防疫知识，营造健康、有活力的生活与独立的发展，提升整个城市的抗逆力，提高生活质量和幸福感。

总之，根据国家和北京市“国民经济和社会发展第十四个五年规划和二〇三五年远景目标”的要求，学习型城市建设将向建成高质量、公平优质、创新开放、繁荣包容的学习之都迈进；实现学习型城市建设愿景——助推北京建成“天蓝水清、森林环绕的生态城市，建成世界超大城市可持续发展的典范”。

第二部分　区域发展：北京市学习型城区建设发展报告

西城区学习型城区发展报告

西城区作为全国首批社区教育示范区与北京市首家建设学习型城市工作示范区，坚持以党的十九大“加快建设学习型社会，大力提高国民素质”讲话精神为指引，落实《北京市学习型城市建设行动计划（2016—2020 年）》文件要求，按照北京市建设学习型城市工作领导小组办公室部署，将学习型城区建设与促进经济社会发展，深化社会治理创新等全局性工作相结合，以示范项目为工作载体，形成“以人为本、以学治理、以德化人，城教融合发展”的工作思路与发展路径，持续深入推进学习型西城建设。

一、区委、区政府高度重视学习型城区建设

西城区委、区政府将建设学习型城区作为提升区域综合竞争力的战略举措，编制《西城区建设学习型城区工作“十三五”规划》，及时调整学习型城区建设领导小组成员名单，明确全区各单位的工作职责和分工。西城区以学治理、以德化人，让学习型城区创建为社会管理创新与社会和谐服务，展现出终身教育在新时代的新作为，为建设国际一流的和谐宜居之都凝聚强大正能量。

区委、区政府深化教育改革，推进教育资源优化配置，实现教育高水平、优质、均衡和可持续发展，为区域内不同年龄层次、文化程度、收入水平的

市民提供普惠性教育服务。2018 年西城区政府印发《北京市西城区推进学区制工作的实施方案》，探索架构“1+1+N+X”的学区制“西城模式”。文件出台后，各学区积极建立和完善学区工作制度和工作流程，加强学区办公室建设，成立学区理事会，积极推进各类教育的协调发展，促进教育系统内部、教育系统与社会各单位部门之间的资源共享，协调发展。

二、社区教育网络建设更加完善

区、街、居三级社区教育学校是西城区社区教育的主阵地。西城区社区学院开设社区课堂、市民短期培训班、社区居民大专课程班等为居民提供教育服务。15 所社区教育学校依据各自所处地域特点与师资基础，研究设置特色课程，稳步迈入特色化、品牌化、规范化发展阶段。每年开设的通识课程与地方特色课程达 150 余门。金融街社区教育学校“国学雅乐”教育特色彰显；什刹海社区教育学校着力打造“我的家在什刹海”品牌教育活动凝聚区域民心；新街口社区教育学校以信息技术助力课堂教学广受好评；椿树、大栅栏地区社区教育学校“书画公益大讲堂”持续开展形成特色；德胜社区教育学校艺术社团蓬勃发展；月坛社区教育学校科普教育卓有成效；广内、牛街地区社区教育学校倾力打造“课程+社团+活动”的社区教育模式……各社区教育学校一校一品，特色发展，成为西城区学习型城区建设的一张闪亮名片。

为顺应西城区基础教育改革的需要，各街道社区家长学校主动作为、因地制宜，积极整合家教资源力量开设大量具有西城特色的社区家教课程。陶然亭、天桥地区社区家长学校成立“新时代家庭教育研究中心”，形成研培一体的社区家庭教育推进模式；西长安街社区家长学校携手卡内基培训与“三宽”家教机构开展专业化培训；白纸坊地区社区教育学校举办的中小学生职业启蒙教育形成学校特色；广外地区社区家长学校“新父母　心成长”家庭教育大讲堂、展览路社区教育家长学校的“智慧家长成长课堂”等品牌活动深受家长欢迎。西城区15所社区家长学校在家庭教育领域所做出的新探索，成为西城区在发展社区教育，建立终身教育体系方面的又一创举。

三、西城区市民终身学习服务基地建设健康发展

西城区以全市首批“北京市民终身学习示范基地”评选推荐为契机，组织开展基地建设与学习型城区建设相关培训，提升基地工作水平与创建内动力。首都博物馆、北京天文馆、老舍茶馆、京彩瓷博物馆、西城经济科学大学、宣武红旗业余大学、北京外事学校、金融街社区教育学校等8家单位被评为“北京市终身学习示范基地”。“京彩瓷传统文化学习体验”“金声国乐民乐团”荣获2017年北京市终身学习品牌项目，“北京市流动天文馆”“京彩瓷传统文化学习体验”经北京市推荐获得“全国终身学习品牌项目”称号。2016—2018年，西城区新增北京科技中心等3家服务基地，区级学习基地总数量达72家。各基地依托自身优势资源开展市民教育与基地开放日活动，深受居民好评。

四、西城区市民终身学习认证制度建设稳步推进

西城社区学院不断完善市民认证管理制度。通过加大学分课程建设力度，组织认证管理员培训班和任课教师培训班，召开街道层面工作协调会，对认证点进行分级评定等多种途径提升学分认证服务能力。2018年，授权认证点数量达到142家；系统内持卡学员个人学习账户近10万人，总学分认证达到118万学时，4000余人实现积分兑换奖励。

五、西城区终身学习服务体系基本形成

学习型城区建设工作是一项综合性的社会工程，西城区各单位积极参与，发挥各自优势，形成各司其职、齐抓共管的建设合力。

西城区各街道办事处作为学习型城区建设的重要主体之一，工作各展风采：西长安街街道将“红墙”意识内化于心、外化于行，发挥党组织引领作用，抓好各类学习教育活动；什刹海街道作为学区制改革试点，积极探索教育资源融合发展的新路径，为全区提供学区制改革的宝贵经验；陶然亭街道开办的“成功求职策略培训班”与自助求职网站，将社区教育与街道重点工作推进紧密结合起来；金融街街道积极开展“1+1”专业社工助推社区社会组织工作，学习型社会组织建设取得突破；月坛街道与首都博物馆合作，开拓社区文化教育养老新领域；天桥街道的民俗教育、椿树街道的梨园文化教育、牛街街道的民族特色教育、大栅栏街道的“老字号文化进社区”活动、新街口街道的“白塔新辉”系列文教活动、白纸坊街道的科普教育等体现出明显的街域特色，成果丰硕，亮点纷呈；广内街道举办的“百姓论坛”、广外街道的学习型示范社区建设工作、德胜街道的“德邻文化”主题教育、展览路街道的德治教育等将社区教育有效融入社区治理，切实体现出社区教育“把矛盾化解在社区，把和谐构建于社区”的价值所在。

各委办局认真挖掘自身工作与学习型城区建设的结合点，积极履行社会教育职能：西城区司法局围绕区域中心工作与区域矛盾化解，联合律师事务所开展法制讲座4000余场；团区委运用新媒体推广“书香满西城”系列读书活动，用社会主义核心价值观引导青年；区妇联以项目化运作的方式购买社会组织专业服务，推进家庭教育工作；区残联将教育作为残疾人工作的重要内容，积极开展残疾人特殊教育、融合教育和残疾儿童少年早期教育，体现出终身教育公平、全纳、发展的特点；环保局通过主题日宣传与环保大课堂

进行宣传，引导公众履行环保社会责任。西城区各单位组织的积极参与，为终身教育的广泛开展编织起多元化、立体式支持网络。

六、学习型组织创建成效明显

区直机关工委、民政局、教委等各系统学习型组织牵头单位结合工作实际，引领系统内单位开展各具特色的学习型组织创建活动，在全区各系统内营造出崇尚学习、重视学习、坚持学习的浓厚氛围。

在学习型机关建设方面：区直机关工委以建设学习型、服务型、创新型机关为目标，积极组织机关系统内各单位开展集中学习与演讲、征文等各类活动，并对各单位进行具体创建指导。在2017年末举办的学习型机关先进单位评选中，区委办等27个单位被评选为“2017年西城区学习型机关先进单位”。

在学习型学校建设方面，为进一步宣传推广学习型学校创建经验，区教委编印《走向学习型学校》一书向各学校发放。每年组织开展学习型学校先进单位和个人的评选表彰。

在学习型社区建设方面，西城区共开展五批学习型社区建设评估工作，2018年，西城区学习型先进社区共有169个，占全区社区总数的66%。为了进一步夯实学习型示范社区的工作成果，2017年对17个“西城区学习型社区建设工作示范社区”进行了回访调研，形成针对示范社区党建创新、治理创新、示范项目打造等方面工作的指导意见。2017年还在全区评选出33个“学习型榜样家庭”和18名“学习型社区工匠”，以身边榜样讲身边故事的形式进行宣传，充分发挥学习型社区建设工作中典型人物、典型事迹的示范引领作用。

“十三五”期间，西城区在北京市和全国评选中还取得以下成绩。何凯英、潘瑞凤等12位同志被评为北京市“首都学习之星”。贾相梅、柴兴祝等16名教师获得“中青年学术新秀”称号。西城区连续获得北京市全民终身学习活动周优秀组织奖、全国全民终身学习活动周优秀组织奖、北京市社区教育微课程评选活动优秀组织奖等集体奖项。

七、职业教育进社区凸显特色

西城区充分利用职业教育资源，建立面向社区、服务社区的多层次、多类型的职业教育服务社会体系。充分利用北京市外事学校、北京市实验职业学校、北京市财会学校、北京市实美职业学校、西城科技馆、宣武科技馆等6所职业技能培训基地，面向社区居民提供职业技能、生活技能等培训课程和实训场地，特别是4所国家级重点职业学校将师资送进街道社区，将居民请进职业学校。职业学校面向社会开展的系列培训活动，不仅提高社区市民的职业技能水平，提升生活质量，同时还培养一大批教师和学生志愿者，为职业学校教师和学生自身发展提供广阔平台。

八、今后工作构想

“十三五”期间，西城区在全面分析、正确把握区情民意的基础上，挖掘工作潜力，增强工作使命感，进一步落实“行动计划”十大重点工作任务，努力开创学习型城区建设新局面。

（一）践行“红墙意识”，学习型城区建设服务西城发展大局

学习型城区建设要服务于西城区新时代发展的需求。西城区在习近平新时代中国特色社会主义思想指引下，正在努力践行“红墙意识”。学习型城区

建设工作要与“红墙意识”践行紧密结合，要通过学习来提升各级组织的政治意识和城市治理水平，更好地服务区域经济、政治、文化、社会、生态文明建设，让西城居民收获更多的归属感、认同感和幸福感。

（二）聚焦重点工作，加强市民终身教育和终身学习服务体系建设

进一步做好社区教育工作。关注残疾人、流动家庭、城市新移民的学习保障，体现社区教育的公平普惠；关注社区家教与家风建设，积极构建家校社协同育人的新格局；关注社区老年教育，实施“教育养老”服务。不断提高社区教育的认知度与参与度，提高社区居民的满意度和获得感。

进一步培育、激励各市民终身学习基地的服务积极性。发展品牌培训项目，构建系统分层体验的模式；开展服务基地交流活动，发挥好示范服务基地的引领辐射作用。

进一步做好学习型城区信息化平台建设。各级各类学校与学习基地要积极开发优质网络学习资源，以西城区市民终身学习平台为基础，实现线上线下结合的混合式学习，推进现代信息技术与社区教育的深度融合。

进一步推进市民终身学习认证制度建设。继续扩大终身学习成果认证点覆盖范围和认证学员数量；规范市民学分认证与积分兑换标准；建立多方资源整合与协调机制，拓展学分课程建设资源与积分兑换合作单位，为西城居民搭建起全方位、立体化的终身教育服务体系。

（三）落实主体责任，将城市发展与教育服务融合对接

“十三五”期间，西城区各单位通过深入学习来应对工作中的新任务、新挑战，把学习的成果转化成工作能力与工作水平，搭建起学习型城区建设体系的坚实骨架，服务于西城每年百万人次居民学习，形成多元主体共同涵育居民美好生活的良好局面，绘就西城学习型城区建设“以人为本、城教融合、

助力发展”的工作底色。把学习型西城的建设内容与区域非首都功能疏解、社会治理创新等重点任务做好融合对接。大力开展市民教育，维护西城区作为首都政治中心区的稳定，护航非首都功能疏解。西城区将努力营造人人皆学、时时能学、处处可学的社会环境，积极培育终身学习文化，促进全民学习、终身学习，为率先形成学习型社会，全面建成小康社会贡献力量。

东城区学习型城区发展报告

东城区教育委员会深入贯彻党的十九大报告精神，落实《北京市学习型城市建设行动计划（2016—2020 年）》文件精神，立足区域社区教育实际与居民需求，以创建北京市学习型城市示范区为着力点，发挥东城区学习型城市建设领导小组统筹协调作用，加强制度建设，完善区域市民终身学习管理、服务；融通教育内外资源，培育、扩大特色品牌，努力提供多样化、高质量、居民家门口的社区教育服务，大力培育学习团队，积极推动学习型东城建设，办人民满意的社区教育。

一、自上而下，统筹协调，畅通高效管理运行机制

东城区委、区政府始终高度重视社区教育工作，每年召开社区教育工作会，研究部署年度工作计划。区主管领导专题听取领导小组办公室关于国子监大讲堂十周年纪念活动、全民终身学习周等重点工作筹备方案的汇报，协调有关部门支持配合，强化保障。

在领导小组的统筹领导下，近年来东城区“三横三纵”“三轴联动”的社区教育管理服务机制高效运转，重点加强 0—3 岁社区婴幼儿早期教育指导与服务和老年教育建设，加强学历教育与非学历教育、学校教育与社区教育、普通教育与职业教育之间的资源融通，拓宽终身学习通道。整合开放资源，

完善终身学习服务体系，构建市民终身学习“立交桥”。

依据《关于社区、学校牵手建立社区教育共同体的意见》，东城区各学校每年与所在社区签订牵手合作协议，学校场地、师资、课程资源向社区全面开放。同时，社区也为学校课程开发、师生社会实践、志愿服务活动提供便利。学校与社区的学习互动为建立市民身边的学习服务圈提供强有力的支持。

在教育资源自主开放的基础上，领导小组办公室统筹 2 个社区学院，8 个学区市民学习基地，2 个市民学习中心，8 个市民职业体验基地，25 个社区儿童早期教育示范基地，结合专业优势、资源特色，针对不同文化背景、年龄段的市民需求，研发课程，组建自发的学习团队。

社区学院发挥龙头作用，以东城区社区教育课程资源管理体系建设和人力资源管理体系建设两大示范项目研究为抓手，出台《社区教育课程大纲撰写指导意见》，出版《北京市东城区社区教育课程大纲汇编》（第一、二辑），包括编辑实用技能、休闲娱乐、家庭生活、市民修养四大类，计算机技能、语言技能、艺术类、兴趣类、家庭教育、国学修养、道德修养等 19 类 180 余门课程。开发“东城区社区教育人力资源管理信息系统”，完成《东城区社区教育队伍建设文件汇编》。以“社区教育课程分类框架体系”为依据，编制《北京市东城区社区教育数字化课程开发建设标准》，推动课程开发标准化、规范化建设。在东城区社区数字化学习公共服务平台——“东城学网”的基础上，开发移动学习端口，实现与网页版“资源共享、数据互通和统一管理”。市民可以通过智能手机，随时随地学习“东城学网”课程资源，网站可以通过后台追踪，分析市民的学习需求，更加有针对性地开发课程，丰富资源。

为推进终身学习服务体系建设，东城区依托学区所建立的 8 个市民学习基地，充分整合资源，有效满足社会的多元化学习需求。学区市民学习基地的建立最大限度地整合学区内各学校的场地、师资、课程以及管理、智力等资源，向市民开放，很好地解决不断增长的市民学习需求与学习资源相对零散、缺乏有效统筹利用之间的矛盾，有机整合优质教育资源，使学区内的中小幼职学校成为社区文化教育中心；同时，也反哺学校，为学生的成长提供丰厚的社会土壤。各市民学习基地定期开展市民学习需求调研，开设日常英语、计算机应用、法律常识、中医药养生、书法、绘画、舞蹈、合唱、京剧、茶艺、手工编织、心理健康等百余门课程，共举行了千余场讲座。

2015 年，东城区职业学校明确转型发展的方向和目标，借助职业学校丰富的师资、课程、实训基地、合作企业等资源，开发面向中小学和市民的职业体验课程，推动职业教育、成人教育与社区教育资源共享。东城区依托 5 所职业、成人学校建立职业体验基地，开发实用技术、休闲娱乐、家庭生活、市民修养四大类共 115 门课程，为附近学校、街道提供选课菜单，深受市民的欢迎。2017 年，东城区启动“社区教育流动课程项目”，职业、成人学校教师走出学校，深入社区开设流动课程。居民不仅可以到学校实训基地参加特色课程体验，还能在家门口享受便捷、丰富的学习资源。近年来，40 余位职业、成人学校教师深入社区为居民开设流动课程近百门，累计参与学习市民近万人次，教育服务社会的功能进一步彰显。

二、自下而上，培育引导，激发自主创新活力

党的十九大报告指出，发展必须是科学发展，必须坚定不移贯彻创新、协调、绿色、开放、共享的发展理念。东城区坚持以“五大发展理念”为灵魂，不断增强社会组织和社会成员的自主创新活力，促进学习型城区建设可持续发展。

东城区学习型城市建设始终关注社区学习团队的培育，鼓励发展民间学习共同体，推动其向社会组织转化。其一，重视优秀、特色学习指导教师培养，力争使他们的专业特长扎根社区，孵化出更多特色鲜明的市民学习团队。其二，加强学习团队骨干的孵化培育。如社区学院建立的社区文艺骨干培训班，第一年对选拔出来的“种子”进行系统培训，第二年这些“种子”要回到自己的社区组建文艺团队，第三年“种子”将带领自己的团队参加文艺会

演。通过骨干“种子”的培养，在社区广布草根文艺社团组建的火种，吸引广大居民参与其中、学在其中、乐在其中。其三，举办各街道或面向全区的大型赛事活动，如棋类、书画、计算机、烹饪、插花等，逐步固化比较成熟的赛事，不断提升大赛的权威性和美誉度，辅之以培训、展示、交流、宣传，市民自主学习的积极性被调动起来，他们非常期待在一年一度的比赛中会会自己的老朋友，检验一下学习水平 。

为满足市民学习团队不断提升的学习需求，东城区始终注重社区教育人才建设。2014 年，启动“东城区社区教育人力资源管理体系建设”示范项目，旨在建设一支能够满足社区教育多样化需求，结构合理、素质优良、专兼结合的社区教育和管理工作者队伍，探索建设社区教育人力资源运行、共享、评价与激励机制。在对东城区社区教育人力资源建设整体调研基础上，制定社区教育管理者和社区教育教师的任职条件、聘任程序，开发“东城区社区教育人力资源管理信息系统”，为在全区范围开展社区教育人才专项培训，实现优秀师资、特色课程的流动与共享，搭建有效的工作平台。

社区教育工作者承担社区教育管理与培训、社区教育课程开发及建设、社区教育活动策划与组织的职责。提高社区教育工作者的理论基础以及良好的管理能力是提升社区教育水平，满足市民学习需求的重要保障。2016 年，北京市教委开展“学习指导师培训班”项目，东城区建设学习型城区工作领导小组积极组织区内各职业学校、社区学院选派骨干教师参与该项目。借鉴市教委经验，2017 年，东城区依托社区学院场地和师资力量，实施“东城区社区教育骨干种子培育工程”，举办区级学习指导师培训班和社区文艺骨干学历班，以提高社区教育工作者专业素质和综合能力。30 多位来自区内各街道、社区以及市民学习基地（中心）、市民职业体验中心的专兼职社区教育工作者参加区级学习指导师培训，33 位来自各街道的社区文艺社团负责人、文艺骨干通过考试进入社区文艺骨干学历班学习。

文教助理队伍是东城区社区最具特色的团队，是东城区专职社区教育工作者队伍的中坚力量。2005 年，东城区制定下发《关于选派教师到社区工作的通知》，每年教委从全区中小学选拔 70 名左右教师作为文教助理进入社区工作。文教助理充分利用自身专业优势和特长，在社区组织开展形式多样的学习培训和文体活动，提升居民文化知识水平和生活质量，促进家、校、社区三结合。同时，作为社区教育的科研团队，他们深入居民中开展学习需求调研，撰写工作案例和科研论文，为东城社区教育规律的深入研究积累了丰富、鲜活实践经验。伴随着社区教育不断深化和学习型城区建设新形势新任务，以及基层管理体制机制的转型，文教助理队伍承载的职责和任务也在不断变化，承担的职责更广，服务面更宽。为进一步发挥文教助理作用，加强队伍建设，提升文教助理专业化发展，提高职业素养，增强实务操作能力，培育他们在政策、组织、策划、协调、活动、科研等方面的能力，建设一支符合社区教育发展要求的高素质、专业化的社区教育师资队伍，东城区不断改进社区文教助理培训方案，运用问题驱动理论，采取“工作研训一体化策略、研修活动课程化策略、分层分类多元化策略”，重点设计“师德修养、社区教育基础理论、社区教育工作技能的实务、社区教育科研能力、人文综合素质”等五方面的教育培训内容，实现了培训目标要求。邀请社区教育专家、学者为文教助理开展讲座，多角度提升老师们的职业素养。通过实施“组长沙龙”，开展团队学习、参观考察、社会实践，丰富了文教助理知识面，每年开展评选优秀文教助理、优秀论文、学习之星活动，树立先进典型，提高文教助理队伍社区教育专业化水平。

三、左右牵手，塑造品牌，共建共享学习成果

为进一步提升社区教育品质，塑造特色教育品牌，东城区积极与高校、研究院所开展教育合作。与北京大学、北京孔庙和国子监博物馆联手打造“北京大学国子监大讲堂”，与北京中医医院专家团队创建“四时五行话养生”健康大讲堂，先后获得“首都市民学习品牌”和“全国终身学习品牌”。

2017 年，“故宫讲坛”“百姓学堂”获评北京市“终身学习品牌项目”。

“故宫讲坛”获 2017 年全国“特别受百姓喜爱的终身学习品牌项目”的称号。

故宫博物院、北京孔庙和国子监博物馆与东城区职业大学、职工大学于 2017 年共同获评首批“北京市民终身学习示范基地”。

2017 年 10 月，东城区教委与北京大学首都发展研究院、北京孔庙和国子监博物馆联合举办“北京大学国子监大讲堂十周年纪念活动”，全面总结大讲堂在社区教育与大学教育结合，传统教育和网络新媒体融合，面向群众搭建国学教育平台，弘扬中华优秀文化的典型经验。以北京大学国子监大讲堂为题材的微视频“传承国学经典　构筑和谐东城”获全国第二届“传统文化进社区”微视频大赛一等奖。

2018 年，东城区“社区文艺骨干”培训班、北京人艺戏剧博物馆艺术讲座、“彩虹圆梦”残疾人教育培训项目获得北京市“终身学习品牌项目”称号。同时，东城区“社区文艺骨干”培训班获评全国“终身学习品牌项目”。

北京人民艺术剧院戏剧博物馆、北京市第一七九中学、北京现代职业学校获评第二批“北京市民终身学习示范基地”。

四、以文化人，以文塑城，文化东城建设在路上

近年来，东城区以全民终身学习活动周为契机，为市民搭建学习成果交流展示的平台，使学习活动周真正成为东城区市民学习交流分享的盛会。在全区范围内掀起了学习热潮，营造人人学习、时时学习、处处学习的良好氛围，有力地推动国际一流的和谐宜居之区的建设。

2016 年以“学习完善自我，创新成就梦想”为主题举办全民终身学习活动周，举办包括市民厨艺、书画、棋艺、花艺、计算机应用能力等重要赛事和特色活动共 193 个，其中讲座、报告会 76 场，宣传、展示活动 55 场，参与活动市民总数达 40334 人次，发放学习宣传资料 30000 余册。《人民政协报》《现代教育报》《北京晨报》《北京晚报》及首都之窗、光明网、人民网、千

龙网、搜狐新闻等都进行了报道，取得良好的社会反响。

2017 年 12 月，东城区与故宫博物院联合举办以“传承中华优秀传统文化，共建一流和谐宜居之区”为主题的学习周开幕式。北京国际职业教育学校师生与故宫大师同台展示传统文物修复技艺；全国“百姓学习之星”姜波讲述老北京小吃文化；师生与市民模特团队联袂进行传统文化服饰设计展示。时任故宫博物院院长单霁翔作《坚定文化自信，做中华传统文化忠实守望者》的专题讲座。

2018 年 11 月，东城区与北京人民艺术剧院携手，以“深化城教融合共建学习东城”为主题，举办东城区第十四届全民终身学习活动周开幕式。在开幕式上，三个市民学习团队以戏剧表演的方式展示了市民学习成果。北京人民艺术剧院国家一级导演唐烨作《永恒的戏剧》的艺术讲座。

2016 年、2017 年，东城区均被授予全国全民终身学习周优秀组织奖、北京市全民终身学习周特别优秀组织奖。

学习、创新、发展是东城区学习型城市建设遵循的轨迹，为每一位市民提供良好的学习、创新、发展的城市环境，使其优其学、乐其学、享其学、学有成，是东城区始终执着追求的目标。《教育部等七部门关于推进学习型城市建设的意见》明确七大任务，《北京市学习型城市建设行动计划（2016—2020 年）》推出十项工程，这些都为东城区学习型城区建设指明了发展方向。全面落实党的十九大和全国教育大会精神，东城区新时期学习型城区建设之舟会继续朝着建设“政务环境优良、文化魅力彰显、人居环境一流”的首都功能核心区的宏伟目标前进。

海淀区学习型城区发展报告

为落实习近平总书记“中国要永远做一个学习大国”的讲话精神，践行国际学习型城市大会与会城市共同签署的《建设学习型城市北京宣言》《可持续学习型城市墨西哥城声明》，依据《教育部等七部门关于推进学习型城市建设的意见》及《北京市中长期教育改革和发展规划纲要（2010—2020年）》要求，2016年北京市14个委办局联合发布《北京市学习型城市建设行动计划（2016—2020年）》，提出到2020年，北京将建成以完善的终身教育体系和学习型组织为基础，以广大市民的良好素质为支撑，学习资源丰厚、学习氛围浓厚、创新活力涌现的学习型城市，为实现首都教育现代化、建设国际一流和谐宜居之都夯实基础，为率先全面建成小康社会贡献力量。

海淀区是科技、文化和教育的大区，层次全、类别齐、水平高、数量多，在全国有着比较特殊的地位，对于北京市乃至全国的学习型城市和学习型社会的建设都有着重要的作用和影响。

一、精益求精，建设海淀特色学习型示范城区

为积极配合北京市学习型城市建设行动计划，进一步推动学习型海淀建设的发展，海淀区把建设学习型城区作为“一把手工程”。成立海淀区学习型城区建设指导委员会，委员会主任由区委书记和区长担任，成员由各委、办、

局、街、镇等相关部门的“一把手”参加。为充分发挥教育在建设学习型海淀中的主导作用，将委员会办公室设在区教委，办公室主任由主管副区长担任，教工委书记、教委主任担任副主任。区委、区政府各有关机关也建立相应机构，建立起符合海淀区区情的、具有海淀区特色的学习型城区建设管理体制和运行机制。

区委、区政府多年来始终重视全民终身学习活动的推广和扶持，动员各委、办、局、街、镇等相关部门及所有驻区高校、部队、机关、企事业单位等，积极开展学习型城市建设工作。举办全民终身学习活动周，创办并发布《学习型海淀报》。学习型海淀建设内容广泛、形式多样，各种教育培训活动基本满足各类、各层次的学习需求。全区居民不仅是终身学习和可持续发展战略的设计师，更是践行者，在不断增强学习力和综合创新力的同时，也在促进区域经济增长、社会包容、公共安全和环境保护等方面发挥重要作用。

二、科学谋划，打造市民终身学习示范基地

海淀区一直致力于推动社区教育内涵发展，通过市民终身学习基地的建设，不断拓展市民学习渠道。市民终身学习示范基地以学习资源建设为抓手，多渠道、多形式加强特色课程和教材建设，建设完善的课程体系；创新教育培训形式和方法，积极开展多层次、多形式、多渠道的教育培训活动。

2017 年，中关村学院、中关村创新研修学院、北京市植物园荣获首批首都市民终身学习示范基地。基地的建设呈现出两大亮点：一是参与人数逐年增加，市民满意度不断提高；二是形成良好的社会影响和辐射带动作用，对促进海淀的全民终身学习作出积极贡献。

中关村学院市民终身学习基地积极探索新的学习服务形式，将研究学习、行动学习和体验学习等多种学习形式融入培训和社区教育活动之中，形成特色鲜明的社区教育模式，成为海淀区学习型城区建设的中坚力量。自 2011 年

1月挂牌成立以来，先后接待全国近200个省市地区、60多个国家上万人学习交流，每年培训、社区教育学习交流逾万课时，受益人数达十多万人次。

中关村学院作为全国体验式学习的先行者，获得2013年度“首都市民学习品牌”“海淀区市民学习品牌”，以及国家开放大学认定的全国5家体验式学习基地之首等荣誉。中关村学院市民终身学习基地的核心项目——“中关村终身学习体验园”于2014年被全民终身学习活动周工作小组、中国成人教育协会评为全国“终身学习活动品牌”。

此外，中关村学院市民终身学习基地不断创新，有计划地逐年培育不同的培训项目，均被海淀区建设学习型城区工作领导小组办公室评为“海淀区市民学习品牌”，如2016年的“书法博士六人坊”“‘小小发明家’创客科学”“走进花鸟画的艺术世界”3个项目；2017年的“花艺走进生活”“ESW葡萄酒品鉴师培训”2个项目。2018年的“中关村学院课程超市”“全国高校创新创业导师中关村特训营”“中关村学院新型职业农民培养‘加油站’”3个培训项目被北京市成人教育学会认定为2018年“终身学习品牌项目”。

海淀区市民终身学习示范基地在自身建设发展的同时，发挥辐射带动作用，响应京津冀一体化发展的号召，由点及面地从师资培训项目入手，发挥首都学习品牌示范作用，推动河北省滦平县终身学习实践发展。

三、与时俱进，建设终身学习数字化网络平台

在区委、区政府的指导下，区教委以中关村学院终身学习体验园为抓手，利用现代互联网和移动互联技术，搭建“网上体验园”。将丰富的课程资源和系统化的管理经验整合为网络课程，既为居民提供网上冲浪、体验终身学习的良好机会，也延伸了市民终身学习基地的服务范围，扩大影响力，提升知名度。

在硬件建设方面，建立PC端和移动端的相关平台，用于满足学历教育及非学历培训。建立选课平台，满足非学历培训多种培训课程的管理。

在软件建设方面，开发线上教学资源，采取发挥自身教师队伍的优势，建立混合式教学资源研发团队，进行线上教学资源的制作，同时采取购买的方式，科学、合理、有针对性地购置一批线上教学资源。

四、积极探索，勇于创新“学分银行”建设

建立区域内普通教育、职业教育、继续教育、社区教育之间的沟通联系，鼓励职业院校、成人学校、开放大学与社区教育基地开展学历教育衔接，建立学分互认、互转制度，积极探索模块化教学和学分积累制度。为开展非学历教育通过质量认证体系、学分积累和转换制度、“学分银行”和职业资格考试进行学历认证，打下了坚实的基础。

2018 年 2 月，海淀区政府与百度公司签署《建设海淀区“城市大脑”合作备忘录》，标志着海淀区“城市大脑”建设进入了快车道。政企将合力推进智慧城市建设，为构建新型城市形态，打造科技城市、科技政府、科技公民和人文社区提供重要支撑。“城市大脑”建设在打造智慧海淀的同时，进一步提升区域信息化水平，促进城市治理体系和治理能力现代化。在此基础上，筹建终身学习网络和服务平台、筹建“学分银行”制度等，探索创建个人学习账号和学分累计制度，力争打通继续教育与终身学习的通道，满足行业、企业和社区的多样化需求。

五、以创促建、以评促培，推进学习型组织发展

在建设学习型海淀工作中，各类学习型组织的创建是一个重点工作。海淀区实施一系列推进创建学习型组织工作，夯实学习型城区的基础，保持创

建工作的可持续发展。截至2018年，海淀区已评选出创建学习型组织先进单位558个，包括63个机关、26个街乡镇、102个企业、104个科研院所及学校、32家医院、231个社区；创建学习型组织示范单位104个，确定“学习型家庭”990个，确定“争做知识型职工标兵”60人。

同时，表彰热爱学习、践行社会主义核心价值观，积极参与学习型城市建设工作的单位及市民先进典型，充分发挥各类学习型组织和广大市民在海淀区学习型城区建设中的主体作用。自2010年起，连续成功开展“海淀区市民学习品牌”和“海淀学习之星”评选活动，这项活动受到区各委、办、局、街、镇等相关部门及全体市民的广泛支持。2016—2018年，经过个人自荐、社会举荐、组织推荐等形式申报，组织专家进行评选，共评选出70个“海淀区市民学习品牌”，320位“海淀学习之星”，并在此基础上，推荐表现突出的学习之星参加“首都学习之星”的评选，最终共有19位获得“首都学习之星”称号。

六、整合资源，创新服务职工素质提升需求

海淀区教委以中关村学院为抓手，充分发挥区政府举办成人高等学校的优势，有效整合区域内各种教育教学和培训资源，为海淀区的机关、企业、事业单位的公务员、企业职工、教师、街道社区工作者等提供定制化的培训，助力职工素质提升。

广泛开展社区教育工作者志愿者培训、社区教育骨干教师培训、文明市民学校校长培训、文明市民学校师资培训、公务员培训、党务干部培训、未就业人员创业培训、大学创新创业指导师特训营的培训、中关村企业大讲堂的培训等系列培训，以及中小学师生、企事业单位员工、北部新区骨干职业农民技能、国家职业资格证书、残疾人等的培训，服务人群覆盖面广，为区域经济社会发展提供坚实的智力支持。

七、因地制宜，开展新型职业农民培训

近年来，以服务乡村振兴为大局，立足于通过职业技能培训推动海淀区新型城镇化建设过程中农村劳动力的专业技能的提升，保障广大农民更有质量的转岗就业，走出一条“农民需求啥，学校培训啥”的新型职业农民培训特色之路，为海淀区北部新区的农村提供人才振兴保障。

在具体工作中，紧密结合大都市郊区的新型城镇化进程，不断创新培训的内容、方式和途径，满足农民整体素质的提升需求。开发和开展符合海淀区新时代、新特点的培训项目，把项目开发、教学资源建设与海淀区区情相结合，努力开展专业性、针对性较强的培训内容，提供更有质量的培训项目。为海淀区 7 个街、乡、镇提供 16 个职业技能培训项目，职业教育培训共培训 22000 多人次，共有 905 名海淀区新型农村劳动力参加国家职业资格鉴定，895 人拿到国家职业资格证书，考证通过率为 98%。

八、服务社会，搭建老年“夕阳圆梦”平台

根据海淀区经济社会发展和老年居民生活需求，开发国学素养、艺术素养、科技素养、生活素养、礼仪素养、健康素养等以人文素养提升为主的 15 大模块 356 门课程，探索形成单次体验、系统培训、社会实践与专题讲座等相结合的多元教学形式。并在大模块不变的情况下，按照社区老年居民的学习需求，对具体课程作相应的更新和调整。以品牌项目和专业工作室为载体，不断提高老年教育课程的质量，积极推进“社区教育特色课程和教材”建设。发挥社区教育在弘扬社会主义核心价值观、推动社会治理体系建设、传承中

华优秀传统文化、形成科学文明生活消费方式、服务人的全面发展等方面的作用。

2017年结合海淀区老年人生活、学习需求，又进行了老年大学建设实验。把参加书法、绘画、钢琴、古筝、油画学习的59名老年社区学员成功转化为学校学历班学员，使学校的学历教育和非学历教育、社区教育之间互相促进。

九、家社协同，推进家庭教育和家风建设

海淀区落实习近平总书记“注重家庭、注重家教、注重家风”讲话精神，打开围墙办教育，以学生发展为目标，以家庭教育为基础，以社区教育为辅助。不断拓宽社区教育的内涵，着手开展家庭教育指导师的培训，深受街道和社区的欢迎，优化了育人环境，取得显著成效。

2018年6月，由北京市教育委员会主办，海淀区教育委员会承办的“北京市家庭教育与家风建设项目2018年启动仪式暨海淀区家校社协同育人研讨会”成功举办，来自全国10个省市及北京的600余名校长会聚一堂，共话学校、家庭、社会协作育人工作。

家校社协同实践，推动家校社合力育人工作科学发展，从层次性较低、时效性短、单向的活动转向探索分工合作、持续性强、多向的合作活动方式，探索“规划先行、平台铺路、项目驱动、共育共赢”的合作模式，形成家校社三方平等参与、分工协作、优势互补、共同发展的合作伙伴关系，构建合作共育的教育格局，在顶层架构、运行机制、实践模式等方面开展积极探索与实践。

十、社区教育指导服务系统建设工程

2016年9月正式成立海淀区社区教育指导中心，确立了统筹协调全区社区教育工作开展，指导各街镇做好新时期好市民教育和学习型社区建设的主要职责。依据上级指示精神及北京市教委关于推进社区教育工作的各项具体要求，确立海淀区社区教育三年发展的总体目标。在组织专家进行广泛深入调研的基础上，制定《海淀区社区教育工作三年规划（2017—2019年）》。

社区教育指导中心于2017年12月召开“首批社区教育基地挂牌仪式暨社区教育示范单位表彰大会”，达到了调动学校及社会资源，进行优化组合，不断扩大社区教育资源供给的目的。在发挥区属社区教育机构（中关村学院、北京市信息管理学校等）的基地作用的基础上，开放共享教育机构资源，鼓励各类教育机构充分利用场地设施、课程资源、师资、教学实训设备等积极参与社区教育，推动各级各类教育机构有序向社区居民提供适宜的教育服务。

策划并启动“中华优秀传统文化社区教育系列活动项目”工作，项目包括：中华优秀传统文化教育之社区教育进校园（家长学堂）、中华优秀传统文化教育之社区教育微课故事会、中华优秀传统文化教育之社区教育经典诵读天天学、中华优秀传统文化教育之社区线上知识竞赛。此系列活动调动了大批来自海淀区相关大专院校、科研院所等机构的专业研究人员、教学人员、表演艺术家以及企业资源等，以“海淀社区教育”微信平台为载体，以音频、视频、竞赛等形式，为海淀区居民提供优质高效的优秀中华传统文化教育服务。同时，以线上传播的优势，扩大海淀的优质社区教育资源的受众范围，令更多地区的学习者受益。

社区教育工作实际开展过程中，充分发挥海淀区域优势，建设具有海淀特色的社区教育示范先进区。推出一系列代表海淀特色的品牌活动，实现社区教育资讯服务全区域覆盖。

如今，海淀区上下形成了“全民学习、终身学习”的浓厚氛围，“知识改变命运、学习成就未来”的理念成为全体居民的共识和自觉追求，学习促进了观念更新和思想解放，居民的整体素质显著提高，人才成长和人力资源开发有了良好的社会环境，社会安定和谐，城市文明程度进一步提升，涌现出一大批具有创新精神的团队和个人。

随着十大重点工程在海淀区逐步推进落实，建设学习型海淀的脚步仍在继续，将建成以完善的终身教育体系和学习型组织为基础，以全区居民的良好素质为支撑，学习资源丰厚、学习氛围浓厚、学习形式多样，具有海淀特色、创新活力涌现的学习型示范城区。

朝阳区学习型城区发展报告

2004年朝阳区被市教委评为“发展社区教育促进学习型城区建设先进区”，2008年获得教育部颁发的“全国社区教育示范区”称号。2003年，区委、区政府下发《关于建设学习型城区的决定》，2011年区政府下发《关于进一步加强社区教育工作意见》，成为推动学习型朝阳建设的重要举措。2016年以来，朝阳区落实《北京市学习型城市建设行动计划（2016—2020年）》要求，围绕“十大工程”，贯彻城教融合发展理念，积极开展学习型城区建设工作。

一、组织领导健全，经费投入到位

围绕社区教育指导服务系统建设工程，打造学习型城区建设和社区教育工作机制。（1）党委层面。抓好学习型城区建设工作组织建设，全区八大工委共同推进各系统、各行业学习型城区建设工作，历年学习之星和市民终身学习基地参与范围广、表彰数量多。2016年以来累计17人获首都市民学习之星称号，3个单位被评为市级市民终身学习示范基地。（2）政府层面。健全区级社区教育领导小组—街乡社区教育管理委员会—社区（村）社区教育协调委员会三级管理网络，所有街乡100%成立社区教育中心，社区（村）成立社区教育学校，社区教育学习资源不断丰富，3年累计打造42个区级社区教育优秀项目。（3）教育系统层面。充分发挥基础教育、职业教育、继续教育在推动市民终身学习方面的作用，利用教育资源建立6个市民终身学习中心和1总8分的老年大学，为市民提供终身学习服务11600余课时，开设老年大学教学班500余个，为基层培养社区教育活动骨干15类共2000多人。朝阳区不断加大学习型城市建设经费投入，2016年以来，区财政累计投入1.13亿元用于全区建设学习型城市工作可持续发展，累计开展社区教育和学习型城区建设项目336个，在全区范围营造人人学习、终身学习氛围，为学习型示范城区建设推进工程打下坚实基础。

二、坚持城教融合，服务社会治理

朝阳区对接“十大工程”，深化城教融合，积极推进学习型城区建设工作。

（一）围绕学习型组织培育工程，探索学习共同体建设

为推动区域各类组织提高效能、提升活力，探索开展学习型社区建设，2017年起，在全区开展社区学习共同体建设，加快引导社区居民实现自我组织、自我教育、自我管理、自我服务。专家组对社区学习共同体项目进行全程跟踪指导，开展社区学习共同体知识专家讲座。召开共同体项目指导工作会，研讨形成《社区学习共同体培育标准》。筛选社区学习共同体试点培育组织，开展工作调研，共培育安贞街道安贞编织协会、南磨房地区爱新觉罗启元文化能人志愿服务工作室等35个社区学习型组织为“朝阳区社区学习共同体”，并鼓励各街乡不断加大工作力度，运用社区学习共同体，调动居民参与社区治理、社会建设的积极性。国资系统各单位将创建学习型企业列入公司重要议事日程，高度重视员工学习培训教育和人才培养工作，以建立学习型

企业为动力，全面提高队伍素质。

（二）围绕家庭教育和家风建设工程，积极开展家庭教育指导服务

立足家庭教育指导工作研究与实践，健全朝阳区家庭教育社会支持体系，不断提高全区家庭教育和家风建设整体水平。一是开发资源，完成《朝阳区入园儿童家长手册》《家庭教育工作教师指导手册》《我的育子梦——家庭教育故事集》的编写。开发学生家长指导文本，帮助家长掌握一些解决家庭教育常见问题的办法，完成初中、高中及小学低年级段的家长指导文本开发工作。二是举办“家庭教育指导师培训班”，扎实推进家庭教育骨干队伍建设，面向学校举办“高级家庭教育指导师培训班”2 期，96 名学校教师取证；面向社区家庭教育工作管理者、志愿者开展“家庭教育指导师（初级）”培训，156 人取证。三是广泛开展家庭教育指导服务，开展“百场家庭教育指导讲座进校园、进社区活动”467 场，惠及 8 万余位家长，“手机同步信息指导服务”扎实推进，“新婚孕期（准父母）项目”累计服务近 10 万个家庭，“0—6 岁项目”每周使用家庭保持在 12 万个以上。四是建立家长激励机制，累计表彰“好家长”8509 名，“好家长之星”200 名，收集征文 12714 篇，表彰优秀征文 6312 篇，以“妇女之家”“姐妹驿站”为平台，开展寻找“最美家庭”活动，共评选两批朝阳区最美家庭和 19 万户区级五好文明家庭，在全区营造出传承好家风的良好社会氛围。

（三）围绕老年教育“夕阳圆梦”工程，多渠道开展老年大学建设

开展社区设教学点，分校办学、合作办学、学历教育等多种模式探索，以课题研究为引领，以课程建设为基础，以骨干队伍培训与建设为抓手，全面开展老年教育服务。为做好 233 个社区网络教学点的管理与服务工作，在

做好需求调研的基础上，开展线上线下相结合的老年教育特色基地培育工作，已培育出5个有特色的教学基地；朝阳区老年大学总校指导8所街乡分校开展教学活动，共开设409个教学班，累计学员1.2万余名；通过合作办学的方式，职工大学与北京东方妇女老年大学合作开班105个，培训学员2000人，朝阳区社区服务中心朝阳区老年大学每年开设20余门课程，在校学员1000余人次；开展老年学历教育，开设应用英语、音乐表演等4个专业，目前共有17个班，在校生240余人；在左家庄和呼家楼街道分别开展老年教育骨干志愿者培训，为200名志愿者开展8次培训；完成“社区老年养教结合模式研究”课题，为老年教育的深入推进提供借鉴与参考。

（四）围绕创新职工素质提升工程，积极开展职工培训

一是推进农村城市化、农民市民化，打造农民工培训品牌。2016年，区总工会、区农委、区教委、区人社局联合下发《关于开展朝阳区农转工技能素质提升工程的实施方案》，全区培训农民工、农转工5.8万人次。二是创新培养企业新型学徒。试行“招工即招生、入企即入校、校企双制、工学一体”的职工培训新模式，指导辖区试点企业北京电子控股有限责任公司与北京电子信息高级技工学校通过校企合作，共培养半导体芯片制造工、无线电调试工等高级、中级、初级新学徒86人。三是树立“大培训”理念，构建“四位一体”培训平台。针对企业职工、非公企业会员制定《通用能力培训实施方案》，推出“N+X”（即通识课程+企业自主开发课程）培训模式。2016—2018年，培训职工4.5万人次，开展“公益大讲堂”活动200余场，面向教育系统职工开展学习型人才素养提升培训220余场，每年举办区级职工技能大赛，以赛促学、以学促干。宋亚勋石材艺术雕刻创新工作室等2个工作室被认定为首都职工创新工作室，贵金属首饰手工制作师杨晋等2人在第一届“北京大工匠”评选中获得提名奖。

（五）围绕终身学习数字化网络平台建设工程，提供多端口数字化学习服务

一是积极对接京学网，不断建设完善“朝阳 e 学习”市民数字化网络学习平台，提供微课 1550 个课件，并开展网上家长学校资源建设工作。二是上线“朝教 e 社区”微信公众号，栏目融文本、音频、视频、互动答疑等形式于一体，注重指导资源的针对性、实效性、可读性，内容每周更新，2018 年 8 月在“朝教 e 社区”微信平台上线“入园指导”服务，开展学龄前儿童家长公益大讲堂线上培训，围绕新生入园的生理、心理特点，设计制作 6 个家庭教育指导微视频课程，推动家园共育。三是充分利用网络平台和新媒体技术，开发资源，广泛普及家庭教育知识，深入推进家风建设工作。开办家庭教育电视栏目——“对话成长”节目，2016 年以来每周一期在朝阳有线电视台和北京电视台公共频道播出。四是通过“文化+科技”手段宣传和展示朝阳文化，2016 年 12 月正式上线文化朝阳云平台，实现“森林演出季”“阅读行走 12 小时”等重大活动直播接入，充分利用文化朝阳云平台和“文蕴朝阳”微信公众号，对原创作品成果展示、首都市民音乐厅、京津冀邮票发行、文化遗产日等重大活动，开展广泛宣传，提升活动影响力和覆盖面。五是继续办好“朝阳普法”微信公众号和“法润朝阳”微博，“七五”普法以来，公众号进行增容改版，开展“不忘初心跟党走　依法治国当先锋”新媒体法治宣传教育活动。活动影响力覆盖全市 16 个区，参与用户来自 35 个省，总访问量达 22 万余人次。

（六）围绕终身学习，积极推进各项工作

积极落实新型职业农民培训工程，高度重视农村劳动力就业培训工作，坚持“产业支撑、政策扶持、培训提升、文化引导”四路并进的思路，抓岗位，抓机制，抓平台，抓服务，农村劳动力就业安置组织化、市场化水平不

断提升，累计完成1300名农村劳动力的培训。

积极落实市民终身学习示范基地建设工程，每年面向全区社区教育领导小组成员单位、各街乡下发通知，征集市民终身学习示范基地候选单位。朝阳区职工大学、北京市朝阳区图书馆、麦子店街道社区教育学校等3个单位被认定为首批“北京市民终身学习示范基地”。积极开发市民学习基地，每年举办一届“档案馆日”主题活动，通过开放馆舍、展览参观、现场宣传等项活动，面向社区居民、青少年开展内容丰富、形式多样、独具档案特色的档案宣传。2016年起，聘请中小学生担任“档案馆日活动”专场讲解员，孩子们经过一段时间的锻炼培训，考核合格后获得聘书，成为“档案馆日”活动中的亮丽风景。充分发挥各街道社区文化活动场所的阵地作用，开展各种健康、有益、积极向上的文化体育活动，营造积极、健康的社区文化氛围。不断加强楼门文化阵地建设，全区在各类小区近2万个楼道开展楼门文化，将居民手印墙、家牌、涂鸦、小区记忆等作为重要内容，将家规、家教、家风建设作为小区建设基础，重点打造“一街一品”特色楼门文化，培育一批楼门文化工作品牌，提升小区的人文品质。

三、精彩活动助力，营造终身学习氛围

积极开展各类宣传活动，每年举办全民终身学习活动周开幕式活动，通过汇报演出、静态展示和互动交流等形式，充分展示朝阳区学习型城区建设成果和社区教育成果，全民学习周期间全区围绕“4个开放”在学校、企业、公众场所、社区等领域开展各类活动年均近千场次。同时，为了引领广大居民进一步树立全民学习、终身学习理念，积极开展多类别的专项宣传展示活动。一是积极创新形式，深入学习宣传贯彻党的十九大精神。充分发挥精神文明建设工作发动社会、动员群众的独特优势，积极创新形式，开展“学习宣传贯彻党的十九大精神——我是朝阳群众”故事会、榜样人物基层巡演巡

讲等活动，通过原创故事宣讲、主题文艺节目等群众喜闻乐见的形式，推动党的十九大精神走进基层、走进群众。二是围绕服务和保障2022年冬奥会开展普法宣传。联合延庆、崇礼签署《三地司法局服务冬奥会筹备工作协作框架协议》，统一开展“冬奥服务保障　司法协同先行”“携手迎冬奥，法治宣传助发展”等活动，联合举办“七五”普法综合培训，印发带有统一标识的海报、折页等普法宣传品20万余份。三是开展丰富多彩的未成年人学习成果展示活动。为解决区域家长的后顾之忧，每年举办寒暑假快乐营活动。2018年暑期，活动覆盖43个街乡，每个街乡平均开展活动2周以上；为传承中华优秀传统文化，连续3年组织中小学生“中华颂”朗诵比赛，面向区域内中小学生及家庭，组织举办社区未成年人诗书画亲子大赛、亲子诵读大赛、我是朗读者系列大赛；面向打工子弟家庭，举办青少年科普教育实践活动，举办庆“六一”欢乐亲子嘉年华暨第十届健康宝宝大赛系列活动、“亲子关爱季”活动等，传播家庭早教知识。四是开展多层次老年人学习成果展示活动。2016年以来，每年面向全区举办社区老年学习成果展示活动，将老年学习教育工作与养老服务体系建设、学习型城区建设相融合，为老年人搭建展示学习成果，共筑社会和谐的交流平台；连续5年举办“语言文化龙门阵竞赛”活动，参加对象为老少三代组成的家庭代表队，活动辐射北京其他区、天津及河北部分地区，既传承了中华优秀传统文化，又促进了家庭和谐、家庭学习氛围。

2016年以来，朝阳区将学习型城区建设和社区教育与居民需求、社区党建、社会建设有机结合，进一步完善领导体系、运行机制和保障措施，加强需求分析、资源整合与活动创新，积极对接《北京市学习型城市建设行动计划（2016—2020年）》，深化城教融合，不断辐射城市建设，服务社会治理，为提升区域居民素质、构建终身教育体系、建设学习型社会发挥了重要作用。今后将进一步统筹资源，打造品牌，扩大影响力与覆盖面，引导更多部门、市民积极参与终身学习，打造学习型城市朝阳模式，提升朝阳区区域综合竞争力。

丰台区学习型城区发展报告

为深入贯彻落实党的十九大及2018年北京市政府工作报告等文件精神，根据《北京市学习型城市建设行动计划（2016—2020年）》相关工作要求，丰台区制定学习型城区建设“十三五”规划，在规划中提出具体工作目标、任务，并按任务进度积极落实，有效地推进了学习型丰台建设。

一、预期目标进展情况

（一）市民学习中心建设项目提前完成

截至2018年7月，全区共建成34个市民学习中心。积极发挥政府主导、社会参与作用，在区和街乡镇政府的协调与支持下，在相关社区（村）密切配合下，通过制定建设标准，完善审核程序，开展申请、建设、评比、认定、运营，落实专项经费支持，推动市民学习中心建设项目提前完成。在完成街乡镇、社区（村）30个区级市民学习中心建设的基础上，区学习办整合区域航天科普、汽车博览、戏曲文化等优质学习资源，合作建立了航天博物馆、抗日战争纪念馆、汽车博物馆、园博园等一批市民学习体验基地；开发委办局和社会资源，建立妇女儿童社会服务中心、大得珍藏馆等市民学习中心，市民学习中心已成为市民教育文化场所的样板。

（二）区域终身教育优势资源得到有效整合

整合区域职业教育、成人教育资源，组建成立“丰台区职业与成人教育集团”，率先在全市实现职业教育、成人教育一体化发展，形成“职教对接成教、成教融通职教，职成教全力服务学习型城区建设”的工作格局，发挥各自优势服务市民职业体验、技能培训和素质提升，全面服务市民终身学习，开创学习型丰台建设新篇章。根据信息化发展趋势，开展线上、线下平台建设，打造便捷的市民学习智慧平台，不断开发和完善社区教育课程，满足群众多样化、多层次的学习需求。推动职普融通，职教中心校成为北京市初中实践教育基地，开发嵌入式、寒暑假期学生职业体验课程，全方位服务中小学课程改革和学生全面发展。

（三）社区教育师资队伍不断壮大

统筹全区社区教育师资，多措并举加强区、街乡镇、社区（村）三级社区教育师资队伍建设。依托区教委，组建了100多名教师参加的社区教育志愿者队伍。依托丰台区社区学院，开展社区教育工作者专项培训，提高社区教育工作者业务素质。各街乡镇、社区（村）通过加大社区工作队伍建设、挖掘辖区专业人才，进一步壮大社区教育师资队伍。

（四）终身学习活动特色更加鲜明

坚持把市民学习中心建设和丽泽大讲堂、航天大讲堂等活动作为区域特色，引导市民积极参与学习，不断提高特色活动影响力。积极开展学习型社区（村）、学习型企业、学习型学校、学习型社团建设，培育学习型组织文化和品牌。开展“丰台区最美家庭”评选和“文化四进”“书香丰台”等活动，持续提高区域终身学习活动品牌知名度。

（五）形成学习型城区建设新格局

构建区委领导、政府主导、部门联动、社会协同、全民参与的学习型城区建设新格局。建立由区委常委、宣传部长任组长，主管副区长任副组长，23个委办局参与的“丰台区学习型城区建设领导小组”，统筹全区学习型城区建设工作。开展学习型城区建设理论和实践研究，积极探索丰台首都中心城区和核心功能主承载区定位下的学习型城区建设。

二、重点任务推进情况

（一）市民学习中心建设项目

认真总结2015年首批10个“市民学习中心示范点”建设经验，2016年建成丰台镇街道、长辛店街道珠光家园社区、卢沟桥街道青塔社区、花乡六圈村等11个市民学习中心；2017年建成宛平街道、南苑街道南庭新苑社区、花乡造甲村等9个市民学习中心；2018年与社会资源合作，建立汽车博物馆、大得珍藏馆等市民学习中心。全区21个街乡镇都建设了区级市民学习中心示范点。各学习中心积极发挥作为市民学习引领的作用，努力满足群众学习需求。其中汽车博物馆市民学习中心被认定为北京市民终身学习示范基地。

（二）市民体验和指导中心建设项目

加大对社区学院建设的投入力度，按照将社区学院建设成为区级市民学习体验和指导中心，全区社区教育和终身学习课程资源的聚合、开发、共享和推介中心，市民学习体验的示范中心，社区教育的管理和指导中心的目标，

2017 年投入 250 万元、2018 年投入 500 多万元专项经费实施社区学院软硬件环境改造升级。书法教室、绘画教室、录音棚、市民音乐讲堂等各体验教室改造工程基本完成，后续还将陆续完成烘焙教室、非遗等各类专业教室的建设及设备引进，为市民终身学习搭建体验平台。

（三）市民终身学习平台及网络资源建设项目

积极推广北京市民终身学习网“京学网”，引导和指导社区教育工作者、广大市民关注并使用“京学网”开展教育或学习。加大丰台社区学院、丰台职业教育中心学校两个网络平台建设力度，完善与市级平台的数据连通，为丰台市民参与终身学习提供学习平台和服务平台。整合社区学院和职教中心学校学习教育资源，面向社会购买优质教育资源，建设丰台终身学习资源库，努力满足市民多样化、个性化学习终身学习需求。搭建“丰学网”平台，通过开发课程资源和面向社会购买优质课程资源，为市民参与网上学习提供多种选择。完善选课系统，为市民学习提供便捷服务。探索市民学习“学分银行”管理，到北京开放大学考察学习成果认证和学分管理、激励，推动将区内中小学职业教育体验纳入学生学分、将教师职业体验纳入继续教育学分认定。

（四）社区教育课程和学习活动品牌建设项目

加大社区教育课程建设力度，完善社区教育课程体系。社区教育课程坚持面向三类重点人群，即未成年人、中老年社区居民、街道社区工作人员，主要设置艺术生活类、居家生活类、科学文化类三大系列，共涉及开设课程 62 门。如面向老年人开设的太极拳、声乐知识、民族舞蹈、食品安全、服饰搭配，以及手工编织、插花、绿植养护等有益于提高老年人生活品质的课程，受到了老年人的热烈欢迎。2016 年全年共开设课程 38 门，覆盖 19 个街（乡镇），147 个社区，总授课次数 1785 次，累计培训人数 35660 人次。2017 年全年共开设课程51门，覆盖20个街（乡镇），230个社区，总授课次数1806次，累计培训人数45150人次。

积极打造区域学习品牌及特色活动。打造丽泽大讲堂、航天大讲堂、京铁大讲堂等学习品牌。打造“书香丰台”品牌阅读活动，年均参与人数5万多人次。开展“丰台最美家庭”评选，传承文明家风，弘扬正能量。积极树立终身学习榜样，2016年评选出12名区级“首都市民学习之星”，推荐3人获评“首都市民学习之星”；2017年全区共有6人被评为“首都市民学习之星”，在全市各区批准人数名列第一，也是丰台区历史最好成绩；2018年全区共有6人被评为“首都市民学习之星”。在2018年北京市成教学会举办的“终身学习品牌项目”遴选中，“北京市丰台区市民学习中心建设项目”“北京市丰台区丽泽大讲堂项目”及“商联会学院”三个品牌被评为北京市2018年“终身学习品牌项目”。

（五）各级各类学习型组织培育项目

加强学习型组织建设，制定《丰台区学习型组织培育创建工作方案》，重点开展“学习型社区（村）”“学习型企业”“学习型学校”“学习型社团”等四类学习型组织建设。按照学习与培训阶段，培育、创建和自评阶段，区级评估验收阶段，总结与表彰阶段等四个阶段分步骤推进学习型组织建设。制定时间推进表，每年向丰台区建设学习型城区工作领导小组办公室推荐区级学习型学校和学习型企业共10个、学习型社区（村）和学习型社团共20个作为区级示范单位，给予相应的经费支持。

（六）社区教育志愿者智库建设项目

建立健全社区教育专职人员队伍，确保每个社区都有1名社工负责社区教育工作，成为社区教育的组织者和管理者；加大社区专兼职师资培训力度，每年遴选50名社区专兼职教育工作者进行培训和培养，逐步使其成为社区学习指导师，为各类社区学习活动提供专业化支持。积极开发教育系统师资资源，建立起由普教教师组成的社区教育志愿者队伍，服务居住区域市民终身学习。讲座内容包括剪纸、书法、国画、手绘团扇、飞机模型、毛条制作、数独、手机摄影、传统文化、青少年价值观、家庭美德、安全教育等，讲座内容生动有趣，贴近生活，深受社区居民，特别是青少年和老年人的欢迎。社区挖掘区域内各方面专业人才，组成社区教育师资团队，为社区开展教育和学习活动提供有效的师资保障。

（七）职成一体化创新发展项目

按照职业教育、成人教育发展趋势和丰台区终身教育服务体系建设需要，2017 年 4 月 19 日，丰台区整合职业教育中心学校与社区学院资源，组建“丰台区职业与成人教育集团”。集团发展定位是致力于服务区域产业转型升级和京津冀协同发展，服务高端人才培养，服务中小学课程改革，服务区域民生需求，推进现代生活性服务业品质提升和学习型城区建设。组建后的职成教育集团实现统一管理、优势互补、资源共享，实现成人教育资源、职业教育资源共同服务社区教育、老年教育、职工继续教育、农民教育等市民终身教育。

（八）全民家庭教育建设项目

重视家庭教育和家风建设，弘扬传统孝道，倡导家风教育，推进青少年学生家校共育。区教委结合社会主义核心价值观教育，通过组织学校传统文化教育，整理古今家庭教育和家风建设的优秀案例，开发建设家庭教育和家风建设资源。区妇联积极挖掘区内孝道典型，每年开展 100 户“丰台最美家庭”和 100 名“优秀家长”评选，并面向社区、学校、企事业单位宣传报道模范事迹，积极弘扬中华民族优良传统和优秀家风。

三、存在问题及完善情况

（一）学习型城区建设区级联席会议制度尚须机制化

丰台区学习型城区建设实施区政府及委办局联席会议制度，几年来规范、有序开展，实效性比较突出。随着学习型城区建设的新形势、新任务、新要求，须将联席会议制度机制化，以进一步促进各项工作的有效推进、创新开展。

（二）社会教育资源开放服务有待政策推动

区域内文化、教育、图书馆、博物馆、爱国主义教育基地等资源面向社会开放虽取得一定成效，但因管理主体、体制机制不同，诸如科技、军队资源，机关、企事业单位资源还不能充分面向市民开放，如体育场馆、各类学校因安全等问题不能有效开放，有待出台相应的促进和管理办法。

（三）市民学习成果认证和学分银行建设亟须推进

市民终身学习成果认证、学分银行建设尚处于研究探索阶段，如何实施线上学习、线下体验、实践活动、在职培训、志愿服务等成果认证，以及学历教育、非学历教育学分转换，建立统一的市民终身学习管理系统还存在困难。

终身学习作为传承文明、创新发展的源动力，是实现新时代新发展的基础。丰台区将继续以习近平新时代中国特色社会主义思想为指导，深入贯彻落实党的十九大精神，牢固树立创新、协调、绿色、开放、共享的发展理念，围绕首都“四个中心”城市战略定位，积极探索市民终身学习的新思路、新机制、新模式，努力打造具有北京特色、丰台特点的终身学习服务体系。进一步强化看齐意识，加大建设力度，为不同社会群体的教育需求提供多形式、多层次、多类型的教育资源和服务，努力谱写学习型丰台建设的新篇章。

石景山区学习型城区发展报告

建设学习型城区是首都建设学习型城市的重要内容，石景山区在20世纪90年代，就开始对学习型城区建设工作进行探索和实践。在教育部《关于推进学习型城市建设的意见》文件出台后，石景山区学习型城区建设工作进入新阶段，并取得显著成绩。2005年被评为北京市学习型城市建设先进区，2009年被教育部评为全国社区教育实验区，2015年被评为全国社区教育示范区，2017年石景山区业余大学被认定为北京市民终身学习示范基地，同年，中医药文化素养教育试点基地落户石景山区。多年来，石景山区委、区政府始终把学习型城区建设放在重要位置，将建设学习型城区工作纳入《“十三五”时期石景山区国民经济和社会发展规划纲要》中，并制定了“全面提高市民素质，加强学习型城区建设，加强科普教育，倡导全民阅读，建设书香石景山”的任务目标。

一、以创建文明城区为契机，促进学习型示范城区建设

（一）健全完善区三级社区教育网络

区委、区政府始终坚持以“形成全民学习、终身学习的学习型社会，促进人的全面发展”为目标，以整合资源、完善机制、提升市民素质、增强区

域综合竞争力为重点，以积极构建终身教育体系为己任，为和谐社区文明战略的实施助力。

石景山区已初步形成结构合理、方便群众的“区—街—居”三级社区教育网络，创建学习型机关、企业、学校、党组织、街道、社区、家庭等7类学习型组织，每年开展2000次以上的各类文化活动，公共文化服务超过100万人次，为创建全国文明城区营造良好的文化氛围。石景山区也先后被评为北京市学习型城市建设先进区、全国社区教育实验区、全国社区教育示范区。

自1998年创办北京市第一家“腾飞社区家长学校”开始，石景山区逐步把学校教育拓展为全员、全程、全面的终身教育，学校、家庭、社会三方协同育人机制不断推进。推动法律常识、消防安全、食品卫生、冬奥知识等社会资源走进校园，拓展学生学习生活；专业技术知识讲座、中医养生等公益大讲堂走进企业，为企业发展注入活力；在石景山区各公共场所开展的“老街坊”“驼铃古道”“清明诗会”“书香石景山”等大型特色系列文化活动广受市民欢迎；书画、器乐、烹饪、信息技术以及流动图书车、流动演出车、科普大篷车走进社区、军营，极大地丰富了市民、官兵的文化生活。

（二）紧抓契机大力促发展

随着石景山区创建全国文明城区工作的开展，学习型石景山建设也迎来了前所未有的发展契机。一大批设备完善、功能齐全、高端惠民的公共文化设施遍及各街道社区。石景山区拥有2座国家一级图书馆，1座国家二级文化馆，127个文化广场，5个数字文化社区，4座剧场；街道综合文化中心、街道图书馆、社区文化室覆盖率达100%。38个24小时智能书店以及市民畅读书吧，为全民阅读提供了便利。2018年，石景山区引进了占地2000平方米的“新华尚领·全国新华网阅读体验中心”旗舰店，在冬奥组委驻地开设石景山区图书馆冬奥分馆，与首创集团联合打造高端文创园区——郎园PARK文化创意产业园，涵盖区文化馆、非遗中心、博物馆等多功能的区文化中心将于年底实现运营。全区文化建设的繁荣与发展为全民终身学习奠定坚实基础。

2018年，石景山区吹响创建全国文明城区的号角，全区上下将围绕国家级产业转型发展示范区、绿色低碳的首都西部综合服务区和山水文化融合的生态宜居示范区“三区”功能定位，紧紧把握北京举办2022年冬奥会和新首钢高端产业服务区打造城市复兴新地标的机遇，不断提升城市发展实力、市民整体素质和城市文明程度，开创高端绿色崛起的新局面，高水平建设好首都城市西大门。

（三）围绕建设工作打造学习型组织

学习型组织是推进学习型城区建设的重要组成部分。为推进各类学习型组织建设，增强各类组织的创造力、凝聚力和战斗力，自2010年起，石景山区开展学习型组织创建先进单位评选活动。活动分别由区委组织部、宣传部、工会、教委、社工委、妇联等建设学习型城区工作领导小组成员单位牵头，创建7类学习型组织，并通过评选表彰、经验交流、成果展示等方式推广学习型组织的创建，为建设学习型城区营造学习氛围。2016—2018年，共评选出6个学习型党组织、9个学习型机关、9个学习型企业、9所学习型学校、3个学习型街道、27个学习型社区、30个学习型家庭。每年召开全民终身学习周，对先进个人和单位进行表彰。

二、发挥社区学院服务职能，构建区终身教育体系

作为区域内市民终身学习的重要场所，石景山社区学院（石景山市民总校）坚持“立足社区、服务学生、构建终身教育体系，建设学习型石景山”的办学理念，以“建市民身边的大学，办百姓喜爱的学校”为办学目标。坚持学历继续教育、非学历继续教育、社区教育共同发展的方针，为促进教育公平、构建区域终身教育体系作出贡献。

（一）学历教育规模保持同类院校前列

“十三五”期间，石景山社区学院学历继续教育稳步发展，2016—2018年业余大学、开放大学共计招生3392人，招生人数居全市各区同类院校前列。开设行政管理、人力资源管理、工商企业管理、计算机科学与技术、会计、广告设计与制作、幼儿艺术教育等32个本、专科专业。2018年年底，学历继续教育在校生人数3444人，实现学历继续教育规模保持在同类院校前列的发展目标。

学院根据区域经济发展和特殊群体需求，开放共享，探索多种形式办学。与北京中医管理局、北京教育科学研究院合作，开设中医养生保健专业，北京中医管理局提供专项经费支持，北京教育研究院提供课程研究和教学指导，2017年首届招生24人，学生年龄跨度为18—57岁。2016年针对老年人开设“银龄课堂班”表演艺术专业声乐舞蹈方向，2017年增设表演艺术绘画方向，学生年龄均在50岁以上。2017年，学校结合石景山区保险产业园的发展需求，与中国平安保险公司合作，申请并开办金融保险专业；结合当代商城发展和员工技能提升需要，开办市场营销专业；与八大处均胜投资管理公司开展的校企合作，采取非学历课程与学历课程转化、课程间学分互认的方式。学院精心设计针对本区中小学法治教育干部及骨干教师的二学历教育方案，得到区教委相关领导的认可，于2018年4月开班。形式多样的办学满足了不同群体需求，成为学校学历教育发展新的增长点。

（二）非学历教育办学规模和效益持续增长

“十三五”期间，石景山社区学院树立按需培训理念，科学设计培训项目，更加贴近职工继续教育的需要，更加贴近员工工作岗位的需求，更加贴近市民文化生活的需要。优化培训层次结构，构建以中等层次为主，兼顾低端，拓展高端的培训格局；加强培训精品课程和特色教材建设。非学历教育实现了培训规模稳步增长，经济效益与社会效益持续增加。2016—2018 年，在职人员继续教育发展迅速，为 174 家单位开展继续教育培训；老年教育需求加大，老年大学共计开设 3 个学历专业，236 门非学历课程，每年在老年大学总校学习的老年学员 1500 多人。

（三）社区教育品牌影响不断增强

“十三五”期间，石景山社区学校开展各类社区教育活动 363 次，直接培训市民 11423 人次。同时还开展志愿者送教进社区、市民骨干小教员培训、社区教育专兼职骨干管理人员培训、市民体验式培训、精神文明建设、区域大型活动、科研活动七类培训项目。石景山区社区教育志愿者协会秘书处设立在社区教育处，全区注册志愿者 4439 人。2016—2018 年，指导石景山区开展教育活动 88225 次，培训 396. 8 万人次。经过多年的打造与培育，“市民公益英语”“市民学习圈”“智慧社区加油站”三个项目获“首都市民学习品牌”。2017 年“志愿者送教进社区”项目获得北京市及全国终身学习品牌，2018 年“中医养生保健”项目获得北京市及全国终身学习品牌。

（四）加快终身学习数字化网络平台建设

根据学历教育、非学历教育、社区教育需求，2016 年石景山社区学院统筹建成石景山学习驿站公众号，每周发布各类学习及活动信息；2018 年建成北京老年教育、老年教育研究、业大培训等订阅号，针对不同人群发布相关学习。2018 年建成数字图书馆，为街道和社区专职教师发放读书账号，不断丰富图书、期刊的资源种类和数量。

2020 年，石景山社区学院建成集高等学历继续教育、非学历继续教育、社区教育“三位一体”共同发展的百姓身边的大学，满足区域经济社会发展的教育需求和社会成员终身学习需求，成为北京西部地区有较高知名度的市民终身教育示范基地。

三、服务区域发展需求，着力打造素质培训工程

根据区域发展需求，紧密围绕成人继续教育发展目标，石景山区认真贯彻落实教育规划纲要、国家教育事业发展“十三五”规划，着力发展中高端培训、企事业单位培训等职工继续教育培训，增强培训质量与内涵建设，为职工继续教育的发展贡献更多力量。利用石景山区社区学院聚焦培训市场热点，以学员的学习需求为中心，根据不同企事业单位的不同层次和不同阶段人员的知识需求、能力需求以及其他各方面需求，量身定做相应提升课程。通过丰富的学习内容，多样的学习形式，使人才资源充分满足企事业单位的发展，同时，也使职工在企事业单位不同发展阶段的能力得到提升，促进职工的自我成长与发展。

（一）助力区域经济社会发展，打造职工继续教育基地

为了适应社会经济持续稳步发展以及产业结构的调整，进一步贯彻落实北京市、石景山区关于实施专业技术人才知识更新工程的要求，为区域专业技术人员补充、拓展、更新专业知识，改善知识结构、提高专业技能和创新能力搭建平台，石景山社区学院主动承担起助力区域经济社会发展的职能，深入机关、企事业单位，全面、深入、系统了解各方面的教育需求，以提高在岗职工的职业发展能力和岗位适应能力为目标，对驻区机关、企事业单位在职人员有针对性地开展全方位、多层次、多类型的继续教育培训，有效地满足区域在职人员丰富和提高知识、技能和素质的需求，培训效果得到社会各界的广泛赞誉。2016—2018 年，学院与当代商城、区司法局、八角街道等 174 余家企业、学校、街道社区等单位开展合作，培训班级 584 个，55982 人参加，教学质量满足了区域企事业发展对人才的需求，实现了与培训单位长

期合作的可持续发展模式。

石景山区农村体制改革，全部农转居，成立 9 个农工商公司，由石景山区农村集体经济办公室负责，自 2017 年起，石景山区业余大学便开始对农工商公司的员工进行素养培训，2018 年随着农村集体经济办公室工作调整，学校适时开展物业管理骨干培训，对员工开展物业管理专业学历继续教育培训，为农工商转型培养实用型人才。

（二）助力劳动者能力提升，打造就业创业教育基地

为了满足社会日益增长的高素质劳动者和实用技术人才需求，解决企业用工难、城乡就业难的问题，促进社会的和谐稳定发展，石景山区业余大学结合成人高校的办学优势，把握国家政策动态及培训市场形势变化，以提高劳动者的就业能力、工作能力和职业转换能力为重点，稳步推进职业资格类培训，有效指导学员就业择业，着力提升学员适应市场变化和就业条件变化的素养。开设职业资格类培训项目，涉及会计类、保育员、早期教育指导师等多类培训，通过考试的学员取证后上岗就业，为北京市尤其是石景山区经济和社会发展提供人才保障。

（三）助力市民终身学习需求，打造老年教育基地

近年来，石景山区在开展老年大学教育的基础上，不断创新老年教育服务模式，逐步形成了区—街道—居委会三级老年教育网络。通过成立老年大学分校及培育各类以老年人为主的学习社团，建立起开放便利、内容丰富的老年教育服务体系，畅通老年人学习渠道，让更多的老年人喜爱学习，享受学习带来的个人生活品质的提升。

2002 年，石景山区建立起区—街道—居委会三级老年教育网络，将普及性的老年教育重心放在社区。由石景山区社区学院统筹、牵头，以各街道社区教育为支撑，积极开展老年人思想道德、科学文化、养生保健、心理健康、

法律法规、闲暇生活等方面的教育，下派社区专职教师创新教学方法，将课堂学习和各类文化活动相结合，积极开展体验式学习、远程学习、在线学习等模式。

石景山老年大学是1998年由区政府批准，石景山区业余大学举办的区级老年大学，自成立以来，老年大学积极整合各类社会教育资源，在街道开办老年大学分校，与区老干部局联合举办老干部大学。开办有书画、舞蹈、音乐、英语、计算机等22个类别的非学历课程。2016年起开设表演艺术、中医养生保健等老年高等学历教育。

石景山区注重培育各类以老年人为主的学习型社团，引导开展读书、讲座、参观、志愿服务等多种形式的老年教育活动，建立起开放便利、内容丰富的老年教育服务体系，畅通老年人学习渠道，让更多的老年人喜爱学习，享受学习带来的个人生活品质的提升。

（四）助力综合素养培育，打造校外教育培训基地

石景山区通过石景山区社区学院积极探索校外教育途径，努力促进校校合作，主动承办“中小学三点半工程”的活动。本着提供高品质教学、高水平服务的原则，多次深入中小学了解需求，开展丰富多彩、形式多样的送教进校活动。除了硬笔书法、创意绘本、立体衍纸、围棋等传统课程，还加入航模、烘焙等实践动手类课程，渗入汉唐舞、中国结、剪纸、国画等蕴含中华优秀传统文化的教育课程。学院先后被评为“北京市初中开放性科学实践活动资源单位”和“石景山区少年之家”。

四、增强区域居民福祉，建设社区教育指导服务系统

石景山区社区教育志愿者协会（以下简称志愿者协会）成立于2004年6

月，是从事公益性教育服务的社会团体。志愿者协会建有理事会决策机构，成员包括石景山区九个街道主管社区教育的副主任，区委宣传部、文明办、外事办、社会工委、文委、教委等委办局领导。协会会长由社区学院院长担任，秘书处设在社区学院，负责协会的日常管理工作。协会以街道分为九个分会，负责本地区志愿者的培训、管理和服务工作。

志愿者协会高擎志愿服务的火炬，积极推进“志愿者送教进社区”活动。在石景山区社区学院志愿者教师的带领下，建设了包含 12 大类 122 门课程的资源库，制定“送教大课表”，通过“市民学校点课，协会选派教师”的方式，把课堂开在居委会，开在市民家门口。同时在石景山区全民终身学习周、外语学习周、市民学习节等全区大型教育活动的现场，在“书香家庭”评选、市民厨艺风采大赛、市民水仙节、花卉节、“一月一主题”市民体验大课堂等市民教育的各个角落，都能看到志愿者们服务的身影。在社区教育的实践中，协会注重市民学习品牌的培育，形成“智慧社区加油站”“市民公益英语”“市民学习圈”三个“首都市民学习品牌”。

志愿者协会重视志愿者队伍建设，制定并坚持志愿者培训制度，重点对骨干志愿者进行常态化培训，发挥他们在队伍建设、作用发挥、组织管理中的核心作用。例如，深耕 16 年的“市民公益英语”项目，首先由社区学院的专业教师对各街道分会选拔出来的英语学习骨干志愿者进行培训，培训合格后，他们再根据社区学院提供的教材、制作的视频资料，在社区开办英语学习班。16 年来该项目累计培训骨干志愿者师资 911 人，保障了英语学习能够在石景山的各个社区普遍开花。

志愿者协会实施“志愿服务火种计划”，探索以“把社区优秀文化活动爱好者培养成弘扬志愿精神的志愿者，把优秀志愿者发展成为社区学习社团的领头人”为主要内容的社区教育志愿者递进培养工程，努力使社区学习社团的领头人成为石景山区学习型城区建设的一颗颗火种。为此，志愿者协会通过开展“市民学习圈”“一街一品”等建设项目，为社区培养了一大批学习骨干及学习社团的带头人。这些志愿者生活在老百姓中间，他们更容易把社区居民组织起来，让他们成为社区教育舞台的“主角儿”，这样既能解决专业教师不足的问题，也能发挥他们的积极性。更重要的是，每一名志愿者就是一颗火种，一颗颗“小火种”在社区传播，点亮了社区文化生活，保障了学习型城区建设工作在社区的落地。

大兴区学习型城区发展报告

大兴区是北京市最南端的平原郊区。2010 年与北京经济技术开发区（亦庄开发区）行政资源整合之后，称为大兴新区。最近几年，新区经济社会呈现“跨越式”发展的势头，表现在三个方面：一是高新科技企业加快落户大兴的步伐；二是城镇化进程加快步伐；三是北京大兴国际机场建成通航。人才结构供需矛盾日益突出，居民的综合素质与新区发展不相适应的矛盾正在凸显。区委、区政府高度关注形成这些矛盾的要素，在把教育放在优先发展的前提下，不断优化教育系统内部结构，促进各类教育形态均衡发展，构建全民终身学习服务体系。“十三五”教育改革与发展规划中，明确提出到 2020 年全面实现教育现代化，建成学习型城区，为新区经济社会发展提供更加丰富的人力资源。按照区委、区政府对教育工作的要求，经过几年的努力，大兴的学习型城区建设成绩斐然。

一、校企合作，实施“一校一品一特色”工程

大兴区继续在成人学校中实施“一校一品一特色”工程。在实施过程中，采取校企合作、校社合作的办法。具体部署是：礼贤镇形成易拉罐金属画和民航现代物流服务人才的培养特色；榆垡镇形成为新机场内客货两用司机人才培养特色；安定镇形成家政服务和美容美发人才培养特色；魏善庄镇形成

压花画和温室大棚种植技术人才培养特色；采育镇形成黑陶制作技术人才培养特色；长子营镇形成宫灯制作技术和有机蔬菜果品应用型人才培养特色；青云店镇形成面食加工人才培养特色；瀛海镇形成面塑艺术的技术人才培训特色；亦庄镇形成书画人才培养的特色；旧宫镇形成文艺表演的人才培养特色；黄村镇形成琉璃艺术人才的培养特色；北臧村镇形成金丝岩画和服装设计与加工人才的培养特色；庞各庄镇形成民俗旅游人才的培养特色；西红门镇形成以节能环保为主题的人才培养特色。

在企业的支持下，成人学校“一校一品一特色”工程有很大的进步，不仅传承部分非遗手工艺，而且开展“进校园、进社区”活动。

二、全面合作，确定“两融两合两重心”

一是“两融”，大兴区把加强职成教育、普教与幼教的融通作为一项重点工作。具体措施：首先，职成教育实训基地的资源向普教全面开放。除了建立青少年体验基地外，成人学校建立的校外各类培训基地实现共享。其次，成人学校的特色办学走进中小学。面塑、黑陶、易拉罐金属画等已经走进中小学课堂。最后，在成人学校建立了亲子体验室。

二是“两合”，即加强校企合作和院校合作。除了在职成学校内建立“技师工作室”“企业工作室”“巧娘工作室”之外，在校外评定设立25个农村实用人才培养基地。在此基础上，采取校企合作的方式，与安鑫农业公司和绿原农场分别建立“京津冀新型职业农民培养基地”和“大兴区新型职业农民培养基地”。大兴区职成学校与中国农大、北理工、电科院、农职院等十几所院校开展合作，解决了师资、各类证书资质、多类培训资质等问题，奠定了依法办学的基础。通过与市教科院合作，培训成人教育干部教师，广大干部教师对“服务求生存”“创新谋发展”工作理念理解更加深刻，工作更加主动、更加集中。紧紧围绕搬迁农民，2016—2018年开展新市民教育培训活动达到18.25万人次。紧紧围绕服务基础教育，开展家长教育和青少年校外体验活动。原大兴区第二职业学校被市教委批准为第六批全市青少年校外活动基地，有770名学生在基地参加了体验活动。

三是“两重心”。即以师资队伍建设和推进“父母大学”工作为重心。依托联想集团对全区625名职成教育干部教师进行“执行力”“团队精神”“教学高尔夫”的系列培训。依托上海易邦教育集团、北京富源天城科技有限公司开展微课制作培训。依托北京市教科院开展“社区教育师资队伍建设”“成人学校服务能力提升”“学习型城市干部队伍素质建设”3个项目，系统地培训大兴区的干部教师队伍。

成立“父母大学”有三个目的，第一，促进基础教育与成人教育的融通。第二，补齐家庭科学教育的短板。第三，采取“小手拉大手”的方式，促进居民学习，发展社区教育。社区学院与上海易邦教育集团合作，培训家长5000多人，与北大书同家教研究中心合作，培养执业家教师900多名。以社区学院教师为基础，统筹职成所有教师，培养一批类似“职业培训师”的讲师团队伍。

三、夯实基础，建设“三基三网三工程”

“三基”即新型职业农民培养基地、市民终身学习服务基地和职工继续教育学习服务基地。2017年安定镇、采育镇、北臧村镇和礼贤镇成人学校被评为北京市首批新型职业农民培养基地，社区学院被评为首批北京市市民终身学习服务基地。2018年，长子营镇、青云店镇、魏善庄镇、榆垡镇成人学校被评为北京市第二批新型职业农民培养基地。瀛海镇、西红门镇、黄村镇三所成人学校被评为北京市第二批市民终身学习服务基地，礼贤镇成人学校被评为北京市职工继续教育学习服务基地。

“三网”即完善“天、地、人”三个全民终身学习网络服务平台。一是加大投入，丰富“兴学网”的学习内容和学习信息化管理的模块。二是不断完善以社区学院、“一职三大”基地为龙头，镇成人学校为骨干，村成人学校为基础的区、镇和街道、村和居委会三级办学网络，以及以职成人员队伍为主、志愿者队伍为辅的三级服务人员网络。2018 年，三级办学网络总占地面积 2700 多亩，建筑面积 35 万平方米。在编干部教师 625 人，兼职“师资库”789 人，志愿者 1200 多人。

“三工程”即实施“大兴新区居民综合素质提升教育培训工程”“大兴新区从业人员学历和技能提升工程”“大兴新区家长科学育人工程”。在推进这三个工程实施过程中，重点介绍两个项目。

首先是系统地培训搬迁农民，做到有调研、有教材、有教师、有内容、有经费。

进入 21 世纪以来，大兴区已经搬迁了上百个村，涉及 30 余万农村人口。从 2010 年开始，大兴区研究开展搬迁农民培训工作，具体做法：一是开展调研，走访十多个村、召开十多次座谈会，发放 1000 多份问卷。二是组织编写《幸福的脚印——搬迁农民三部曲》这本教材，已经印发 1.5 万册。紧紧围绕区政府“智力扶贫”的要求，通过市农广校、区社区学院、镇成人学校、野厂村党支部签订四方协议的措施，“引智帮扶”，确保扶贫效果。2016—2018 年开展农民培训共计 8.84 万人次。三是连续实施“农民观念提升工程项目”，促进农民向城市居民转变，2016—2018 年农民观念提升培训 5.6 万人次。四是二、三产业转移的职业技能培训，政府年投入 1000 多万元培训经费，年培训 2 万人左右，到开发区就业 5000 人左右。五是对回迁楼房的农民开展芽苗菜、花卉养殖等阳台经济培训，以及实施“文化驻乡工程”，开展书法、绘画、舞蹈、歌唱、理财等培训活动，目的就是让搬迁农民充裕的时间有事可做、活跃的头脑有事可想、怀旧的心态有处可释、求知的欲望有地可学。

其次是系统地开展生产安全培训，做到有资质、有教材、有组织、有经费。

从 2008 年开始，区教委与区安监局共同谋划安全培训工作。2009 年，北京市安监局批准 14 所镇成人学校和职教集团办事处具备“北京市安全生产培训四级资质”。各学校根据安全生产条例和受教育对象编制教材，由企业支付经费。数年来，开展安全生产培训既在促进社会和谐稳定中发挥了作用，又在成人学校依法办学方面进行有益的尝试。区安全生产、安全生活环境得到较大的改善。

四、找准方向，确定“四动四化四目标”

大兴区在学习型城市建设工作中，在机制上，继续推进“政府推动、部门联动、校企互动、项目带动”运行机制的建设。

在措施上，继续推进管理规范化、教学信息化、办学常态化、质量标准化。

在目标上，经过艰苦的努力，基本建成北京市学习型城区示范区；基本实现以民航服务、新媒体、现代机电、生物医药、化验检测技术、现代物流六大专业群为支撑，在北京市具有一定影响力的中等职业教育；基本实现全区 80% 的常住人口平均接受一人次的教育或培训；基本建立起“学分银行”和“学习超市”，建立学历教育、技能培训、生活素养培训相互衔接、相互确认的信息管理体系。

几年来，大兴区学习型城区建设工作稳步推进，成人教育的针对性和实效性显著增强。

五、大兴区学习型城区建设推动的主要成效

（一）学习型城区建设工作基础条件更加坚实

一是北臧村镇和礼贤镇成人学校升级改造工程完工并投入使用。二是成

人学校特色建设工程中，增加“宫灯制作”“葫芦画艺术”“皮影制作艺术与表演”3项非物质文化遗产的特色项目。区政府财政加大投入“兴学网”和移动终端学习系统，为开辟居民学习渠道，提升学习机会，加强学习管理，构建学习成果相互转化的“立交桥”准备了物质条件。

（二）培训内容向党建、老年、家长、网络、安全几个方面更加倾斜

一是党员培训。镇成人学校有针对性地开展党员与作用、生命与健康、生活与规矩、就业与财富等教育活动。通过对党员干部的教育，党员不但是模范作用的带头者，而且是政策的宣讲员、规矩的传播员、就业的引导员。据统计，2018年，党员教育3.5万人次，2016—2018年，党员教育累计培训7.9万人次。

二是家长培训。社区学院和各镇成人学校构筑起家长教育“平台”，服务于家长科学育人能力的提升和家庭文化建设。家校协同、科学育人已经成为社会共识，在学校育人环境普遍提高的基础上，补齐家长育人环节中的“短板”是当务之急。2015年，区教委决定在社区学院成立“父母大学”，各镇成人学校成立分校。紧紧围绕服务基础教育，开展家长教育。2018年开展家长教育培训1.75万人次。2016—2018年，父母大学共开展家长培训47493人次。

三是老年教育培训。紧紧围绕“人口老龄化”这个主题，推进老年教育，成人学校每周都有老年人在学习书法绘画等。依托“文化驻乡工程”，举办朗诵、歌唱、舞蹈、广场舞、太极拳等培训班并组织展演活动。老年人在学习中，以笔传情，以墨会友，增进彼此的感情，相互交流，切磋技艺。在学校、公园、社区进行多场展示互动活动。2018年开展老年教育培训2.4万人次，2016—2018年共培训9.78万人次。

四是网络教育。在培训方式上网络教育成长迅速，大兴区建立“兴学网”，构筑起网络学习“平台”，为全区居民提供更加便利的学习服务。随着

“网络化、数字化、智能化”越来越深入人们的生活，学习作为人们日常生活的重要组成部分，越来越得到人们的普遍认知与渴求。2018 年有 19.6 万人次参加网络学习。

五是安全生产培训。2018 年安全教育 3.2 万人次，2016—2018 年共开展安全生产培训 8.57 万人次。

（三）调研宣传工作有所突破

一是 2018 年顺利举办大兴成人教育百年成果展，达到了“宣传、总结、传承、提高”的目的。11 月 15 日，大兴区举办以“不忘成教初心　牢记教育使命”为主题的大兴区成人教育百年成果展。成果展以开幕式观看宣传片和观摩百年历程展区、特色品牌展区、口碑展区、学员书画作品展区四个展区为主要内容。通过志愿者从建馆设校识文字、千村夜校扫文盲、风雨兼程做书生、绿海甜园显助力、立德树人兴一方等方面介绍了大兴成教百年历程。与会领导和嘉宾还饶有兴致地参加了互动展示，亲自参与操作，认真聆听学员们的学习小故事，对各镇成校举办的老年培训、农民教育培训工作等给予高度评价，对大兴区成人继续教育工作取得成绩称赞不已。

二是以问题和需求为导向，对职成教育所有办学单位进行调研，为进一步改革提供了目标和任务。同时，参与市教委组织的城教融合，产业与专业契合度调查。

三是“以研促学”工作效果明显。原大兴区第二职业学校李广瑞、宋金萍等五位老师申报的《校企联动，稳步推进生物制药专业改革与实践》论文荣获 2017 年市政府颁发的职业教育教学成果二等奖。社区学院柏静等老师申报的《基于类学分银行模型的一种非学历教育成果的新的认证方法》论文荣获市教委、市人力资源社保局、市财政局颁发的教学成果二等奖。据统计，职成教育全年论文、教学、微课等获得市级以上奖项共 445 项。

四是树立学习型个人典型。2016—2018 年，分别推荐庞各庄镇农民李树霞、长子营镇中学教师矫宗良等数人参加市级评选，并被评为“百名首都市民学习之星”。

五是积极办好“职教宣传月”和“全民终身学习活动周”。构筑起宣传“平台”，服务于“终身教育”“终身学习”理念的传播与实践。2016—2018年累计有近50万人次参加宣传月和学习周活动，为学习型社会建设奠定了思想基础。

几年来，大兴学习型城区建设工作以“创新、协调、绿色、开放、共享”五大发展理念为指导，发扬优势，补齐短板，不断地构建适应新区经济社会发展的全民终身学习服务体系，建设学习型新区，为实现建设宜居宜业新大兴、实现全面建设小康社会的奋斗目标提供更加有效的服务。

房山区学习型城区发展报告

房山区高度重视学习型社会建设，2012 年、2014 年房山区相继通过学习型先进区、示范区评估验收。进入“十三五”以来，房山区认真落实北京市学习型城市建设行动计划，各项工作取得新进展。

一、把握新时代要求，明确学习型房山建设新目标

结合京津冀协同发展、首都“四个中心”建设、新一轮城南行动计划启动等一系列重大机遇，围绕房山“三区一节点”城市战略定位（首都西南部重点生态保育及区域生态治理协作区、历史文化和地质遗迹相融合的国际旅游休闲区、科技金融创新转型发展示范区、京津冀区域京保石发展轴上的重要节点），区委、区政府把学习型房山建设纳入全区“十三五”规划，提出要推动学习型房山向创新型房山提升。学习办根据区政府的要求，制定《学习型房山建设“十三五”规划》并提出学习型房山建设的新目标——“学通房山”。即要运用“统筹、整合、合作、贯通、共享”的行动策略，形成终身教育体系完善，各级各类教育协调发展，学习机会开放多样，学习资源共通共享，学习型组织日益深化，人人学习、处处学习、时时学习、终身学习的学习型城区，实现个人、组织和社会发展的转变。

二、巩固示范区创建成果，推进示范区示范项目

城乡教育一体化项目、新型市民学习服务体系建设项目和学习型组织工作体系建设项目是房山区的3个示范项目。

在推进城乡教育一体化项目过程中，充分发挥教育在学习型社会建设中的基础性作用，深化教育领域综合改革。

一是确立教育发展布局。立足房山教育现状，提出构建“一环两带三区”区域教育发展的战略布局（“一环”即平原地区教育发展环，以学区制建设为手段打造“一乡一品”；“两带”即南部山区教育均衡发展带和北部山区教育均衡发展带，打造“南北”两沟乡村教育联盟品牌项目；“三区”包括长阳教育聚集区、良乡教育聚集区和燕房教育聚集区，打造长阳高端教育资源聚集地；依托高校建附中附小的模式，拉动良乡学校教育品质的提升；依托中国教育科学研究院未来学校项目，打造燕房地区未来学校实验项目的前沿），实行义务教育集群发展模式，助推房山教育优质均衡发展。

二是推进学区制建设。升级城乡一体化的合作模式，由原来校际间“点对点”的单体供给模式转变为“面对面”的集团式供给模式。充分利用“优质资源引领”和“内部贯通发展”的策略，以资源配置方式、人才培养模式和管理体制改革为重点，探索乡镇（街道）区域内教育资源的纵横打通和深度整合。以学区制建设为手段打造“一镇一品”，使更多的学校享受优质教育资源。

三是打造特色乡村教育联盟。以“南北”两沟为依托，构建乡村教育联盟。“南”以房山五中为桥梁，以北京教育科学研究院周口店中学为引领，借助北京教育科学研究院资源，成立“房山区乡村教育可持续发展研究中心”，联合南沟片区的中小学、成人学校，建立“房山区南沟乡村教育联盟”；“北”以良乡五中为纽带，以坨里中学高中部（北京教育学院房山实验学校）

为引领，借助北京教育学院，成立“美丽乡村教育研究中心”，联合北沟片区的中小学、成人学校，建立“房山区北沟乡村教育联盟”。通过联盟的建立，提升山区学校的办学质量。

四是加大外引内联工作力度。与西城、丰台等签署合作协议，先后引进北京四中、北京小学、黄城根小学，十二中朗悦学校。借助高校支持中小学发展项目，推动同在区内的高校与中小学在提升理念、课程开发、教师培训以及资源共享等方面开展合作，带动该区域中小学加快变革。

在推进新型市民学习服务体系建设项目过程中，房山区依托职成教育三级网络，不断强化新型市民学习服务体系建设。

一是进行成教中心（市民总校）管理体制改革。将区成教中心更名为“北京开放大学房山分校”，从区政府直属处级单位调整为区教委直属、副处级全额拨款事业单位。同时，出台中心内部改革方案，调整内部机构职能，使其融入大教育格局。

二是推进市民学校（村校）标准化建设。市民学校（村校）是三级网络中的薄弱环节，为破解市民学习“最后一公里”难题，联合宣传部、文明办出台《房山区市民学校达标建设三年行动计划（2015—2017 年）》，推进市民学校（村校）达标建设。全区 591 所市民学校（村校）全部达到建设标准，市民学校（村校）得到实体化发展。

三是整合吸纳各方资源。房山区利用职成教育网络的体系优势、培训优势和服务优势，广泛吸纳整合各类社会资源，初步实现培训资源的事实统筹。与宣传部、文明办联合出台《关于构建“资源统筹、三位一体”新型市民文明教育体系的意见》，有效整合“成人教育、市民文明教育、道德大讲堂”三方面资源，实现成人教育与精神文明建设的有机融合。依托成人教育中心，与区人保局、国税局、区直机关等部门合作共建 19 个培训基地，开展大量行业、部门专项培训和继续教育。与文委联合，将乡镇成校与文体中心进行有机融合，不仅推进了公共文化服务体系建设，又使得乡镇成校的软硬件实力得到增强。与组织部联合，开启“乡镇成校+党校”的党建新模式，使乡镇成校成为乡镇行政区域内的党员教育阵地。与农委联合，使乡镇成校实训基地和“田间学校”互相补充，共同培育新型职业农民。依托市民学校（村校），将社区（村）内的党员之家、益民书屋、数字影院、妇字号基地、青年志愿服务站、残疾人温馨家园等融入其中，实现村级资源整合。在教育系统内部，推进职成教育一体化发展，初步建立职成教与普教融通共享机制。

在推进学习型组织工作体系建设项目过程中，通过不断创新，初步破解学习型组织创建在广度、深度、力度上不足等问题。

一是完善学习型房山创建工作体系。通过学习型先进区和示范区创建，房山区形成以学习型房山建设领导小组直接领导，区学习办统筹协调，区创建指导中心、乡镇（街道）创建指导中心两级业务指导，14 个专门工作组牵头管理实施，各成员单位层层落实的学习型组织工作体系。“十三五”期间，在领导小组和学习办建设上，房山区根据领导职务变动情况，及时调整人员，完善相关规章，并先后制发 27 个指导性文件。在工作组建设上，将学习型街道先进单位创建工作由社工委调整到农委，由农委统一管理全区学习型乡镇、街道的创建工作。增加学习型工会先进单位创建工作组，由区总工会牵头实施。在区、乡两级创建指导中心建设上，注重发挥其业务指导作用。区创建指导中心编制《学习型组织创建工作指南》手册，牵头组建学习型组织研究总会和分会，印制 39 本学习型组织创建成果集，公开发表 13 篇学习型理论实践研究文章，“学习型乡镇背景下社区学习共同体培育实践研究”“乡镇（街道）行政区域内推动学习型常态化建设存在的问题及解决办法”等一批课题取得阶段性成果。乡镇创建指导中心积极协助党委政府推进学习型乡镇（街道）创建工作。每年区、乡两级创建指导中心组织学习型社会理论普及、学习型组织创建实践讲座 60 余场，深入基层单位开展学习型组织专项指导 220 余次。

二是创建各类学习型组织。在原有创建 12 类学习型组织的基础上，将工会纳入学习型组织创建，使学习型组织创建类型达到 13 个。“十三五”期间，以学习型机关、学习型党组织创建为重点，广泛开展各类学习型组织的创建。新增学习型组织先进单位 396 个。除少数学习型组织（社团、家庭）外，其他学习型组织创建优秀率都在 90% 以上，学习型机关、学习型乡镇街道创建优秀率达到 100%。同时，加强学习型组织示范点的培育，先后涌现出区国税局等 42 个区级学习型组织示范点，房山区工商分局党组和房山区大石窝镇党委被评为市级党组织示范点。

三是丰富创建载体。“十三五”期间，评选出区级学习之星 279 名，其中 7 名被评为北京市市民学习之星。评选认定 50 个区级学习品牌，区委组织部“干部素质提升大讲堂”获市级党组织学习品牌。依托社团组织和培训项目，培育“学习共同体”841 个。为使学习周活动在内容和形式上更加丰富多样，房山区采取“工作组轮流坐庄”的方式，先后成功举办以“精准扶贫”“创建首都公共文化服务区”等为主题的全民终身学习周活动，调动了各专门工作组积极性。为养成阅读习惯，每年开展大阅读活动，提倡“小手拉大手”，培育评选读书家庭。每年开设各类“大讲堂”130 余场次，发放学习手册 50 余万册。

四是加强队伍建设。充实学习型组织宣讲团人员。通过个人申报和工作组推荐，评选认定 10 名区级学习指导师，4 名学习指导师参加市级培训。采取政府购买服务的方式，为每个乡镇成校配备 1 名社工，专门负责镇域内的学习型社会建设和社区教育工作，新增社工 23 人。每年开办业务骨干班 60 余期，培训各类业务骨干近千名。采取外出学习、集中讲座等形式，开展专兼职管理人员、专兼职教师和志愿者培训。全区专兼职管理人员达到 871 人、专兼职教师 4372 人、志愿者 10147 人。

三、加强机制建设，保障学习型房山建设持续推进

在持续推动学习型房山建设的进程中，房山区重点建立和完善 5 个机制。一是建立广泛合作机制。以高质量的培训服务为基础，吸引并推动区直委办局、部门、行业企业开展实质性合作，实现资源共享、互惠共赢。二是完善经费投入管理机制。在财力紧张的情况下，区财政每年投入 523 万元专项经

费用于学习型房山建设经费。为规范资金使用并发挥资金使用效益，制定《学习型组织创建经费资金管理办法（试行）》，对学习型建设专项经费各实施单位进行事前、事中和事后绩效管理。三是完善考核督查机制。区委、区政府把学习型组织建设纳入对区直机关的综合考核，由机关工委负责实施。纳入对乡镇党委政府的综合考核，由学习办负责实施。并列入政府折子工程。区人大、区政协也把学习型组织创建工作列为重点工作进行督查，保障创建工作的质量和效果。四是完善表彰奖励机制。每年对创建工作的先进典型进行表彰和奖励，通过树立标杆，带动各项工作的顺利开展。五是建立工作组巡视机制。示范区创建后，为调动各工作组的工作积极性，推动学习型组织常态化开展，制定工作组巡视制度。从各工作组中抽调人员组成巡视组，每年对 3 个工作组进行巡视。在巡视督查过程中，增进工作组彼此间交流，启发思路，共同提高。

四、打造特色示范基地，加快课程教材开发

通过工作组推荐、初评和学习办培育、认定，全区新认定 16 个区级市民终身学习服务基地。区成教中心、阎村成校被认定为市级市民终身学习示范基地。为满足学习者体验式学习需要，在区财政困难的情况下，启动市民实训基地（实训室）建设工程，全区建成 17 个普适性实训室和 4 个骨干特色实训基地，其中根雕木刻体验中心、十渡冷水鱼养殖实训基地、青龙湖摄影实训基地等取得良好效果。房山区关注学生成长，构建以周口店遗址博物馆、西周燕都遗址博物馆为代表的 19 家市级和 49 家区级应用资源群，初步构建形成了历史、地理、文化、劳动、体育、社会主义核心价值观教育六大区域教育资源圈。在房山职业学校北校区挂牌成立全区中小学生校外实践基地，全国教育系统首家“鲁班工坊——木工手工工具展室”落户房山。出台加强课程教材建设的意见，强调以自有课程建设为核心，推动碎片化培训向课程

化培训转变，增加市民学习的选择性。组织课程开发培训班，增强对课程建设紧迫性和重要性的认识。“十三五”以来，共编写公共基础类、文化艺术类、农业技术类、实用技能类、民俗旅游类、健康生活类、经营管理类等7大类82本自有教材，其中25本教材获奖，印发3万余册。

五、开展特色学习活动，满足各类人群学习需求

根据学习型房山建设和落实乡村振兴战略的需要，房山区主要开展了4项培训。

一是开展新型职业农民培训。每年开展各级各类农民培训17.5万人次，农村实用技术培训6.5万人次。把乡镇成校作为新型职业农民培训的主阵地，不断加大投入，改善办学条件，全区23所乡镇成校全部通过市级示范性校验收。以“技能+基础”中专班和文艺中专班为主要形式，开展农民学历教育。围绕服务区域产业和农民致富、创业需求，积极打造农民需要的优秀培训品牌。经过几年的努力，全区31个培训项目初步形成品牌，其中十渡镇鲟鱼宴制作、蒲洼乡中华蜂养殖、张坊镇柿树种植管理等培训品牌取得良好的经济效益和社会效益。房山职业学校、石楼成校等7个单位被认定为市级新型职业农民培训基地。

二是开展老年教育培训。在成教中心成立老年大学，并在部分乡镇成校成立老年学校。围绕提高老年人的生活质量，在老年人群中开办绘画、计算机、剪纸等两年制专业课程班22个；普遍开展合唱、舞蹈、瑜伽、书法、民俗艺术、隔代教育等培训，每年培训人数达4万余人次，受到老年群体的欢迎。同时，为社区、村培养老年活动骨干486名，这些骨干充分发挥示范辐射作用，带动所在社区（村）学习活动，为辖区的和谐稳定、精神文明建设作出积极贡献。

三是开展职工素质提升培训。与区工会配合，组织开展职工素质大讲堂

系列培训，普及终身学习理念，助力全区职工综合素质提升，年均组织培训95场。与国资委、社工委配合，开展国有企业和非公经济组织的企业在岗职工培训。与国税局等各委办局合作，开展财务会计、营改增、消防、技能提升等培训，促进职工的职业素养和技能水平的提高。每年组织各级各类职工教育培训1.8万人次。“森林公安干警素质提升培训”“纳税人学堂”等培训初步形成品牌效应。区成教中心被评为国家职工教育培训示范点。

四是开展家庭教育和家风教育。“十三五”以来，为推动家、校、社共育人，房山区高度重视家庭教育和家风教育。在区成教中心成立编制5人的区家庭教育指导中心，负责全区家庭教育综合协调、业务指导、咨询服务、督导评估等工作。全区近90所公办园全部成立真爱家长学校，各中小学均建立家长学校。出台《幼儿园家长学校建设管理办法》《中小学、幼儿园家长委员会组织和管理办法》《中小学家长委员会工作指导手册》。在对全区家长进行问卷调查的基础上，编印《家庭教育指导手册》，为家长提供家教指导。组建68人的涵盖家庭教育、学前教育、心理健康等各方面的专家团队。开展“教师指导下的陪伴阅读”“三结合合力育人论坛”“育子有方好家长大讨论”等活动，促进家校合作育人。加紧研究家庭教育指导师培养、家长学校课程研制、家庭教育指导专家资源库建设等工作。同时，借助“大阅读”“国学大讲堂”“家庭教育大讲堂”“学习型家庭创建”等活动，引导家庭成员树立传统孝道观念，积极践行社会主义核心价值观，形成良好家风。石楼成校的“全链条式和美家庭教育培训”获北京市终身学习品牌项目，被推荐参选教育部终身学习品牌。

六、打造线上学习平台，推进数字化和信息化建设

多方筹措资金，先后在区成教中心和23所乡镇成校建设远程教育平台和双向视频录播系统，使网络课程、视频交互等学习活动可以通过计算机、手

机、云电视等访问形式实现，实现区、乡两级优质课程的资源共享，完成区级终身学习服务平台一期建设。与农委合作，开通“智慧农民课堂”手机App平台，开设线上农技课堂、经营课堂、典型展示、农业政策、市场动态发布和灾害预警，着力打造农民生产和经营技能的随身课堂。制定学习型房山信息系统和学习型组织建设联盟微信平台建设方案，初步对学习型房山信息系统的功能定位、模块进行设计。以“学通房山”微信平台、《房山报》、房山电视台为载体，全面宣传区学习型房山建设成果，得到市区领导和市民、村民的广泛关注。“学通房山”微信平台连续3年在首都教育新媒体联盟获奖。

顺义区学习型城区发展报告

顺义区委、区政府以党的十九大精神为指导，认真贯彻落实《北京市学习型城市建设行动计划（2016—2020年）》，将“城教融合”理念落实到学习型城市建设中，在全市率先制定顺义区学习型城市工作“十三五”规划，全方位提升城市文化品位和文明程度。

一、高端引领，有序开展学习型城市与示范区建设工作

2014年12月11日，在区自评的基础上，市建设学习型城市工作领导小组办公室组织专家对顺义区建设学习型城市工作示范区进行全面评估。经专家组审议，市建设学习型城市工作领导小组认定顺义区为北京市建设学习型城市工作示范区。

2016年11月3日，为落实《北京市学习型城市工作领导小组办公室关于开展学习型城市建设成果展示及经验交流工作的通知》要求，充分展示顺义区在创建“北京市学习型城市工作示范区”基础上取得的成效和经验，开展“顺义区学习型城市建设成果展示及经验交流工作”，得到各级领导和专家的多方积极反馈和肯定，为顺义区学习型示范城区后续建设指明方向。

顺义区紧密围绕京津冀一体化战略和北京城市功能定位，围绕“港城融合的国际航空中心核心区，创新引领的区域经济提升发展先行区，城乡协调

的首都和谐宜居示范区”建设工作，认真总结学习型城市示范区工作经验，进一步加强对学习型社会的研究，充分发挥建设学习型城市工作示范区作为提升区域核心竞争力的战略举措。顺义区学习型城市工作机制更加完善，特色更加突出，在原有 3 个示范项目的基础上，又培育了如家庭教育、全民阅读、老年教育等特色项目，使顺义区的学习型城市建设工作更具有引领性和示范性。

二、多方合力，社会治理成效显著

（一）市民终身学习示范基地建设工作

为进一步整合教育、文化、科技、体育等现有优质资源，满足居民新时期多样化学习需求，依据《北京市学习型城市建设行动计划（2016—2020年）》精神，落实“分阶段建成 100 个市级及一大批区级市民终身学习示范基地”的任务，顺义区在全市率先开展市民终身学习示范基地的建设、评选工作，以评促建、以评促学。2016 年印发《开展顺义区市民终身学习示范基地评选工作的通知》，评选出首批区级市民终身学习示范基地 10 家，并建立长效机制，持续推进。2017 年新增 6 家，2018 年新增 4 家。截至 2018 年，顺义区共计 20 家区级市民终身学习示范基地，涵盖六大类别，分别是爱国教育、安全教育、技能教育、艺术教育、生态教育、综合教育，其中 6 家基地被评为北京市民终身学习示范基地，2 家基地被评为北京市职工继续教育基地。各个基地开发适合全家体验的项目，开发各具特色的课程、视频、动画、图书、专利等。20 家市民终身学习示范基地共有学习体验项目 213 项，接待全区乃至全市居民学习体验上百万人次。

顺义区每年年初召开市民终身学习示范基地工作会，对基地的居民体验项目进行业务指导和监督，健全机制体制，制定《顺义区市民终身学习示范基地职责》，更新《顺义区市民终身学习示范基地信息统计表》，并对示范基地给予一定资金支持，定期组织基地工作人员互相交流和活动，加强联系，共同学习，互通有无，以更优质的体验项目服务居民。市民终身学习示范基地为市民终身学习提供更多的学习途径、学习场所和更加丰富的学习资源，全面提升居民文化素质，为创造人人皆学、处处能学、时时可学的学习型顺义提供基础保障。

（二）终身学习数字化网络平台建设工作

"顺义学习网"作为市民终身学习数字化网络平台，是顺义区学习型城市建设工作三大重点工程之一。在已有成果基础上，后示范区建设阶段，继续发挥网站的学习资源站、学习管理站、学习交流站，和学习服务站功能。网站制定阶段性发展目标，实现2016—2020年的升级改版目标，即不断完善新功能设计和开发，建成移动互联技术、数字电视等多种信息技术相融合的数字化平台；进一步创新运行机制和管理模式，加强推广和使用，逐步建立市民学习档案，继续探索市民学习成果认证和转换运作模式。重点特色项目包括：一是引进中国知网学术资源，提高区内教师、卫生等专业技术人员科研和教学能力。二是订制服务，搭建顺义学习网专属子平台。搭建区老干部（老年）网上大学、区人大在线平台、国家教育教学成果奖申报材料展示平台，并和老干部局签订战略合作协议。三是不断丰富网站的品牌内涵，形成"一网多终端"的功能架构，开发顺义学习网手机App客户端，开通网站的微博、微信和头条号，形成"一网多终端"的网站运行新格局。四是充实网站的数字化学习资源，截至2018年，顺义学习网视频资源量达到30266集，电子书100万册，电子期刊1000种。其中，手机App客户端的移动学习资源包含微视频600多集，电子书4万册，电子期刊1000种，有声读物3万多集。网站实现与京学网的数据联通和技术对接，共享京学网的5000集视频资源，实现网站账号的互联互通，进一步扩大区数字化学习的影响力和辐射范围。网站注重加强特色资源建设，征集微课作品近400个，评选并上传至全国社区教育数字化学习联盟官网，连续两年获评“优秀组织奖”。

（三）学习型组织培育工作

“顺义区建设学习型城市工作领导小组办公室”由区委副书记任组长，区委宣传部、区文明办、区文委、区教委等28家部门为成员单位组成。领导小组充分发挥职能，制定工作细则，明确各部门职责，努力完善党委领导、政府统筹、部门联动、社会协同、全民参与的学习型城市建设工作长效机制。2016年，“十三五”伊始，顺义区委、区政府率先颁布《关于加强“十三五”时期学习型城市建设的意见》，厘清思路，明确目标，突出重点，强化保障措施，为下一步工作提供政策引领。顺义区以学习型党组织为引领，提出“一带五”创建模式，用学习型党组织带动和助推学习型机关等其他五类组织的创建，实现管理创新，提升社会服务能力，促进社会管理创新和社会治理能力现代化。顺义区的学习型城市建设工作由行政推动向学习服务转型，通过培训指导、能力建设、完善管理、行动促进等方式，促进各类组织的学习型组织创建工作。在服务区域经济转型升级大背景下，重点服务对象为重组国企，如中关村科技区顺义园、顺义绿色生态产业功能区、市政控股、顺义建设服务投资有限公司等，以及特色学习共同体，如顺鑫大学、爱慕学院等，继续在学习型组织的创建深度、广度、亮度上发挥引领示范作用。

（四）创新职工素质提升工作

充分依托首都职工素质教育培训工程平台，秉承“慧智天下，助企发展”宗旨，实施“慧企讲堂”项目，以深化企业服务为理念，依托学校管理优势和师资力量，配备专业管理人员量身打造精品课程，将国内外的先进管理理念与方法同实践相结合，针对企业需求和目标，设计精准、实用的现代企业培训课程，提供更加丰富的企业职工素质提升资源。主要任务是做好四项培训，即企事业单位中高层管理人员能力提升培训、职工综合素质提升培训、专业职能提升培训、各类考前辅导培训。项目先后为燕京啤酒集团、中北华宇、空港工业区、天竺房地产、西单商场等60余家企业开展通用能力培训，提升企业职工素质。创新职工素质提升工程，不断加强品牌建设，从课程内容精品化、授课教师高端化、培训对象规模化、培训效果最优化等方面着重提升区内企事业单位中高层管理干部领导力和综合素质。职工素质提升工程取得显著成效，年均培训职工8300余人次，针对个性化需求，设计培训菜单，注重培养职工工匠精神，有效服务区域产业发展。2018年，“慧企讲堂”被北京市成人教育学会评选为“终身学习品牌项目”。

（五）新型职业农民培训工作

为转变农民思想观念，提升农民综合素质，加快农村劳动力向二、三产业转移，帮助农民增收致富，培养新型农民，促进区域城乡一体化进程，顺义区结合自身优势和特点，开拓思维，创新机制，从2007年起创办“兴农讲堂”，最大程度地满足农村地区日益增长的终身学习需求，努力营造全民学习、终身学习的浓厚氛围。兴农讲堂主要工作包括开展农民素质培训，提高农民的综合素质；开展农业实用技术培训，提升农村劳动力的实用技术水平；开展农民职业技能培训，提升农民职业技能水平。多年努力，成效显著，转变农民思想观念，提升农村文明程度；提高农民使用技术水平，增加农民收入；促进农民转移就业，提高就业层次。同时，在已有基础上，以区农业广播电视学习为依托，多措并举，开展“文化驻乡工程”“现代农艺技能培训项目”“美丽乡村行”等，转变农民思想观念，培养新型职业农民，促进区域城乡一体化进程。

（六）老年教育“夕阳圆梦”工作

顺义区委、区政府高度重视老年教育。在《顺义区国民经济和社会发展“十三五”规划》中提出，要重视文化养老，丰富社区老年教育设施。在

《顺义区“十三五”时期老龄事业发展规划》中提出，加强老年大学规范化建设，建立18所老年大学分校，在所有社区建立老年教育课堂。区政府督察室将老年教育作为对相关部门绩效考核的重要内容，区政府教育督导室将老年教育作为督导镇街社区教育的重点工作。在充分认识区域社区老年教育的形式和特征的基础上，为推进提升区域老年教育的层次和水平，由区委领导，区委老干部局、区委党校、区教委等牵头，形成区、镇街、社区村居的三级“老年教育网络格局”，区老年大学、10所老年教育分校和48个社区分课堂构成遍布全区的老年人学习场所，涵盖22个专业课程，受益学员7300余人。顺义区开发“五养学堂”老年课程，创办老年网络大学，并在基地建设、课程开发、数字化学习、学习共同体以及品牌化发展等方面着手，实现老有所学、老有所教、老有所为的普惠性老年教育。

（七）家庭教育和家风建设工作

顺义区高度重视家庭教育与家风建设工作，明确家庭教育对于党和国家以及区域经济社会发展的重要意义，在区“大教育”理念引领下，致力于推进社区教育与基础教育深度融合，实施中小幼全学段德育育人体系，探索建立家校社合作联动机制，从顶层设计到基层实践进行大量的实践与创新。2016年建立“家校社合作育人项目”，推出“十大行动”，包括家长教育大讲堂、家教名师校园行、家长教育沙龙三大品牌活动，《教子有方家长教育系列教材》7册的在线资源，以及顺义学习网家长教育子平台、微信群等数字化学习与沟通交流平台。顺义区家长教育项目成立两年来，成效显著。成功举办北京市家庭教育与家风建设启动、北京市家校社合作育人展示活动。2017年，牛栏山一中和西辛小学在全国家校合作经验交流会上作典型发言。在2018年（湖南长沙）第二届新家庭教育文化节上，顺义区作为唯一区域发展典型介绍经验。

顺义区家校社合作育人项目初步形成政府主导、部门协作、家庭学校密切配合、社会各界积极参与的工作格局，开展家长教育大讲堂18期，家长教育沙龙 25 期、家教名师校园行 31 场，全区范围内进行“家长教育系列丛书”图书漂流工程，开发在线资源 15000 集的家长教育在线学习平台，推出“顺义家长在线”微信公众号等，引起全社会对家庭教育的重视，引爆家长主动学习的热情，顺义区百所学校，万名教师，十万学生，数十万家长在形式多样丰富多彩的活动中不断成长。顺义区家校社合作育人项目被评为北京市“终身学习品牌项目”、全国“特别受百姓喜爱的终身学习品牌项目”。

三、全机构模式建设学习型社区与示范区，助推全民终身学习

为打造一支高素质、专业化的社区教育管理者队伍，提升社区教育品质，顺义区在社区教育工作的队伍建设过程中，坚持每月例会制度，同时开展各种培训，帮助其提升自身素质，开拓培训思路。每年召开社区教育工作会，以创新工作形式、挖掘区域文化特色为重点，促进区域社区教育工作发展。2017 年组织各镇街社区教育骨干力量 75 人进行“社区教育管理者岗位实务培训”，2018 年选拔其中 36 人赴山东进行进阶培训、研讨、考察。以社区教育管理者队伍为核心，制订培训计划，分别发展 80 人的儿童绘本领读者队伍，253 人的社区教育专兼职教师队伍，300 人的家庭教育指导师队伍，社会志愿者 753 人，通过面授试讲、开发课程、开展指导等环节，打造高质量的家庭教育指导师队伍，活跃在各个社区（村居）、校园、组织，为区学习型城市建设工作提供人才智力保障。

推广全民阅读是提升市民综合文化素养的重要举措，是弘扬中华优秀传统文化的必经之路，也是建设全民学习、终身学习的学习型城市的重要内容，顺义区坚持全民阅读理念，创建活动品牌，丰富活动内容，创新活动形式，加大宣传力度，在区域范围内营造全民阅读的良好氛围。联合区教委、区文明办、区委宣传部、区工会、区文委、广电中心等单位，在全区范围内打造

阅读品牌“书香顺义全民阅读活动”及“全民终身学习活动周”；联合北京阅读季，开展阅读马拉松、社区流动书展等多种形式的群众性读书活动，并被授予2017年“优秀合作机构”奖；联合区作家协会，开展“顺义朗读者”项目，向市民发出邀请函，吸引广大家长、机关干部、退休教师、本土作家等社会各界人士的踊跃报名，提供一个弘扬、传播中华民族传统文化的平台，深受广大市民的欢迎和喜爱。与各镇街、区文委、区妇联、北青社区报等单位合作，开展“绘本领读项目”，每周开展绘本领读活动，每月开展大型亲子活动，每年开展绘本领读为主题的课题研究工作。将绘本领读引入中学“校本课程”建设，鼓励学生志愿者下社区，促进各类教育的相互衔接与沟通。自项目开展以来，设立绘本活动站点10个，组织活动500余场，惠及家庭6000余个，荣获顺义区文明办“首都未成年人思想道德建设创新案例”。通过多年坚持不懈地倡导全民学习、终身学习，逐渐形成“理念推广普及、重大活动引领、常规活动支撑、社会组织参与”的全民阅读推广模式，以“阅读”点燃全民学习、终身学习的星星之火。2018年，顺义区石园街道五里仓二社区被评为北京市“全民阅读示范社区”，陈永林家庭被评为北京市“书香家庭”。

顺义区认真贯彻《北京市学习型城市建设行动计划（2016—2020年）》文件精神，落实“城教融合”理念，将学习型城市建设融入“四个北京”建设总体目标、融入京津冀协同发展、融入疏解整治促提升重点工作，全面服务顺义经济社会整体发展、服务顺义全国文明城区建设、服务全民学习和终身学习，为把北京建设成为国际一流的和谐宜居之都贡献顺义力量。

门头沟区学习型城区发展报告

为了深入贯彻落实党的十九大提出的“加快建设学习型社会，大力提高国民素质”精神及2018年北京市政府工作报告中提出的“深化城教融合、校企合作、推动职业教育、继续教育、特殊教育和网络教育与首都经济社会发展需求更紧密结合，建设学习型城市”的要求，进一步推动《北京市学习型城市建设行动计划（2016—2020年）》的顺利实施，按照北京市教委的相关要求，结合门头沟区争创全国文明城区的大好形势，门头沟区加大学习型城区建设的力度，各项工作取得了积极进展。

一、理念引领促进学习型门头沟建设持续前进

门头沟区学习型城区建设的持续开展，源于学习型组织建设理论和学习型社会发展理念，在于激发组织活力和个人动力，推进组织和个人的可持续发展。

十几年来，门头沟区坚持理论指导，持续开展相关工作，促进学习型门头沟的水平提升。其中，门头沟人在市级专家组的指导下，坚持突出地域特色，因地制宜提出本地学习型城市建设理念，推动区域经济社会持续发展。

2009年门头沟区取得北京市学习型城市先进区的称号，2015年学习型城市示范区成功创建，在学习型城市建设的行动和理念上，门头沟区一直在努

力。创建先进区时门头沟“三教统筹”的举措，被实践证实是行之有效的方法，当前在全区仍在坚持开展。示范区创建中提出“依学治理、以文化人”的核心理念，正在推广实施。

二、以文化人提升新市民素质

门头沟区在学习型城市建设过程中以区委、区政府的文件形式制定下发实施意见和实施六大工程，即《构建多元学习服务圈，实施新市民素质提升工程》《打造“绿色惠农学堂”，实施新型职业农民塑造工程》《构建党建大培训体系，实施干部素质提升工程》《培育“学习型组织示范单位”，实施组织管理创新工程》《建设“平安和谐家园”，实施社会治理创新工程》《打造“京西文化走廊”实施文化引领工程》，示范区创建中六大工程以及“以文化人，全面提升新市民素质”和“依学治理，激发组织活力，创新社会治理”两大示范项目，水峪嘴村、石门营新区等7个示范点起到带动引领作用，示范区的成功创建推动了门头沟区社会治理体系和治理能力的现代化建设，提升了城市的文明程度。

2016年北京市实施学习型城市建设行动计划，重点提出示范区创建、学习型组织培育等十大工程。按照学习型城市行动计划要求，门头沟区秉承“依学治理、以文化人”的理念，学习型城市建设工作有目标、有重点、分步骤全力推进。示范区建设工程已经完成，重点推进了以下工作。

党的十九大提出“加快建设学习型社会，大力提高国民素质”，这是门头沟区坚持以文化人提升新市民素质的根本指导思想。当前门头沟区正处于经济社会发展转型的关键时期，8.5万户近20万人口的转迁市民和其他各类人群在城镇化进程中，都面临着素质提升的问题。因此，在某种意义上说，门头沟区近30万人口都是新市民，都要树立全民学习、终身学习的意识，都要进一步提升素质。

（一）制定相关文件，加强制度保障，积极培育示范基地，充分发挥育人功能

为进一步推进门头沟区各级各类学习型组织建设和培训基地建设，2017年区学习办研究制定并下发《门头沟区创建学习型组织示范单位》《新型职业农民培训基地和市民终身学习服务示范基地的通知及评估办法》等文件，为工作的顺利实施提供制度保障。

门头沟区充分发挥政府主导、社会参与的作用，积极创新终身学习服务机制，加强市民终身学习基地建设。市民终身学习示范基地在教育、文化、科技、体育等现有资源基础上，成为终身学习重要载体和场所，为市民提供学习、体验、创新、交流的平台。培育和评选少年宫、人保基地等一批市民终身学习示范基地，以及益农缘农业合作社、聚兰兴养殖基地等一批新型职业农民培训示范基地。

区少年宫是市级市民终身学习示范基地，占地1.5万平方米，使用面积1.2万平方米，为了充分发挥其资源作用，实现少年宫与老教师协会的资源共享，每周六、周日有3000余名学生，周一至周五日均300余名教师活跃在各个专业教室，开展合唱、舞蹈、绘画等活动，为儿童和老教师的终身学习搭建了平台。

益农缘合作社是市级新型职业农民基地，合作社理事长寇红艳不仅带动本地农民致富，还将成功经验推广到山西、内蒙古、河北等地，在当地培育基地定期进行人才培训，在精准扶贫工作中发挥重要作用。寇红艳理事长应邀出访印度，在国际性农业创新交流大会上介绍益农缘合作社的特色经验，受到与会代表们的好评。

截至2018年，区学习办共培育、评选出市区级市民终身学习示范基地3家，新型职业农民培训基地3家。区学习办将继续做好各类基地的培育评选工作，发挥各个基地的示范引领和辐射作用。

（二）以评促建，推动示范组织建设，加大“首都市民学习之星”评选力度，发挥榜样作用

为全面实施学习型组织培育工程，积极推进学习型机关、学习型学校、学习型医疗机构先进单位和示范单位的培育和评选，先进单位实现了 100%，截至 2018 年共评选出 162 个学习型组织示范单位，占比 28%。各示范单位不断提升职工素质，激发组织活力，促进事业的健康和谐发展。大力推进学习型企业的创建，涌现出北京精雕、北京利德衡环保有限责任公司等学习型先进企业，并正在向学习型示范性企业迈进。其他类型的学习型组织培育和评选工作也在紧锣密鼓地开展。培育示范性学习型组织并推广经验，推动各类组织转变思维方式、改进学习模式、塑造组织文化。

榜样的力量是无穷的。区学习办定期对门头沟区各行各业涌现出来的先进人物进行评选、表彰。历年来共评选出区级学习之星 92 人，市级学习之星 23 人。其中被称为“校园科学家”的陶术研老师，2018 年又被评为全国“百姓学习之星”，成为岗位建功的旗帜，市民学习的榜样。区学习办充分发挥榜样作用，加大宣传力度，使市区级学习之星熠熠生辉。

区学习办每年创办有特色的“全民终身学习活动周”，开展丰富多彩的活动，使学习周真正成为传播学习文化的主阵地。夯实首都市民学习之星的评选工作，发挥学习之星和学习品牌的榜样引领作用。发挥“马仲良名师工作室”的指导作用，进行理论研究和社会实践。立足门头沟区丰富的教育和传统文化资源，组建专家和志愿者团队。进一步开发和利用永定河文化的优质资源，发挥其巨大作用。

（三）依托新市民学堂，助力“夕阳圆梦”工程，提升新市民素质

门头沟区积极推动学习型城市建设工作，着力构建多元学习服务圈，市

民素质提升工程建起一大批新市民学堂，区属九镇四街均有学校，达到34所，三级社区学校延伸到村级和社区家门口，市民总校共举办6期培训班，培训人数达15000人次，如今市民培训如火如荼，市民和农民的学习和培训更加方便。新型职业农民培训工程加大力度、提高层次，截至2018上半年，各类农民培训达14061人次，结合精准帮扶、新农村建设，实现门头沟区居民培训全覆盖、零死角。北京开放大学门头沟分校开办老年大学，与区残联、区老干部局联合培训老年人，中等职业学校对广大市民开放体验课，切实做到以文化人。“夕阳圆梦”工程和老年教育蓬勃发展，大力提倡老有所好、老有所学，达到老有所用，助力老年人的幸福生活。

门头沟社区学院先后开办10期职工文化修养提高班，开设书法、国画、摄影、舞蹈、器乐、插花、盆栽花卉等20余门课程，100余个班次，累计培训40000人次。同时，深入企事业单位、社区培训300余场，涉及健康养生、自救互救、预防诈骗等课程，培训20000余人次，取得显著效果，门头沟区电视台多次对学院为职工继续教育作出的贡献给予宣传报道。社区学院深入推进艺术教育进社区、下农村演出活动，持续不断地送文化、送文明到基层，真正实现“以文化人”的根本性目的。

2017年门头沟区新市民学堂获国家级学习品牌称号。

（四）家校社协同教育促家风建设工程深入发展

家庭教育和家风建设工程得以加强、学习型家庭评选稳步推进；家校社协同发展，同时研究发掘古今优秀的家庭教育和家风建设案例，大力弘扬传播中华民族传统家庭美德，促进家庭和睦和社会和谐。门头沟区教委联合区妇联组织专家讲堂、家长学堂、家庭俱乐部和走进学校幼儿园等形式开展培训，在家庭教育方面取得的经验多次在北京市教育学会举办的家庭教育论坛发言，收获好评，大兴社区学院也曾来门头沟区学习取经。2017年，社区学院成功立项北京市教育科学“十三五”规划课题《以家庭公约为工具的小学生行为习惯养成教育的研究》，旨在通过课题研究提高家长的教育能力和孩子的自我教育能力，以及进一步强化家长和孩子的契约精神，并编辑出版《传承好家风，约出好习惯》作为市民学习的指导用书。

2018年区教委为每个社区配备两名辅导教师，支持区妇联建起95家社区家长学校。门头沟区的家庭教育工作多次在市级家庭教育论坛上进行交流，受到好评。

三、依学治理促进社区和谐发展

“依学治理”，就是在坚持依法治理和以德治理的同时，通过学习和教育，促进人的全面发展、组织的管理创新和社会的可持续发展。门头沟区把握治理的基本特征，突出社区建设中问题解决的针对性、参与治理主体的多元性和民主协商合作共治的群众性。

实现管理变革，社会治理创新发展。门头沟区城子街道龙门三区以学习共同体为载体，完善终身学习制度，开展丰富多彩的市民培训活动，以巧娘工作室、汇众协商议事社、帮帮银行等为抓手，实现社会治理的能力提升，促进学习成果的认证转化。最终改善社区人文环境，改变居民思维方式，促进人的变化，加强人的培养，提高人的能力，解放人的思想，推动和谐社会的全面发展。

龙门新区三区属于城子街道新建社区，成立于2013年4月，由于社区成立时间短，居民人数多，人员结构复杂，各项设施服务不完善，导致社区管理困难，居民凝聚力差。2015年学习型城市示范区创建成功之后，本着以文化人，依学治理的主导思想，社区通过各项培训提高居民的素质，通过组织多种活动提高社区居民的凝聚力，通过“帮帮银行”促进社区和谐，从2016年4月开始，本着以人为本、整合资源、共驻共建、责权统一的原则，进一步转变社区工作理念，创新推进社区协商治理新模式，提高社区环境建设水平，创办龙门三区“汇众协商议事社”。“汇众协商议事社”由社区书记、主任担任组长，副书记担任副组长，小组成员包括邮政储蓄银行、龙泉小学、大地幼儿园等9家单位、企业、社区社会组织，以及51名居民代表。为了让群众人人参与到社区建设中，按照社区网格化管理结构，由社区居委会委员、网格员等组织居民参与，实行三方面“无限制”征题议事。

以休闲文化长廊的建设为例。（1）通过入户走访以及居民代表小组会议讨论，收集到关于社区内缺少乘凉、下棋、唱歌等活动场地的民意，通过讨论确定将修建休闲长廊的民意作为社区议事社议题。（2）通过公示，确定召开议事社协商会议，经参会代表讨论决定搭建4个休闲文化长廊。会议还确定了休闲文化长廊的具体地点、数量、资金以及施工单位等问题。（3）在将近两个月的紧张施工之后，由社区居民监督小组成员和居民代表组成的协商共治评估小组进行项目评估。通过实地验查评估结果为：长廊质量合格，高度合适，搭建牢固、安装地点方便居民活动使用。截至2018年，社区通过“汇众协商议事社”共收集群众反映的热点难点问题48件，已解决问题43件；正在解决问题5件。“汇众协商议事社”的成立，为社区居民搭建了一个合法有效的议事平台，这个平台规范了社区治理工作模式，发挥辖区单位和社区居民的主体作用，居民参与社区治理的意识更强、能力更高、需求更多，从而使“议事社”在社区环境卫生、安全保障、文化宣传、医疗健康、服务管理等方面发挥了高效作用。借着创建全国文明城区的东风，门头沟区将继续积极探索实践“汇众协商议事社”工作模式，不断完善工作流程与职责，使参与式协商成为推进社区全面发展的主动力。

城子街道龙门三区的汇众协商议事社将基层党建工作体系、社会管理服务体系融为一体，实实在在为百姓办实事，得到市级领导专家的肯定，成为门头沟区众多“依学治理”典型案例的一个代表。

此外，石门营五区的“八代六送”、龙门三区的“帮帮银行”的实践活动，已经发挥了巨大作用，成为“依学治理”的典型案例。

2017年，门头沟区申报的依学治理项目获得北京市职业教育教学成果二等奖。

四、创建全国文明城区，学习型城市建设工作再创新佳绩

2018 年门头沟区提出全力以赴争创全国文明城区的目标，这一行动为学习型城市建设工作注入了新的活力和营造了前所未有的契机。学习型城市建设是以提升人的素质和社会文明程度为目标的，同时注重社会治理模式的转变和可持续发展的规律，最终是让每一个人的人生出彩，活出生命的意义，全国文明城区的创建与之目标一致，行动上相辅相成。

下一步，要巩固门头沟区学习型城市示范区所取得的成果，进一步促进家庭教育和家风建设工程，积极探索学分银行建设工程，以学习型城市建设为抓手，提升市民素质，改善人居环境，倡导文明行为，促进全国文明城区建设，力争取得全国文明城区和学习型城市建设行动计划的双丰收！

通州区学习型城区发展报告

2013年12月，通州区被评为北京市“学习型先进区”，围绕建设北京城市副中心这一主线，深入落实教育部等7部门《关于推进学习型城市建设的意见》和《北京市学习型城市建设行动计划（2016—2020年）》，恪守“终身教育”“学习型组织”建设两大支撑，朝着建设学习型示范区目标不辱使命、主动作为。

一、完善管理体制，健全运行机制

在健全组织机构上，成立由区委常委、宣传部长为组长，主管教育工作的副区长为副组长，有关委办局、街道办事处、乡镇政府主管领导为成员的通州区建设学习型新城区工作领导小组，统筹协调和指导学习型城区建设工作。明确职责，形成党委领导、政府统筹、教育部门主管、有关部门配合，社会积极参与、社区自主活动、群众广泛参与的管理体制和运行机制，保障学习型通州区的可持续发展。区委、区政府主要领导多次听取工作汇报，并及时作出创建指示。通过参加启动会、推进会、总结表彰会、理论培训会等工作，真正做到以创建各类学习型组织为抓手，以建立需求调研、计划编制、评估表彰、成果统计、理论研讨、联席会议、中心组学习建设为保障，扎实推进学习型通州建设。

与此同时，把创建学习型通州区工作做到“五个纳入”：纳入区党代会、人代会工作报告；纳入通州区国民经济和社会发展规划和年度计划；纳入区人大、区政协视察督导范围；纳入区政府折子工程重点工作；纳入争创全国文明区重要指标。在五个“纳入”进行时，区委、区政府领导率先垂范，以“理论中心组”学习形式，带头进行学习型社会和学习型组织理论的学习与实践研究。

二、多方合力保障学习型城市可持续发展

（一）学习型示范城区建设推进工程

通州区启动“向前站一步，建设示范区”活动。区委、区政府将学习型城区建设作为重要内容纳入五年规划，在“十三五”规划中明确：“加快发展终身教育，打造学习型示范区。”

（二）市民终身学习示范基地建设工程

培育市级“终身学习示范基地”3个，区级“终身学习示范基地”15个，涵盖教育、文化、科技等多个领域，成为通州区终身学习的重要载体和场所。区级15个示范基地年活动接待量达10万余人次。示范基地组织学习活动的同时也带动了周边学习型社区（村）和各类学习型组织的建设。

（三）终身学习数字化网络平台建设工程

2017年11月启动满足居民学习的“通学网”的建设。创建“通州区学习办”微信公众平台，利用平台发布宣传通州区各类培训学习信息，广泛宣传终身学习理念和学习型城市建设的重要意义，提高市民素质和对创建学习型社会工作的知晓率和支持率。

（四）学习型组织培育工程

进一步完善各类学习型组织评价指标体系。各乡镇街道、各单位紧紧围绕“两学一做”学习教育，开展“建设副中心　向前站一步”主题教育实践活动，切实强化了学习型党组织的建设。学习型机关、街道、乡镇、企业等各级各类创建工作有序开展，特别是学习型社区（村）和学习型家庭的创建力度不断增强。着力培育区级学习型示范社区、村队、企事业单位共计 113 个，其他类型区级学习型组织 621 个和市、区两级市民学习之星 323 人。

（五）创新职工素质提升工程

推进职业学校、成人学校面向行业企业开展多种类型的职工继续教育。其中，组织北京新城职业学校先后与通州区人力社保局、通州区安全监督管理局、通州区残疾人联合会、北京市安全生产监督管理局等部门合作，以服务区域经济为办学宗旨，满足职工继续教育的需求，开展多领域、多方面、多渠道的社会培训，为副中心建设提供人才保障，涵盖茶艺师、面点师、安全员、电焊工等多个工种，培训量已达 3 万余人次。

（六）新型职业农民培训工程

2016 年年底，区教委印发《关于建立通州区农业广播电视学校乡镇工作站完善四级教育体系的意见》，在 11 个乡镇成人学校建设农广校乡镇工作站。广泛开展农村实用人才培训和现代生活培训，大力开展新型职业农民培训。搭建 11 所乡镇成人学校“多元支撑、基地办学”平台，建成 9 所北京市示范性成人学校，4 个市级新型农民培育基地。加强新型职业农民培育的教材建设与课件开发，积极开展农村成人教育微课评选活动，开发出不少于 20 门具有通州区特色的新型职业农民课程。进一步提高农村成人教育教师队伍信息化应用能力，在北京市农村成人教育干部教师基本能力竞赛中表现优异，区教委连续三年获优秀组织奖。

（七）“夕阳圆梦”工程

以区老年大学和 15 所乡镇、街道老年大学分校为主体并牵手社区、村队老年人活动点，“教、学、乐、健、为”相结合。创建“社区教育大课堂——隔代育婴”“舞动副中心社区群体舞蹈大赛”等多个老年课程品牌。利用现有教师和聘用兼职教师，组织老年人开展太极拳、广场舞、书法绘画等各类培训，实现老有所学、老有所教、老有所为。

（八）家庭教育和家风建设工程

推行家、校、社合作共育模式，立德树人。为贯彻习近平总书记“注重家庭、注重家教、注重家风”的讲话精神，区学习办会同区文明办、区妇联等部门，开展学习型家庭、“我的家风家训故事”主题征文演讲等系列活动。利用街道“市民学校”、乡镇“成人学校、村校”、社区“市民学堂”等，开展家风家训学习活动达 1800 余场，有效推进了道德教育深入人心。初步形成人人学家道，户户立家规的良好风尚。仇庄村以重家风而闻名，把每年的腊月二十定为“老人节”，“孝德”文化已在每个家庭生根发芽，孝德家风已成为仇庄村享誉京城的金名片。王各庄村 3 年间累计为 300 余个以学习促文明家庭授予模范家庭牌匾。家庭教育和家风建设从个体扩到整体，从被动走向行为自觉、从课堂上延展到家庭社会中，2018 年通州区荣获“全国未成年人思想道德建设工作先进城区”奖牌。

（九）社区教育指导服务系统建设工程

通州区成人教育中心成立社区教育指导分中心，在各街道教委办、各乡镇成人学校设立专职社区教育指导工作岗位。形成区、街镇、社区三级社区教育组织网络。加强社区教育工作者和学习指导师队伍建设，提升业务能力，在各街镇培养了一大批专兼职结合的社区学习指导师和志愿者队伍，并选拔两名学习指导师代表参加市级培训。创建“楼门文化”“社会组织孵化基地”等诸多社区教育学习品牌项目。

三、学习型城市建设中城市副中心的特色与亮点

（一）以学正心，涵养副中心建设精气神

几年来，在全区人民的共同努力下，通州区创建学习型城区工作取得了显著成绩。创建学习型城区工作队伍更加完善，建成“新型职业农民培育师资库”和“成人教育、社区教育专兼职教师师资库”，为开展培训活动提供强大的师资力量；各类教育培训活动特色更加鲜明，更加符合通州市民的需求，学习载体更加多元化。在具体工作上，通州区将涵养副中心“精气神”与培育学习型组织并轨，充分发挥社区教育优势，主动作为。健全、规范三级“道德讲堂”227 所，注册志愿者队伍 27 余万人，涌现北京市终身学习品牌项目 4 个，市民文明总校、中心校、基层校推出“以学正心”百姓喜欢的学习项目 18 个。涌现“中国好人 3 名，北京榜样 2 人，通州榜样 20 名。通州区于 2017 年荣获全国文明城区称号。

（二）培育学习型教科研团队，扮靓校园文化特色

为引领教育系统不断提高与发展学习竞争力，培育学校良好的学习氛围和环境，把创建学习型组织与教育教学改革相结合，与北京城市副中心建设和提高教育质量相结合，促进学校教育教学质量提升。推出以“创建学习型

教研团队、铸造教师职业幸福”为主题的评优活动，全区各中小学校、幼儿园、职业学校、成人学校积极创建，取得显著成效。经专家评议，14 所学校获创建学习型教研团队优秀奖，6 所学校获创建学习型教研团队创新奖。

（三）守望运河文化，增添副中心建设韵味

美丽大运河承载千年文化底蕴，挖掘、传承、提升运河文化品质是建设智慧城市的明智之举。通州区第六次党代会报告中提出，努力打造特色鲜明的东部运河文化带。植入特色文化符号，使城市副中心成为体现中华元素、文化基因的重要区域，更具韵味、更有魅力。区学习办与区文化委、文明办、妇联等部门共同采取多种举措，提升全区居民文化素质。玉桥办事处按照楼门客厅化管理的理念，在辖管社区内探索“文化楼门”创新举措。区图书馆启动运河书香讲堂，邀请京津冀地区文化名人，成立名家讲师团，开展名家领读活动。街道、乡镇相继成立 200 余所运河讲堂，开展学习活动达 600 余场，有效推进了运河文化教育深入人心。中小学校依托社会大课堂与综合实践活动课程等载体，开展一系列“挖掘运河文化资源、传承运河文化精神”等主题教育活动。区教委、文化委、文明办等部门共编写出版运河文化系列丛书，挖掘通州味的运河传统文化。

推动学习型通州可持续发展仍然任重而道远。在通州区建设学习型新城区工作领导小组的领导下，依据市学习办总体规划及北京城市副中心建设总体要求，科学谋划创建学习型城市、智慧城市，于 2016 年研究制定《北京市通州区建设学习型城区行动计划（2016—2020 年）》，到 2020 年，全区建成以完善的终身教育体系和学习型组织为基础，以广大市民的良好素质为支撑，学习资源丰厚、学习氛围浓厚、创新活力持续涌现的学习型示范城区。

昌平区学习型城区发展报告

昌平区位于北京西北部，全区辖 15 个镇、5 个街道办事处，220 个社区，297 个行政村。区域面积 1343.5 平方千米，常住人口为 206.3 万人。昌平区既是城市发展新区，也是生态涵养发展区，近年来昌平区贯彻落实党的十九大精神，依据市委、市政府《关于大力推进首都学习型城市建设的决定》和《北京市学习型城市建设行动计划（2016—2020 年）》工作部署，围绕服务首都“四个中心”的功能定位，围绕昌平在首都建设和发展过程中的区域定位，围绕昌平建设“国际一流的科教新区”的发展目标，在学习型城区建设工作中进行积极的探索与实践，通过不断健全和完善工作机制、创新和丰富推进措施、培育和打造区域品牌、逐步形成“政府主导、教育引领、部门联动、多点支撑、全面推进”的工作格局，取得很好的工作成效。通过学习型城区建设，全面提高市民的整体文化素养，促进区域文化繁荣，为区域经济社会发展提供人才支持和智力保障。继 2009 年昌平区顺利通过北京市学习型城市先进区县验收之后，2012 年昌平区在全市率先提出“全民创业”理念，并成为北京市唯一获得“国家创业型城市”荣誉称号的城区。同时，“学习助力发展”理念提升了昌平区域影响力。

一、高度重视，构建政府主导、部门联动的工作格局

昌平区委、区政府按照“党政推动、全员参与，理论先导、转变观念、整合资源、提升素质、服务发展、促进和谐”的工作思路，把发展社区公共服务、建设学习型昌平作为一项基础性、全局性、前瞻性的工作来抓，坚持“五个结合”，强化“四个保障”，形成了政府主导、部门联动的工作格局，确保学习型城区建设工作取得实效。

（一）坚持“五个结合”

昌平区将建设学习型城区与党的建设相结合、与部门工作相结合、与区域和谐社会建设相结合、与推动区域文化发展繁荣相结合、与助力区域产业转型升级相结合，进一步加快发展终身教育和终身学习服务体系建设，满足市民终身学习需求，促进区域经济进一步发展。

（二）强化“四个保障”

一是强化组织保障。继 2008 年成立以区委书记、区长任组长，区委常委宣传部部长、主管副区长任副组长，26 个职能部门一把手为成员的昌平区创建学习型城区工作领导小组之后，2014 年对领导小组进行调整，将成员单位增加至 51 个委办局和镇街，并更名为“昌平区建设学习型城区工作领导小组”。

二是强化制度保障。2018 年 7 月，经昌平区政府办公会和昌平区委常委会同意，印发《关于创建北京市学习型城市工作示范区的实施意见》，为昌平区学习办及各领导小组成员单位的示范区创建工作确定了行动指南和依据，

对推进示范区工作起到有效的促进作用。

三是强化经费保障。为保障社区教育稳步发展，区财政局每年根据社区教育实际经费支出，拨付社区教育专项经费和市民文明学校建设经费，用于市民文明学校学习设备设施的改善。

四是强化师资保障。为促进学习型昌平建设，充分挖掘高校、中小学和职业教育教师、企业能工巧匠和民间艺人、匠人等资源，采取培养一批专职的、聘请一批兼职的、动员一批志愿的，形成兼职为主、专兼结合的教师队伍，规模达到1000余人；建立师资信息库，形成各委办局共享共用的教师聘用机制，基本满足了区域内教育培训需求。

二、狠抓落实，探索多点支撑、全面推进的工作体系

（一）完善终身教育体系和终身学习服务体系

一是完善终身教育体系。随着昌平疏解非首都功能工作的推进，为保障适龄儿童入园、入学，昌平区政府每年投入专项接收、兴建幼儿园、中小学校。增加幼儿园13所、中小学11所，新增学位近万个。引进优质教育资源校16所。基本形成学前教育普及化、义务教育均衡化、高中教育优质化、职业教育品牌化，成人教育信息化、民办教育规范化、特殊教育人文化。构建“幼、小、中、职、成、高、特”完整的终身教育体系。

二是构建终身学习服务体系。区委、区政府统筹区域内优势资源，建立了30个委办局和20个镇街部门联动的工作格局。由区教委牵头，协助区学习型城区领导小组办公室，全面开展全区终身学习服务工作。截至2018年全区建立区级市民终身学习服务基地7家，北京市职工继续教育基地3家，北京市新型职业农民培训基地5家，北京市优秀成人继续教育培训机构3所，20个镇街全部建立老干部（老年）大学分校，并成立145个分课堂，多渠

道、多形式地组织开展多元化的学习活动；在村、社区兴建图书室、阅览室、数字影厅等市民学习服务平台，基本满足区域市民终身教育学习需求，初步建成区域终身学习服务体系。

（二）不断拓展和开发市民学习资源

一是开发网络数字教育资源。区政府委托区教委，开发昌平区市民学习网站，开设网上课程超市，制作市民学习卡，用于网上学习积分，激发市民的学习热情和学习兴趣。另外，各委办局还充分发挥现代信息技术与微媒体的作用，开发数字学习资源。区政府办开发“北京昌平”微信公众号，司法局开发“昌律之窗”微信公众号。截至 2018 年，区科委共建了 50 个科普宣传一体机、30 个电子科普视窗、10 个科普健康小屋和 2 个科普体验厅，便于社区居民、企事业单位员工以及中小学生，学习与普及科学知识。

二是开发地方教材与学习资料。各委办局依托自身的优势，积极开发各类市民学习资源。区教委组织开发《农村里的那些事》《民俗特色村的创建》《农家美食宴的开发》《现代庭院的开发与利用》《新农村合作社百问》《蔬菜的有机防治》《手机乐生活》等教材；区体育局编印《体育法规汇编》《全民健康指导手册》《游泳安全手册》以及冬奥会宣传册等；司法局印发法制宣传手册；卫计委印发健康宣传手册和育儿宝典等；科协制作科普宣传品十多万件，印制科普图书 2 万多本；2016—2018 年，区科委建设 120 个科普画廊，制作发放科普杂志、光盘 5 万余份。丰富的学习资源为市民学习起到了积极的促进作用。

（三）抓好各类学习型组织创建工作

区学习办先后开展学习型机关、学习型学校、学习型企业、学习型镇街、学习型党组织、学习型社区、学习型家庭、学习型医院等 14 类学习型组织的创建与评估工作，形成一整套评估指标体系。截至 2018 年全区共有学习型组织先进单位248个，其中市级先进单位1个，市级学习品牌1个。创建学习型组织有力促进了学习型昌平建设工作。

（四）打造昌平区优质学习品牌

制定印发《昌平区创建学习型城区领导小组办公室关于开展“首都市民学习品牌”“首都市民学习之星”评选工作的意见》，组织开展区域内学习品牌创建活动。有些品牌在全区、全市乃至全国形成一定的影响力。

一是领导干部走进高校大讲堂。区委组织部利用区域内高校资源开展的全区处级领导干部学习活动，也是区学习型城区建设工作与党建工作密切结合的典型案例。截至2018年全区共有22000余人次的领导干部参加学习培训，使全区广大领导干部贯彻落实中央、市委、区委决策部署的自觉性和主动性以及分析问题、解决问题的能力都有了极大的提升，全面提高党员干部的政治思想水平和领导能力。该品牌于2014年被北京市学习型城市领导小组评为市级学习品牌。

二是中等职业教育品牌。昌平职业学校是区唯一公办的职业学校，是首批国家改革发展示范校、全国职业教育先进单位。学校“以经营促发展”的办学理念所带来的效应，使区中等职业教育发展成为全市乃至全国职业教育的一面旗帜。教育部原副部长鲁昕来昌平职业学校调研时，给昌平职业学校提出了“中国特色，世界一流”的发展目标。昌平区委、区政府长期以来重视职业教育发展，给予中等职业教育更多的支持与关注，使优质的中等职业教育资源服务于区域经社会发展和学习型城区建设。近年来，昌平职业学校在区域产业转型、新农村建设、职业农民培训、社区教育、职业技能培训等方面作出巨大贡献，在区域经济社会发展中发挥了重要作用。学校在2010年被评为“北京市学习型学校先进单位”。

三、个人成长、产业升级、文化引领，务出实效

按照《北京市学习型城市建设行动计划（2016—2020年）》建设“学习资源丰厚、学习氛围浓厚、创新活力涌现的学习型城市”的目标要求，经过近几年的探索和实践，昌平区学习型城区建设取得了四个主要成效。

（一）学习助力市民个体发展

昌平区在学习型城区建设工作中，始终把服务人的发展作为学习型昌平建设的重要目标和落脚点，通过“职普融通、职继互通、职成联通”的工作机制，积极开展农村富余劳动力转移培训、在岗人员技能提升与继续教育培训、待岗人员培训、军地两用人才培训和创业就业培训，每年2万余人受益，实现创业就业梦。

2016年，仅区人力资源与社会保障局就组织开展49个职业（工种）、一万余名城乡劳动力参加的技能培训，帮助五千余人实现成功创业、就业和再就业。另外，昌平职业学校为现役军人开展汽修、烹饪等实用技术培训，驻昌平560名官兵实现“退伍即就业”；与区安监局共同开展特种岗位工种培训考核，帮助8500余人实现持证上岗。

（二）学习助力产业群体发展

各委办局的学习、教育、培训与品牌建设，紧紧围绕区域人员分布和产业结构特点，产、教、研、训协同进行，为区域内产业和群体发展助力。

一是科普推动农村增产增收。科协根据区流村镇长峪城村等山区村特点，推广多头耐旱谷子新品种和草药种植技术，培训村民在上坡上实施种植，比

传统谷子种植增产近一倍；区农业局、昌平职业学校和盛景苑花卉公司合作，研发百合花种球脱毒生产技术，在流村镇禾子涧村建立百合种球脱毒和种植示范基地，助推村域经济和产业发展。

二是技能学习培训助力民俗产业群发展。昌平职业学校研发康陵村“正德春饼宴”、上口村“驴打滚美食宴”等，助推区乡村民俗旅游产业和村域的整体发展。康陵村和上口村被评为北京市最美乡村。

三是职业农民培训助力合作社发展。区农委和成教中心农广校，依托田间学校，在十个种养殖合作社建立直属教学点，开发合作社产业链，带领合作社社员学习现代农业和网络应用技术；开发培训课程与培训资源，使合作社的生产、经营日益规范。全区共有 10 家国家级示范合作社、25 家市级示范合作社和 38 家区级示范合作社。

学习活动与教育培训不仅促进了区产业的发展，也促进了镇、村、各级组织以及合作社等群体的发展。

（三）文化引领，助力区域经济社会发展

各委办局组织开展的形式多样、内容丰富的学习活动，培养广大市民良好的兴趣爱好和生活情趣，强有力地占据了农村和社区的文化阵地，阻止了邪教、封建迷信思想对市民思想和文化的侵袭，对区域社会和谐、稳定发挥了积极的作用。

比如，昌平区南部的天通苑地区，流动人口多，人员组成复杂。天通苑南街道办事处与区教委、文化委、社工委、体育局、区妇联等多个委办局密切合作，确定了打造“文化天南”的发展目标。在所辖社区内建了 225 块总面积 1300 多平方米的文化墙；积极开展书法、绘画、剪纸、手工艺等培训活动，组建舞蹈团、合唱团、乐队等，培养社区居民良好的兴趣爱好，引导居民树立正确的价值观。天通苑社区居民的春节联欢会被誉为“昌平小春晚”。

昌平区北部的历史文化、东西部的科技文化等也在引领区域发展中发挥了积极的推动作用，促进了区域社会的安全、稳定与和谐。

（四）资源共享，助力京津冀协同发展

昌平区始终把服务国家发展战略当作义不容辞的责任，积极开展京津冀协同发展和精准帮扶。为河北省巨鹿县开办领导干部昌平挂职班，开办巨鹿厨师培训班，实施“政府、学校、企业、家庭”四方联动的职业教育精准帮扶，帮助巨鹿县 46 个家庭摆脱了贫困；为阜平县天生桥镇和龙泉关镇的 10 位农民举办特色民俗宴的培训，在唐山市建立北京市昌平职业学校分校，共享区中等职业教育的优质资源等，促进京津冀协同发展。

昌平区坚持“四个全面”战略布局，牢固树立创新、协调、绿色、开放、共享的发展理念，牢牢把握首都城市战略定位和昌平区域功能定位，以人的全面发展为核心，汇聚资源、创新方式、服务发展，深入推进学习型城市建设，努力把昌平区建成“学习型昌平”、学习型城市示范区，全力以赴推进“国际一流科教新区”建设，把昌平建设成为创新活力之城、现代宜居之城、生态大美之城、文化魅力之城、民生幸福之城。

延庆区学习型城区发展报告

延庆是首都五大生态涵养区之一，2019 年“世园会”和 2022 年“冬奥会”在此举办或承办。几年来，延庆区围绕“世园”“冬奥”等绿色发展大事，以“建设国际一流的生态文明示范区和美丽延庆”为共同愿景，全面落实《北京市学习型城市建设行动计划（2016—2020 年）》，深入推进学习型延庆建设，为提升市民文明素养，提高城市文明水平，促进区域绿色发展作出应有的贡献。

一、落实“行动计划”完成的主要工作

（一）推进学习型示范城区建设

“十三五”期间，延庆区以“争创北京市学习型城市示范区”为目标，坚持把创建学习型城市作为推进延庆经济社会发展、提升区域核心竞争力的战略措施。在创建过程中，紧紧围绕区域绿色发展大事，广泛开展终身学习理念宣传，积极组织各级各类教育培训，继续深入推动各类学习型组织建设，以学习促改革，以学习促提升，以学习促发展。促进首都生态发展涵养区建设的新进展，绿色北京示范区建设取得重大突破。

2016 年 11 月，延庆区被北京市学习型城市建设领导小组认定为北京市学

习城市示范区，成为北京市第五个学习城市示范区。

（二）进一步完善学习型城区建设工作机制

（1）政策机制。为贯彻执行《北京市学习型城市建设行动计划（2016—2020年）》，进一步推进延庆学习型城市后示范建设，延庆区于2017年出台《北京市延庆区“十三五”时期加强学习型城市建设的指导意见》，结合延庆区实际，确定6项重点工程。该指导意见从政策层面对延庆区学习型城区建设提出发展目标和具体要求，为延庆区持续推进学习型城市建设提供重要的依据。

（2）组织运行机制。延庆区根据区域实际和人员变动及时调整学习型延庆领导小组构成，加强学习型延庆创建的顶层设计。继续发挥领导小组办公室对全区各类学习型组织建设进行统筹协调和宏观指导的作用；继续强化牵头单位分工负责的运行机制，区委宣传部、区人力社保局等9个学习型组织牵头单位，负责各类学习型组织创建工作的组织推动，实现学习型组织横向、纵向的全覆盖。

（3）宣传机制。延庆区建立多渠道的宣传机制，积极培育终身学习文化。通过“两报、一网、一日、一周、一信”等载体，为市民搭建全方位的终身学习平台。通过微信、短信平台及新媒体多种方式的宣传，营造出建设学习型城市的浓厚氛围，有力推动学习型城市建设。

（4）学习型组织复评机制。为保障学习型组织创建工作长期性和持续性，延庆区对评为先进单位5年以上的组织进行创建工作复评。复评机制的建立，不仅延伸了组织成长周期，而且促进了创建理论在实践中的转化，便于组织进行深层次的修炼与提升。

（5）学习型组织建设责任考评机制。为保持创建的持续性，延庆区在不同系统建立了学习型组织的考核评估机制。通过建立学习型组织考评机制，激发参创单位的“内驱力”，提升创建的自觉意识和主动意识。

（三）进一步加强学习型组织和城乡社区教育指导、服务机构建设

延庆区充分发挥区社区教育中心和职业教育中心的功能，完善区级学习型组织创建指导中心、职业教育和成人继续教育教学指导和课程开发中心、市民社区教育中心及农村成人继续教育中心建设。努力打造新型区域学习服务和智力支持平台，为学习型延庆建设发挥重要的支撑作用。

（四）进一步完善终身教育和终身学习服务体系

延庆区在构建终身教育体系过程中，坚持各级各类教育的协调和同步推进。坚持职成教一体化发展，多种途径发展社区教育、成人学历教育、农民教育，创新农村人才培养模式，充分发挥各类培训基地的作用，培养新型职业农民。

有效整合教育资源和社会资源并免费向市民开放，14个市民终身学习服务基地和30个学习品牌，充分发挥软硬件优势，为市民提供多元、立体和全方位的学习服务。区域内初步形成时时可学、处处能学、人人皆学的一种常态化的学习氛围。

二、落实“行动计划”推进的重点项目

（一）新市民素质提升工程

延庆区学习型城市建设将新市民素质培养作为创建工作重点之一。围绕“世园会”“冬奥会”两件绿色大事，深入机关、社区村镇、学校举办“走近世园会”“我身边的冬奥”“冰雪进校园”等系列活动，提高市民、学生对绿

色发展大事的认知。市民插花、校园轮滑等成为延庆人迎接世园、冬奥的亮点特色。

围绕创建全国文明城区工作，街道、乡镇、社区积极开展“垃圾分类、环境保护、文明礼仪、法律法规”等知识培训，不断用知识规范市民行为。

顺应形势，广泛开展“市民学外语”活动，通过礼仪文化、民俗外语、口语大赛、专项培训等活动的开展，提升市民的文化素质和国际化素养。文明引导员和高山滑雪队员成为外语培训的重要力量。

（二）新型职业农民培训工程

结合世园会、冬奥会的筹办工作，以区教委为主体，充分发挥延庆一职和职教中心的作用，在农民培训上大做文章。

针对世园会、冬奥会对技能人才、服务人才的需求，面向农民重点进行园林、园艺、花卉技能和提升乡村旅游从业人员素养培训，为当地农民转型发展、增收致富提供智力支撑。针对乡村旅游从业农民，以珍珠泉乡“淑红农家院”、大庄科乡“敬慈阁农家院”为代表进行“样板户”打造培训，破解区旅游委和乡镇多年难以推动的民俗户标准化建设问题。

围绕世园会主题，重点开展花卉栽培、病虫害防治、插花、植物花制作等以花卉为主题的实用技能培训。围绕冬奥会，重点开展初级滑雪指导员取证培训，滑雪场索道工、推雪工培训，西餐制作培训，为冬奥会和本区冰雪产业发展培养服务技能人才。为让农民了解世园会、冬奥会，组成宣讲团走进乡镇农村，为农民送去世园、冬奥、礼仪等知识，开阔农民眼界。

通过各级各类培训活动的开展，增强当地劳动者的就业创业和职业转换能力。2017 年，延庆一职和职教中心被认定为北京市新型职业农民培训基地。

（三）学习型组织培养工程

学习型组织是学习型城市建设的基础，在 17 年的建设历程中，延庆区共培育 318 个组织成为市、区级学习型组织，区级示范单位达到 17 个，市级先进单位达到 3 个。

进入后示范阶段，更多的组织认识到学习型组织建设的必要性，参与复评的组织逐年增多。即使是以前创建率较低的学习型社团领域，创建的积极性也在逐渐提高，一些有影响力的社团已经加入到创建行列。例如，默默祝福志愿者协会是延庆一个颇具活力的社团组织，他们以“举手之劳做公益”为宗旨，为家乡绿色发展提供志愿服务，成为延庆地区公益组织的一张名片。

（四）市民终身学习示范基地建设工程

延庆区有 14 个市民学习终身学习服务基地，其中社教中心于 2017 年被认定为市级市民终身学习示范基地。这些基地长期向市民开放，举办多种形式的学习活动。

“社区教育绿妫川”“金剪子服务队”“智慧新女性，书香溢满家”等独具特色的品牌栏目均出自这些基地。学习基地作用的发挥激发了市民的学习热情，形成了各具特色的学习圈。每年到学习基地参与学习活动的人员均在 10 万人次以上。

“妫川书院”是延庆区正在创建的一个学习型组织，同时也是一个市民学习服务基地。“万卷书换阅、万里路游学、万堂课培训、万场艺展演”等活动成为其特色学习服务项目。

（五）终身学习数字化网络平台建设工程

延庆区投资 231 万元扩大“延庆终身学习网”的教育功能，实现了从电脑在线端到手机移动端 App 到微信公众号的三端合一，其线上和线下服务设施逐步完善。延庆区通过“延庆终身学习网”“延庆农业科技信息网”“在职干部职工学习平台”“学分银行建设工程”等多种形式，为市民初步搭建了方便、快捷的数字化学习平台。与此同时，延庆教育、社区教育微信平台以及

“阅微延庆手机报”等新媒体不断宣传学习型延庆建设，营造浓郁的学习型城市建设氛围。

以社区教育中心为主体，在街道社区率先落实“学分银行”建设工程，三个街道为近2万户家庭和特色社区发放终身学习积分卡。每年年底，社教中心、各街道都会组织开展积分兑物活动，表彰先进、鼓励优秀，促使更多的居民投入到学习之中。

（六）妫川文化品牌培育工程

延庆区在创建工作中非常重视组织文化的再造和特色文化的培养与挖掘，打造“红色文化”“慈孝文化”等主题文化，在妫川大地开辟了异彩纷呈的精神阵地。年年办“村晚”不仅点亮了农村的夜晚，更点亮了农民的心灵；“邻里节”丰富了街道社区的文化生活；“文化浸润、书香滋养”，充实了学生的精神世界。

通过妫川文化品牌培育，妫川文化名片得到广泛传播。“豆腐文化节”“乡村欢乐节”等大型特色活动被中央电视台、北京电视台、《人民日报》、新浪网等主流媒体宣传报道30余次。“骑游文化”“冰雪文化”“世园文化”应运而生，逐渐形成独具魅力的“妫川文化”和城市风尚。

三、落实“行动计划”取得的主要成效

（一）学习型城市“后示范”建设逐步深入

“十三五”时期是延庆区大有作为的重要战略机遇期和黄金发展期，在新的发展形势下，延庆区进一步完善学习型城市建设工作机制，深入推进学习型城市“后示范”建设。积极探索学习型城市建设的新路径和新方法，使学

习型城市建设工作进入了一个新阶段。全区人口素质显著提升，区域经济社会呈现全面、协调、可持续发展新局面。

各领域学习活动蔚然成风，组织管理模式不断创新。2016—2018 年，全区又有 29 个单位成为区级创建学习型组织先进单位，10 个单位成为示范单位，138 户家庭被评选为学习型家庭；71 人被评为区级学习之星，其中 6 人成为市级学习之星；12 个学习品牌被评为区级市民终身学习品牌，其中，“社区教育绿妫川”成为市级学习品牌；“野鸭湖湿地自然保护区管理处”被认定为区级市民终身学习服务基地，其他 13 个区级市民终身学习服务基地正在积极打造市民终身学习示范基地。

（二）学习型城市建设与区域绿色发展深度融合

学习型城市建设，使干部和群众更新了观念，进一步树立了绿色发展的理念。举全区之力系统谋划、全力筹办绿色大事，构筑绿色发展新格局，成为延庆区发展的新常态。

2019 年世园会筹办工作进入冲刺阶段，世园会各项建设项目，正在建设落实中；世园村、非围栏区等新建改造项目正在建设实施。配合 2022 年冬奥会，奥运场馆建设全面开工。高山滑雪、雪车雪橇比赛项目落户延庆，编制完成冰雪产业发展规划，群众性冰雪活动广泛开展，冬奥会筹办工作深入推进。

加快现代园艺产业发展，挂牌成立现代园艺产业聚集区，规划建设世园风情小镇、奥运冰雪小镇等。成功创建中国延庆世界地质公园，四季花海、百里山水画廊和冰川绿谷成为全市沟域经济发展典范。学习型城市建设与区域绿色发展的深度融合，成为延庆绿色发展的新引擎。

（三）学习型城市建设促进区域生态文化建设

通过不断推进学习型城市后示范建设，在区域内形成良好的学习风尚。延庆区深入挖掘妫川文化内涵和历史文化底蕴，举办多类大型特色文化活动，以文化人，激发了组织创新力，形成多个妫川文化品牌。

时尚的“学习文化”与悠久的“历史文化”“红色文化”及新兴的“生态文化”相促进，焕发了“妫川文化”的独特魅力，提升了本地区的综合竞争力和文化软实力，区域文化竞争力显著提高。

（四）学习型城市建设促进市民素质提升

通过建设学习型城市，市民终身学习服务体系不断完善。全区 14 个市民终身学习服务基地免费向市民开放；30 个学习品牌在不同领域开展丰富多彩的学习活动；网络学习达到电脑在线端、手机移动端 App、微信公众号的三端合一，人人学习、时时学习、处处学习的良好局面正在形成。

围绕筹办举办冬奥会、世园会等绿色发展大事及创建全国文明城区，落实“迎世园全民文明素质提升五年行动计划”，开展“全民践行生态文明十大专项行动”；大力开展与区域绿色发展和文明素养提升的各级各类培训，各种学习团队不断涌现，各具特色的市民学习服务圈持续形成，市民综合素质得到全面提升。与国际化接轨，与绿色生活接轨，崇尚新风尚，倡导文明生活方式，成为延庆新市民的主要标志。

（五）学习型城市建设促进城市治理水平提升

通过创建学习型城市，推动延庆区社会治理水平的进一步提升。城市管理、治安、社会服务管理三网融合；网格化社会服务管理体系有效运行，初步形成社会组织服务管理新模式。

各级管理者视野更加开放，区域协同发展意识显著增强，主动融入首都和京津冀协同发展大局，全力推进绿色大事，构筑绿色发展新格局，开创区域发展新局面。2019“世园会”、2022 年“冬奥会”各项工作有序筹备；全国文明城区建设大力推进；2018 年 10 月，延庆区通过“国家卫生城区”的验收，被全国爱国卫生运动委员会认定为“国家卫生区”。

四、学习型城市建设面临的问题及未来展望

推进学习型城市建设不断创新和发展，是延庆区学习型城市“后示范”建设的主要工作。在推进学习型城市“后示范”建设中，还面临诸多新问题，具体体现在：在学习型城市建设管理方面的统筹力度不够；市民终身学习服务体系还不完善；学习型组织创建广度和深度还需加强；现代信息技术在终身学习服务中的作用发挥还不够突出，这些都要在不断推进学习型城市建设过程中着力解决。

我们将继续以《北京市学习型城市建设行动计划（2021—2025年）》为指导，巩固学习型城市示范区建设成果，进一步完善学习型城市建设的体制机制，不断探索学习型城市管理和发展的新模式，围绕六项重点工程，将学习型城市建设工作持续深入地开展下去。为促进延庆区绿色发展，实现“建设国际一流的生态文明示范区和美丽延庆”的共同愿景而不懈努力！

怀柔区学习型城区发展报告

近年来，怀柔区委、区政府认真贯彻落实中央和北京市各项决策部署，立足生态发展区功能定位，抢抓机遇，牢固树立新发展理念，坚持以人民为中心的发展思想，把人力资源作为第一资源，把人民满意作为第一标准，紧紧围绕“以学习促提升，以创新谋发展”这一主题，深入推进城教融合，充分发挥教育服务区域发展、服务社会治理的功能，全面提高市民素质和文明程度，全方位提升区域核心竞争力，为区域经济和社会发展提供了智力支持和不懈动力。

一、统一思想，深化认识，学习型怀柔建设密切对接区域发展战略

“十三五”以来，区委、区政府制定“全面构建‘以生态涵养为核心，以科技创新、影视文化、休闲会展三大产业板块为支撑’的‘1+3’发展模式，加快把怀柔建设成为经济繁荣、环境优美、社会和谐、人民幸福的宜业宜居示范区”的发展目标。区委、区政府高度重视学习型怀柔建设，将学习型怀柔建设作为区域创新发展的基础性工程。

（一）学习型怀柔建设是怀柔区经济社会发展到现阶段的必然过程

经过APEC会议、“一带一路”两次重大国际会议的举办，怀柔区的经济社会成功实现两次大提速、大发展，打造了高端的接待设施、优美的城乡环境、文明的社会氛围，基础设施、发展环境、城市品位、经济社会和人的全面发展都积淀了厚实的根基，发生翻天覆地的变化。全区经济建设、城市建设、生态建设、社会建设和党的建设等许多领域，都取得重要突破，地区生产总值、城镇居民人均可支配收入和农民人均纯收入得到大幅度提高。同时，怀柔区成功完成重大国际会议筹办工作后，面临着保持经济快速发展态势的考验、新设施新环境运营管护的考验、产业转型升级复杂局面的考验、大事过后松劲懈怠的考验，学习型怀柔建设有利于巩固全区干部群众团结奋斗的共同思想基础，有利于延续筹办国际会议集聚起来的埋头苦干、艰苦奋斗、万众一心、众志成城的强大合力，有利于更好地提升怀柔区域经济社会和人文发展水平，也有利于“幸福美丽现代化新怀柔”共同愿景的实现。

（二）学习型怀柔建设是提高怀柔区城市建设水平，解决现实问题的重要手段

新的时代背景和历史机遇对怀柔经济社会发展提出更高挑战和更高要求。新一版的北京城市总体规划赋予怀柔“首都北部重点生态保育及区域生态治理协作区、服务国家对外交往生态发展示范区、绿色创新引领的高端科技文化发展区”的功能定位。当前，怀柔正处在转型发展的关键阶段。随着怀柔科学城建设、雁栖湖国际会都扩容提升、影视产业示范区集聚发展等关键任务的加速推进，怀柔的发展已经深度融入全市发展的整体节奏。加强执政能力建设、提高领导水平；培养造就适应怀柔区经济转型升级、社会和谐进步要求的高素质劳动者、高素质专业化人才和一大批拔尖创新人才；提高市民

素质，使人力资本数量和质量在短时期内尽快提升，为怀柔区可持续发展提供强大的人才、智力和科技支撑，成为当前迫切需要解决的问题。怀柔区学习型城市建设是顺应时代发展要求、推动内涵发展的必然选择，是建设学习型社会、提升城市软实力的重要途径，对于加速怀柔区的现代化进程，促进人与社会的全面发展具有重要意义。

（三）学习型怀柔建设是补齐公共服务短板的迫切需要

当前，我国社会主要矛盾已经转化为人民日益增长的美好生活需要和不平衡不充分的发展之间的矛盾，群众对美好生活的需要既包括更舒适的居住条件、更优美的生活环境、更可靠的社会保障，同时也包括更好的教育、更丰富的精神文化生活、更加多样便捷的公共服务体系。怀柔学习型城市建设，有利于进一步创新公共服务模式，加快补齐文化、科技、体育等公共服务设施短板，更好满足群众的多样化、个性化需求，努力使发展成果更好地惠及全区人民，增进全区人民福祉，为全区各项事业发展营造良好的社会环境。

二、顶层设计，整体规划，为学习型怀柔建设提供政策支持与制度保障

区委、区政府加强学习型怀柔建设顶层设计和统筹谋划，出台系列文件为学习型怀柔建设提供制度保障。尤其是 2018 年 8 月区委、区政府印发《关于深入推进学习型怀柔建设工作的实施意见》，对怀柔学习型城市建设进行系统设计和全面部署，规划五大工程，推动学习型城市建设工作可持续发展。

（一）终身教育体系构建工程

聚焦区域功能定位，新建一批高质量优质幼儿园，合作建设国际化双语幼儿园。实施十二年一贯制学校、一零一中学怀柔校区、实验二小怀柔分校改扩建等重点教育项目建设，深度对接市级优质师资力量和先进办学理念，全面提高教育教学水平。加大成人继续教育改革力度，进一步完善终身教育体系。

（二）学习服务体系建设工程

发挥区域资源优势，加快学习服务体系建设，为市民终身学习提供更多的学习途径、学习场所和更加丰富的学习资源。从“光速怀柔”“数据怀柔”“映象怀柔”“无线怀柔”“应用怀柔”五个维度出发，全力打造“智慧城市”，应用大数据、云计算等手段，充分挖掘市民学习需求，提高数字化学习的有效性，引领“智慧教育”新方式。继续完善市民终身学习网平台建设，不断充实丰富终身教育网络信息资源库。

（三）学习型组织创建提质升级工程

在全面普及和推进个人学习的基础上，将学习与各类组织的管理和区域治理相结合，不断加大团队学习和组织学习的力度，倡导知识共享、知识积累和知识管理，促进知识创新。用学习与创新带动各类组织创新发展，推动各类组织转变思维方式、改进学习模式、塑造组织文化、实现管理变革，社会治理创新。

（四）文化怀柔品牌打造工程

深入推进文化怀柔品牌建设，充分发挥文化在城市建设中的引领作用，以文化丰富学习、以学习提升文化，提升市民素质和城市品位，为学习型怀柔建设注入新的文化推动力。聚力打造“德善怀柔——怀柔文化的品格”“书香怀柔——怀柔文化的气质”“律动怀柔——怀柔文化的节拍”“影美怀柔——怀柔文化的神韵”“乡韵怀柔——怀柔文化的血脉”“生态怀柔——怀柔文化的根基”，用文化引领怀柔特色内涵发展。

（五）创新创业人才集聚工程

通过落户怀柔的重大项目或工程的实施，发现人才、培养人才、积聚人才。以北京青少年科技创新大赛为依托，开展各种竞赛活动，设立怀柔区政府科技创新奖，激励青少年创新实践；制定政策、设立专项资金，围绕新兴产业、文化旅游、特色农业、服务领域引进和培育“高精尖”领军人才；以中国怀柔影视产业示范区、怀柔科学城、雁栖湖生态发展示范区为载体，深化人才开发培养等方面合作，培养造就一批优秀企业家和一支高水平的企业经营管理人才队伍；积极对接北大、清华、海创研究院、联动 U 谷等研发创新主体和投融资机构，加快资本、人才等创新要素聚集。整合各类资源，建立科技创新人才平台。大力培育新型职业农民，助推乡村振兴战略实施。

三、统筹协调，全面发展，完善终身教育和终身学习服务体系

健全终身教育和终身学习服务体系是怀柔学习型城市建设的核心要义。

区委、区政府坚持以习近平新时代中国特色社会主义思想为引领，以城建为先导，以教育作引领，坚持各级各类教育统筹协调发展，倾力打造集幼教、普教、职教、高教、成教、老年教育于一体的现代化教育体系，满足全体市民多样化学习需求。

（一）完善终身教育体系，促进全体市民学有所教

一是适应人民群众接受良好教育的要求，推动国民教育优质发展，夯实终身教育的基础。坚持教育优先发展战略，以立德树人、办人民满意的教育为目标，聚焦“改革”、倾力“发展”，出台推进义务教育均衡发展实施意见，落实学前教育、中小学建设“三年行动计划”，累计新改扩建中小学、幼儿园 29 所，引进二十一世纪幼儿园、建成北京第二实验小学怀柔分校、一零一中学怀柔分校，引进国科大、中科院研究生院、北京电影学院等名校教育资源，形成从学前教育、义务教育到高等教育的名校资源的引入，有效提升怀柔教育供给能力；构建“城乡一体化学校、名校分校、教育集团成员校、手拉手”等办学模式，实现优质办学；调整北部山区学校布局，实行集约化办学，优化师资和教育教学资源配置；推进学区制改革，建立教育联盟，不断完善优秀教师在学区内兼课等管理机制，创建学区、联盟网上信息平台，建立学区教学资源信息库，充分共享优质教育资源，有效缩小城乡校际间办学差距，基本满足了人民日益增长的优质教育需求。2018 年，怀柔区政府印发《关于加快发展现代职业教育的实施意见》，对职业教育与培训体系构建进行了顶层设计，推动了职业教育与终身教育融合发展。同时区政府结合区域实际，做出中、高等职业教育一体化发展改革决定，职业教育改革为成人教育的发展创造了条件。

二是适应区域发展需求，创新发展成人继续教育，助推创新创业人才集聚。以资源整合为契机，深化成人继续教育改革，为 14 个镇乡成人学校配齐了干部和专职教师队伍，明确了地位，理顺了职能，丰富了成人教育工作内涵，形成以区社区教育中心为龙头、14 所乡镇成人学校为骨干、284 所村成

人学校为基础的三级成人教育网络。开放大学怀柔分校、职业院校、党校、科研院所充分发挥资源优势，面向社会各类群体开展继续教育。推动高端人才平台建设，建设高端领军人才“青年英才创新实践基地”“博士后科研工作站”等，促进高层次人才的继续教育和培养。3 名人才获得教授级高工资格；6 家企业设立“青年英才创新实践基地”、4 家企业创建“博士后工作站”。截至 2018 年，以科学城和高精尖产业为主的怀柔区重点产业集聚两院院士 12 人，国家“千人计划”6 人，“百千万人才工程”国家级人选 14 人、市级人选 3 人，北京市“海聚工程”7 人，享受国务院特殊津贴人员 52 人。扎实推进科技、教育、卫生、文化等重点领域高端人才队伍建设，深入实施“名校长（名园长）、名师培养”、“北京工匠”技能大师培育、“职工创新助推计划”等亮点工程，推动技术技能人才队伍发展。拓宽培训渠道，联合著名高校开展干部专题培训，提升干部队伍的国际视野和开放心态。

三是适应人口老龄化社会需求，积极发展老年教育，助推夕阳圆梦。重视老年教育发展，全面部署“十三五”时期老年教育工作，印发《关于构建三级老干部（老年）教育体系推进老干部大学建设的意见》，建立财政保障机制，构建起区、街道（镇乡）、社区（村）三级老年教育体系。老年大学的教学体系、管理制度、办学条件逐步完善，培养的老年大学学员在社区建设、社区党建、社区精神文明建设等方面发挥了重要的作用，为怀柔的经济社会发展贡献余热。

（二）完善终身学习服务体系，满足市民多样化学习需求

一是打造数字化平台，构建“立体化”学习网络。依托“智慧怀柔”建设，将数字化学习方式作为推进学习型怀柔建设的重要手段，以“三网融合”为推动，以电视、电脑和手机等为终端，开通“怀柔学习网”、官方微博、微信等平台，设置视频课堂、电子图书馆、手机移动学习、远程教学、在线学习考试等项目，建有 24 小时自助图书馆，数字文化社区，农村公共电子阅览室，满足市民多维度学习需要。

二是整合社会资源，拓宽服务领域。按照“共建共享、资源整合”原则，整合全区教育、文化、科技、体育等人文社会资源，与职能部门、社会组织、职业培训机构、科研院所合作共建终身学习载体和场所，为市民提供学习、体验、创新、交流的平台。学校、图书馆、文化馆、博物馆、驻区高校资源免费向市民开放，实现公共学习资源使用效益的最大化。多方资源的整合与利用，提高怀柔区市民学习力与创造力。

三是搭建活动载体，提升品牌效应，夯实学习型城市建设的群众基础。在设计活动载体时坚持做到四个结合，即把深入推进学习型怀柔建设与加强思想理论武装相结合，与促进市民素质提升相结合，与打造群众性学习活动品牌和城市文化战略相结合，与创先争优活动相结合。截至 2018 年，怀柔区通过学习型城市建设，培育了“书香满怀柔”和“文化大观园”2 个市级学习品牌，培育了“周末市民大讲堂”等 14 个区级学习品牌。多种形式的学习教育活动，为市民创造了多层次、宽领域、全方位的学习发展空间。

四、学习型组织建设，增强学习型怀柔组织活力

建设学习型组织是学习型城市建设中的基础性工作。怀柔区积极推动各类学习型组织建设，重点深化学习党组织、学习型机关、学习型企事业单位、学习型社区、学习型家庭、学习型社团创建，形成多模式、广覆盖的学习型组织创建格局。

一是加强工作体系建设，持续推进各类学习型组织创建。怀柔区委、区政府始终把学习型城市建设作为一项战略任务来抓。成立由区委书记任组长、区长任常务副组长，区委主管领导、主管副区长任副组长，各部委办局一把手为成员的创建学习型怀柔工作领导小组，统筹领导学习型怀柔创建和学习型城市建设工作。办公室设在区教委，负责全区创建工作的指导协调。建立 8 家创建牵头单位，成立一支由专家、管理者、教师和志愿者队伍组成的创建

骨干队伍，全区形成“党政统筹领导，教委主导，部门牵头，上下联动，专家指导，全民参与”的工作格局。2020 年，进一步健全学习型怀柔创建和学习型城市建设的领导管理体制和运行机制，形成各部门齐抓共管的整体合力，保证工作深入持久的开展。

怀柔区以推进学习型党组织和学习型机关为龙头，引领全局；以推进学习型企业和学校为躯干，培育先锋；以推进学习型社区和乡镇为两翼，辐射城乡；以推进学习型家庭为细胞，打好基础的 9 个系列的学习型组织，构建遍布城乡的居民自主学习团队和学习共同体，培育积极向上的组织文化和学习文化，增强各类组织、团队的凝聚力和创新力，推动区域学习型组织建设。近年来，怀柔区学习型党组织、学习型机关、学习型学校、学习型街道、学习型乡镇创建率达到 100%，各类学习型组织优秀率达到 20% 以上。截至 2018 年，认定 9 个市级先进学习型组织，164 个区级先进学习型组织。评选出 2 个全国百姓学习之星，20 个市级学习之星，121 个区级学习之星；154 个学习型家庭；培育 2 个市级学习品牌，14 个区级学习品牌；评选出书香家庭 129 个、读书状元 80 名、读书之星 546 名。

二是创新机制，持续提升学习型组织创建水平。2017 年，怀柔区将学习型怀柔创建工作纳入区政府绩效考评内容，在绩效考评的基础上，将学习型怀柔绩效考评工作确定为市级示范项目，示范项目的确立和实施，开辟了学习型示范区建设的新路径，有效破解了学习型组织创建推动难、缺乏持续创建和深入创建等难题，起到带动全局、拉动学习型怀柔建设的机制保障作用。在此过程中，以市级示范项目为引领，加强区级和基层示范项目建设，促进各类学习型组织建设上层次、上水平。各创建单位在项目的引领下，系统谋划发展，强化愿景激励，探索开展研究式、共享式、互动式、开放式等学习方式，不断研究新情况，解决新问题，形成新认识，开辟新境界。“自我超越”“团队学习”“工作学习化、学习工作化”等理念在各类学习型组织创建中得到普遍重视和认真实践。如环卫中心初步形成组织文化，是以文化人的典范；雁栖经济开发区管理委员会干部职工树立“学用结合、学以致用”的理念，在征地拆迁工作中，用 10 天时间完成 810 个宅院、1210 户 100% 签约工作，市领导批示堪称“怀柔速度”；怀柔公安分局“四个不发生”创建活动，进一步规范民警执法行为，切实为群众排忧解难；北房镇学习教育“1+1+6+1”标准化体系，重形式、重过程、重结果，为群众解决好事实事30余项；长哨营满族乡开展创建学习型乡镇活动后，机关办事效率明显提高，群众满意率达到100%；雷力集团北京研发生产基地科研中心取得35项技术研发专利，“汤洁创新工作室”的技改创新项目也达到50多项，为公司节约资金500余万元。

五、文化建设引领，融合创新，助力学习型怀柔建设工作高效实施

怀柔区在推进学习型城市建设过程中，始终坚持以文化建设为引领，以提高全民综合素质为核心，以服务区域发展为主线，积极探索融合创新发展的互融互促之路，推动学习型怀柔建设，助推区域向国际化、高端化迈进。

（一）学习融促文化发展，助力“两都一城”建设

一是统筹谋划，形成学习融促文化建设的合力。怀柔区委、区政府把文化建设纳入国民经济和社会发展的总体规划，将文化建设与区域经济社会的全面发展、市民文化需求的日益增长相协调。出台《怀柔区“十三五”文化事业发展纲要》《怀柔区“十三五”时期文化工作行动大纲》，在全区学习型城市建设的共识下，形成上下联动、横向联合的立体交互式怀柔学习融促文化发展的服务体系。

二是多形式多渠道广泛宣传，在全区形成学习融促文化建设的浓厚氛围。充分利用怀柔电视台、《怀柔报》及“山水怀柔”“文明怀柔”“文化怀柔”微信公众号等多种渠道，普及和宣传各种文化知识、文明常识等；挖掘整理

区域内的文化资源，编写《天下怀柔》等十几套具有怀柔传统特色的文化丛书，发放到各村各户，让传统文化精髓在群众中深深扎根，让学习成为怀柔百姓的一种习惯。

三是健全现代公共文化服务体系，深化文化体制改革。建设特色文化产业园，做强高端影视、创意设计等文化产业。举办世界知名电影节。建设“书香怀柔”。深化对外文化交流，讲好“怀柔故事”，传播“怀柔声音”，提升怀柔文化影响力。加强历史文化遗产和城市风貌保护，留住城市记忆，记住根脉乡愁。雁栖湖生态发展示范区功能不断完善，APEC会议展示中心、环湖休闲步道等设施相继建成，举办“读懂中国”论坛、G20部长会议、北京国际电影节等活动9000余场次，实现了从少到多、从量到质的转变，怀柔成为服务国家对外交往的重要承载区和首都北京的城市新名片。

（二）农业、教育、旅游及相关产业融合，加快培育农村新产业新业态，助推美丽乡村建设

一是针对当前农村存在的领军人才少、高端业态不足、品牌影响力小等问题，区农委、区农广校整合资源，准确把脉，开展“我们的农家院我的院”“农村电商进村入户”“高效观光果园经营管理”“乡土专家师资库”4个定制培训项目，引导扶持农村实用人才发展高端业态，切实把生态优势转化为农民增收的实际效益。

二是以创建国家全域旅游示范区为抓手，促进绿色生态农业与旅游、教育、影视、会展等产业融合发展。依托田园综合体、生态文明沟域等载体，积极开发观光农业、游憩休闲、森林健康、文化体验、生态教育等服务。依托国际会都品牌影响力，打造雁栖国际会展小镇，全力引进高端会议、品牌会展和知名会展企业落户；依托国家中影数字制作基地等重点项目，建设怀柔国际影视旅游小镇；依托怀柔科学城大科学装置建设，推动科技支撑旅游发展，进一步挖掘科技旅游资源，积极打造高品质科技旅游、游学旅游等产品。

三是积极培育乡村旅游新业态，实施乡村旅游提质升级工程，评定星级旅游村 54 个、星级接待户 1304 户，打造了集生态旅游、休闲农业、科普教育、养生养老、农产品研发加工等于一体的新型综合性农业园区喜鹊登科满族风情园；打造集种、养、游、产、学、研于一体的月亮湖生态庄园；打造以红色教育、创造、运动、审美为宗旨的具有全新内涵的北京生存岛新概念旅游基地；打造传统、文明、民俗和时尚融为一体的国际文化新村，助推乡村的建设与发展。

（三）社区教育与社区建设有机融合，推进社区治理创新发展

一是整合区域各类教育资源，搭建起“大教育、大培训”的平台，形成纵横交错、覆盖全区的教育培训服务支撑网络。纵向上形成以社区教育中心为龙头的“区、镇乡（街道）、村（社区）”三级联创模式，横向上形成学校、机关、企事业单位共同参与的社区教育培训网络。实现教育资源、驻区资源与社会资源共享与互补，创设强有力的终身教育合力。

二是把志愿服务作为推动社区治理创新的有效载体。通过培养社区志愿服务骨干，培育发展志愿服务组织，在志愿服务的实践中形成社区共建共治的强大合力。截至 2018 年，全区社区志愿者 1.5 万余人，社区社会组织 150 余家，充分发挥在职党员的优势，为社区教育工作的有效开展提供坚强保障。

三是社区教育与社区和谐建设相结合。协调区域资源，建立跨部门合作培训机制，将教育、文化活动和民生服务寓于社会治理之中，引导和组织居民自我教育、自我完善、自我发展、自我管理。深入开展“弘扬传统美德，构建和谐怀柔”等主题教育实践活动，开展“市民大讲堂”“讲师团志愿者服务”“家庭教育大讲堂”及各级各类市民培训活动，社区党员、干部、居民的信仰、道德、法治、科学等文明素养与职业技能得到有效提升，推进共享共治社区建设，达到以学促治的目的。

六、实践创新，成效显著，学习助推怀柔经济社会跨越发展

经过多年的不懈努力，学习型怀柔建设的效果开始逐步显现，地区综合实力不断提高，人才集聚效应和区域创新能力不断增强，政府自身建设能力和服务管理水平不断提升。

（一）学习促进了区域经济社会全面发展

学习型怀柔创建与全国文明城区建设相结合，始终坚持“创城为民、创城惠民”，在建设过程中切实把保障和改善民生作为建设工作的重中之重。通过学习和培训，市民增强了生存和发展能力，拓宽了选择职业的空间，提高了生活水平和生活质量，市民素质和社会文明程度持续攀升，市民获得感、幸福感、安全感不断增强，为全区经济社会发展营造了良好的内外环境和浓厚的人文氛围。

（二）学习促进了城乡社会治理更加精细

积极推进社会治理现代化，创建“融合式”村级社会服务管理的“怀柔模式”。出台深化街道、社区管理体制改革实施意见，城乡治理体系更加科学。创立农村闲置资源盘活利用新模式，建成田仙峪全市首个农村休闲养老社区。建立“五项基础设施”长效管护机制，打造美丽乡村 110 个、市级新型农村社区 2 个。提升社区基本公共服务水平，建成市级“一刻钟社区服务圈”26 个、“六型社区”23 个，实现 35 个城乡社区基本公共服务全覆盖。“智慧怀柔”建设加快推进，在全市率先实现光纤全覆盖，推进“网格化+”

城市服务管理行动计划，营造和谐稳定的社会环境。

（三）学习促进了城区生态文明的发展

践行“绿水青山就是金山银山”的绿色发展理念，加强环境保护和生态文明建设，把建设学习型城市与创建全国生态文明城区、创建国家卫生区等活动同抓共创，深入开展生态文明教育，使广大市民树立生态文明意识、提高生态文明水平和养成生态文明行为，并制定生态文明制度，有效地促进城区生态文明发展和宜居水平的提高。大力加强生态环境建设，空气质量持续保持全市前列。森林覆盖率达到79.5%，居全市前列。怀柔水更清、山更绿、景更美，生态环境得到全面提升，成为山水相映、蓝绿交织的生态宜居示范区。

（四）学习促进了政府作风建设全面加强

各级党委（党组）理论中心组开展学习党的十九大和“五位一体”“四个全面”等系列专题培训宣讲成效明显，“两学一做”教育常态化制度化全力推进，意识形态工作领导坚强有力，经济社会热点难点问题舆论引导积极稳妥，广大党员干部“四个意识”更加牢固，“四个自信”更加坚定，干部作风持续向好。深入推进政府职能转变，彻底取消非许可类审批事项，在全市率先成立工商、国税、地税联合服务厅，全面推行“五证合一”，企业办事时限大幅缩短。推进政务公开信息化，不断完善政府绩效管理体系，制定全力清单和责任清单，加强督查和行政问责，政府执行力和公信力进一步提升。

七、学习型怀柔建设工作的基本经验

学习型怀柔建设取得的进展主要得益于“三个坚持”。

一是在建设理念上，坚持惠民利区，统筹发展。“学习改变命运，创建受惠市民。”这是创建学习型怀柔最朴实的想法和目标。在当前经济社会转型发展的新的历史背景下，迫切需要全体市民以创新、开拓、进取的精神投身到幸福美丽现代化新怀柔建设中去，迫切需要把建设学习型城市与区域的改革和发展战略结合起来，迫切需要政府各部门的协同创新，实现全社会资源的优化配置，迫切需要全社会各类人群的积极参与，行业、企业、街道乡镇的整体配合，迫切需要深化城教融合，使教育服务方式由“供给导向”向“需求导向”转型，才能形成一个立体化、广覆盖、全时空的终身学习网络，使每位市民都能真正实现“人人皆学、处处能学、时时可学”的终身学习目标。因此，怀柔区提出尽可能把基础打得好一些，要把工作做得实一些，就是要通过实实在在的学习型怀柔的创建，给广大市民创建一个更好的学习和发展环境，给区域打造一个更好的发展平台。

二是在建设体系上，坚持上下互动，城乡一体。近年来，怀柔区相继出台了一系列文件和指导意见。如区委、区政府《关于深入推进学习型怀柔建设工作的实施意见》、区创建办《关于在部分委、办、局和镇乡、街道开展“创建学习型组织示范项目”建设试点的通知》等，都着力强化区一级的统筹领导力量，明晰部门责任，完善组织管理体系。另外，切实加强对部门和街道、乡镇的考核奖励，现已基本形成了完整的“区—委、办、局”和“区—街道（乡镇）—社区（村）”学习型城市建设三级组织领导体系。形成“政府主导，部门协同，教育服务，社区参与”的良性工作机制，做到上下互动，城乡一体，共同推进，综合发展。

三是坚持资源整合，形成建设合力。为更好地满足学习者日益增长的学习需求和多元化、个性化的服务要求，着重加强和完善市民终身学习的公共服务设施布局，优化整合成人继续教育资源，重点建设覆盖全区的成人继续教育和市民学习基地；培育成人继续教育和学习品牌，评选学习型组织特色项目，鼓励并支持中职和高职院校参与企业高技能人才、紧缺专门人才、专业技术人员等培训；利用现代远程教育技术，为区域市民提供更快捷多样的学习支持等。为区域学习者提供可选择的多种学习途径和学习机会。

密云区学习型城区发展报告

自 2007 年起，密云区全面推进学习型城区建设，积极构建具有区域特色的终身教育体系和终身学习服务体系。多年来一直坚持稳扎稳打，持续用力，2014 年，密云区被评为北京市创建学习型城市工作先进区县。2016 年，实施《北京市学习型城市建设行动计划（2016—2020 年）》以来，密云区积极落实各项任务，以建设生态富裕创新和谐美丽新密云为引领，进一步加大工作力度，不断扩大创建成果，提升学习型城区创建水平，走出了一条不断探索、不断深化、不断丰富的学习型城区建设之路。

一、完善体制机制，保障行动计划稳步开展

为全面落实行动计划，学习型密云建设工作领导小组召开专题会议，研究、制定具体举措，出台《密云区建设学习型城区行动计划（2016—2020 年）》，明确建设目标，完善组织机构，提出保障措施，确保行动计划的顺利实施。

（一）加强组织领导

建设学习型密云工作领导小组，由区委专职副书记任组长，区委常委、宣传部长任副组长，21 个相关部门负责人为成员。领导小组下设办公室，办

公室放在区教委。成立 9 个工作组，工作组长分别由区委宣传部、区农委、区教委、区人力社保局等部门领导担任。

行动计划涉及十项工程，都明确了牵头单位，压实工作责任。同时，每项工程又涉及 5—10 个协办单位，形成了一个部门主责，多个部门分工协作的工作架构。

（二）落实保障机制

一是加强督查力度。区学习办每年组织人员对落实行动计划的部门和单位进行专项督导检查，每两年对落实行动计划成绩显著的单位和部门进行表彰、奖励，形成常态化机制。

二是加大经费投入。加大学习型密云建设经费的投入，拓宽社会资金投入渠道。区财政每年投入相应社区教育、建设学习型城区工作经费，连续三年每年投入 200 万元以上，达到人均 4—5 元标准，支持本区学习型城市建设工作持续、稳步发展。给予相关优惠政策，鼓励企业和其他社会组织积极参与学习型密云建设工作。

三是强化舆论宣传。区学习办注重发挥引领协调作用，召开研讨会、报告会、经验交流会、表彰会等，充分利用网络、广播、电视、微信、报刊等媒体和社交平台，广泛宣传终身学习理念和学习型城市建设的重要意义，弘扬首都市民学习之星和区级市民学习之星的典型事迹，传递正能量。区学习办编辑《密云学习之星风采录》。

二、推进十大工程，构建市民终身学习体系

（一）学习型示范城区建设推进工程

学习型示范城区建设是深化学习型城市建设的重要载体。密云区积极申

报学习型示范城区，2020 年前达到学习型示范区建设标准，持续推进区域终身教育体系和终身学习服务体系建设，区域内教育综合改革和资源共享，提高城乡居民综合素质。通过示范区创建，大力推进学习型街道、乡镇、社区和学习型家庭等建设，充分发挥教育服务区域发展、服务社会治理的功能，促进教育更加开放。深化学习型城区建设过程中，坚持以评促建、以评促发展，着力培育体现终身教育发展和学习型社会建设的示范项目，发挥教育的社会功能，将学习型城区创建作为社会治理创新的重要手段。

（二）市民终身学习示范基地建设工程

发挥政府主导、社会参与作用，创新终身学习服务机制，加强市民终身学习示范基地建设，建成市级示范基地 4 个、区级示范基地 8 个，在教育、文化、科技、体育等现有资源基础上，建成终身学习重要载体和场所，为市民提供学习、体验、创新、交流的平台，发挥“市民终身学习示范基地”的核心辐射作用，带动周边学习型社区和学习型单位建设。区职业学校和社区教育中心坚持职成教育融通发展，采取体验式教学方法，开发市民体验课程 100 多门，有效提升社区居民的生活质量。

（三）终身学习数字化网络平台建设工程

适应“互联网+”发展趋势，依托区社区教育中心建设开放、共享的终身学习数字化网络平台——“密云学习网”，为市民提供公益性的便捷、丰富的开放式在线学习服务，汇聚各类教育资源精品课程和社区教育、农村远程教育等优质教育资源，开发特色微课程，建设终身学习课程超市。通过移动终端提供智能化、基于位置的学习服务，形成具备信息检索、资源推荐、查询、评价等功能的学习信息综合服务地图。2018 年 5 月，区职业学校积极开展校企合作办学，与北京密农人家农业科技有限公司、北京云梦园科技有限公司签订校企合作协议，开展电子商务培训，极大地提升人才培养质量和企业经营品质，为大力发展农产品电子商务、培育密云农业高端品牌奠定基础。

（四）学分银行建设工程

推进学分银行建设工程，制定学分银行建设工程方案，建立个人学习账号和学分累计制度，畅通继续教育与终身学习的通道。实现个人学习信息存储、学习成果认证、学分积累与转换，激励市民终身学习，建立市民终身学习档案，为职业学校和成人学校之间学分积累与转换提供平台。与行业企业合作，共同开发行业领域的能力标准，作为课程标准和学习成果认证的基础，推动办学主体间学习成果的合理互认和相互衔接。依托密云社区教育中心开放教育，合理规划、部署学分银行服务网点，积极探索各类学习学分认定与学分转换等制度。

（五）学习型组织培育工程

积极推动机关、事业单位、企业、社团等各类组织提高管理效能和创新活力，通过完善管理、培训指导、能力建设、行动促进等方式，分阶段开展培育和认定工作。在原有各类学习型组织创建基础上，培育示范性学习型组织并推广经验，推动各类组织转变思维方式、改进学习模式、塑造组织文化、实现管理变革，促进社会治理创新发展。建立以区域、行业与系统齐抓共管、协同共促的学习型组织创建机制，形成调研、视导、培育、评估、激励、交流、回访制度。确立各类学习型组织的牵头单位，保障创建工作的有效开展。截至 2018 年，全区共有市级学习型先进单位 8 个，其中，学习型乡镇 2 个、学习型街道 1 个、学习型企业 3 个、学习型学校 2 所；区级学习型先进单位 129 个，其中，学习型街道 2 个、学习型乡镇 4 个、学习型企业 6 个、学习型机关 21 个、学习型学校 40 所、学习型村（居）56 个；区级学习型家庭示范户 645 个。

（六）创新职工素质提升工程

依托行业企业、职业院校和培训机构，深入推进职工素质提升工程。加强校企结合，促进跨行业、专业化、社会化示范性的公共实训基地建设；推进职业学校、成人教育机构面向行业企业开展多种类型的职工继续教育。现已建成密云区职业学校、密云区职业技术培训学校、密云区社区教育中心3个区级职工继续教育基地，每年参与素质工程的职工达到5万人次。大力支持行业企业发展特色培训，参与学习型企业建设，促进大众创业、万众创新，服务京津冀协同发展和产业结构转型升级。

（七）新型职业农民培训工程

提高新型职业农民的学历层次和技术技能，进一步落实“科教兴农、人才强农、新型职业农民固农”战略，依托现有大中型企业、职业院校、成人教育中心及各类培训机构，提高新型职业农民的受教育年限和学历层次，增强新型职业农民增收致富能力、自主创新能力，为都市型现代农业持续健康发展提供坚实的人力资源和保障。积极探索新型职业农民培育课程改革，加强新型职业农民培育的教材建设与课件开发。依托密云区农村技能培训学校，指导新型职业农民开展学习与培训。制定新型职业农民学历教育和技术技能培训补贴政策，提高新型职业农民培训参与率和绩效。2017年，市农业广播电视学校密云分校被市教委认定为新型职业农民培训基地，学校积极投入到帮村扶持低收入户工作中，开展烹饪、民俗旅游、果树种植、广场舞等智力扶低培训1100人次。如大城子镇墙子路村是区教委帮扶村，共有345户、890人，其中，196户为低收入户。开展智力扶低培训600人次，对该村劳动力轮训一遍，提高了村民的致富能力，脱低185户，年人均收入超过11160元，完成脱低任务的90%，提前两年完成全部任务。

（八）老年教育“夕阳圆梦”工程

密云区60岁以上老年人口9.6万人，占总人口的20%。老年教育积极实施“夕阳圆梦”工程，以推动老年教育事业发展和培养涉老养老服务业人才为目标，坚持学历教育及文化生活培训并举、线上线下教育学习并重，整合社会教育培训资源，利用社区教育中心资源，办好密云区老年大学，镇街加大推进老年大学分校建设力度，研究课程方案，付诸实施。全区开发教学软件、制作教学视频、编制老年教材100余套。大力实施“夕阳圆梦”工程，积极开展老年学历教育742人。开展普惠性老年教育，以教育学习活动为载体，把老年人组织起来，让他们学习起来、活动起来、快乐起来、健康起来，最终实现老有所学、老有所教、老有所为。

（九）家庭教育和家风建设工程

积极弘扬传播中华民族传统家庭美德，促进家庭和睦、社会和谐。充分利用丰富的教育资源和传统文化资源，组建专家、志愿者团队，研究发掘古今优秀的家庭教育和家风建设案例，开发建设家庭教育、家风建设资源库；充分利用网络平台和新媒体手段，面向社区、学校、企事业单位宣传报道优秀家教家风案例。积极推进学校、家庭、社会三结合教育，营造一体化教育氛围，引导家长树立正确的家教观，增强家庭与学校间的有效沟通，形成教育合力，促进学校教育工作健康有序发展。要求各学校始终把家长和儿童的需求作为家庭教育工作的出发点和落脚点，注重解决家庭教育中的突出问题，以需求和问题为导向，确立家庭教育工作目标，为家长提供多元化、有针对性的指导服务。

（十）社区教育指导服务系统建设工程

加强社区教育指导服务，成立密云区社区教育指导中心，在镇街设立专职社区教育指导工作岗位，形成区、街道、社区三级教育组织网络。加强社区教育工作者和学习指导师队伍建设，提升业务能力，培养一批专兼职结合的社区学习指导师和志愿者队伍，打造一支业务精通、经验丰富、善于创新的专业化队伍。充分发挥区社区教育指导分中心的作用，为社区学习活动的开展提供业务指导和专业服务。举办全区社区教育管理干部能力提升研修班，并组织赴贵阳考察学习，进一步提升社区工作者的业务能力，促进社区教育的有效开展。

三、提升市民素质，服务区域经济社会发展

（一）自觉服务区域发展

一是服务农业发展。全区共组织市民参加各类社区教育培训活动达 60 万人次，其中，农村成人教育培训和企业职工培训占培训总量的 53%。镇（街）、村（居）两级成人学校与区职业学校、北京开放大学密云分校联合举办农民学历班，乡镇成人学校围绕建设北京都市型现代农业基地的产业定位，积极开展生态农业、精品果蔬、乡村旅游、电子商务等实用技能培训，培养了一大批有技术、懂经营、会管理的新型职业农民，有效提高农村青年劳动力专业素质、种养殖技术水平及就业、创业能力。美丽乡村建设成效显著，全区有 140 个村通过市级美丽乡村创建验收，蔡家洼村跻身“2017 年中国名村影响力排行榜”百强。

二是服务生态休闲产业发展。通过广泛宣传“发展是第一要务，保水是

第一责任，生态是第一资源”理念，引导全区人民牢固树立绿色发展理念，坚持走绿色、高端、高效、高就业的产业发展之路，不断更新群众观念，提高民众知识水平，增强民众将生态优势转化为发展优势的能力。密云区为全国水生态文明区、国家主体功能区和国家生态文明先行示范区。截至 2018 年，全区共建成民俗村 62 个，民俗户 2077 户，观光园 140 个。其中，全区 70% 的民俗旅游户年均收入超过 10 万元。全区旅游从业人员达 1.45 万人，旅游经济总量位居五个生态涵养区首位。密云连续 5 年获得“最美中国生态旅游目的地”称号，被评为 2017 年“网民最喜欢的十大乡村旅游目的地”。

（二）提升教育服务水平

全区各类教育更加自觉地提升了为市民终身学习服务的水平，社区教育的发展在提供个性化服务中大展其能。社区教育开设声乐、舞蹈、太极拳、书法、美术、摄影、计算机等 50 多个短训专业，每年参与各类培训民众达 16 万人次。各镇街通过开办书画、歌舞、摄影等文化素养提升班，组建文化团体、打造学习品牌组织，举行歌唱、舞蹈比赛等方式，促进文化、社会、生活教育的普及，丰富市民日常生活，提高市民生活品质，增强广大人民群众的教育获得感。

（三）促进人的全面发展

学习型密云建设的根本目标是促进人的全面发展。实践证明，提升密云人的素质才是区域经济社会发展的根本保证。举办生态文明建设大讲堂等活动，引导广大人民群众知密云、爱密云，积极投身到建设美丽密云中去，进一步增强了市民的生态文明意识和文化素质，确保劳动者平均受教育年限在 12 年以上。截至 2018 年，建成国家级文明村镇 4 个、文明单位 5 个，首都文明单位标兵 20 个，首都文明单位 48 个、文明（乡）镇 12 个、文明村 58 个、文明社区 15 个、文明风景旅游区 7 个、文明校园 7 个。通过坚持开展学习品牌和学习之星评选，成功培育1个市级学习品牌和18名首都市民学习之星，23个区级学习品牌，112名区级市民学习之星。学习型密云建设有效促进单位个人积极进取，社区形成互帮互助、讲文明、知礼仪的良好风尚。“做好事的人多了，违法乱纪的人少了；学技术、肯动脑的人多了，好吃懒做、游手好闲的人少了；求发展的人多了，不思进取的人少了；自觉学习的人多了，打麻将、玩纸牌的人少了”等诸多变化，学习型密云建设的累累硕果，学习型密云建设成效显著。

平谷区学习型城区发展报告

自2016年推行“北京市学习型城市建设行动计划”以来，平谷区上下积极响应、稳步推进，围绕“行动计划”十大工程，结合本区实际，在学习型城区体制机制建设、重大项目推进、突出本区创建特色等方面均取得突破性进展并收到较好成效。

一、围绕区域发展定位，明确学习型城区建设目标

平谷区是北京东部发展带的重要节点，是京津发展走廊上的重要通道之一。平谷的发展建设，对北京市的发展及京津冀地区的发展具有重要意义。随着京津冀一体化建设的加速，平谷的京东发展门户地位更加突出，平谷新型城镇化建设也面临更多的机遇与挑战。近年来，平谷区围绕“五位一体”总体布局和“四个全面”战略布局，抓牢“生态立区”一条主线，紧扣“打造京津冀协同发展桥头堡和建设北京城市副中心后花园”两个定位，深入推进学习型城市建设。通过开展示范区建设，平谷区不断完善终身教育体系和终身学习服务体系，树立全民终身学习意识，提高人口素质和文明程度，为承办2020年“世界休闲大会”等相关活动，率先全面建成小康社会，率先建成国家生态文明先行示范区，促进平谷区经济、社会可持续发展提供智力支持。

平谷区建设学习型平谷工作领导小组办公室制定出台《学习型平谷建设“十三五”规划（2016—2020年）》，提出学习型平谷建设总目标：为平谷区绿色发展服务，为创建全国生态文明先行城区助力。通过努力基本达到《北京市学习型城市建设工作示范区评估指标体系》要求，2020年通过示范区评估验收。制定《学习型平谷建设实施方案》和《平谷区创建学习型平谷工作任务分解》，进一步明确各阶段的建设任务及各创建单位的工作任务、目标及实施步骤，为平谷区学习型城区建设的稳步推进奠定坚实基础。

二、建立健全保障机制，夯实学习型平谷建设基础

近年来，为保证学习型平谷建设的顺利进行，平谷全区下大力落实组织机制保障、管理制度保障、创建经费保障、队伍建设保障。

（一）组织机制保障

为了逐级落实创建工作，平谷区成立以区长任组长，主管教育副区长为副组长，区教委、农委、发改委、财政局等部门“一把手”为成员的创建学习型平谷领导小组，成员单位从15个扩展到66个，领导小组在区教委下设办公室。区学习办负责全区的规划、协调和组织管理。各基层单位均建立相应的组织机构，分别负责本单位和本地区的创建工作。调整乡镇和街道的学习型乡镇领导小组，理顺镇域内的组织管理体系。平谷全区基本形成党政统筹协调，部门齐抓共管，区、乡镇（街道）、村（居）委会三级管理，全社会广泛参与的管理体制和运行机制。

（二）管理制度保障

平谷区从实际出发，建立并不断完善各类学习型组织创建活动制度。如建立需求调研制度、计划编制制度、检查评估制度、信息报送制度、成果统计制度、理论研讨制度等，为学习型城市示范区创建工作稳步开展，规范管理提供坚实保障。

（三）创建经费保障

为确保创建工作的顺利进行，平谷区不断加大资金投入力度。区财政按照常住人口每人每年不低于 2 元的标准投入社区教育学习和培训，促进学习型平谷建设。在不含教育基地建设经费的前提下，2015—2017 年分别投入 140 万元、150 万元、160 万元，常住人口人均 2 元以上；此外，平谷区还积极争取社会各界对学习型平谷建设的经费投入，服务学习型平谷创建工作。

（四）队伍建设保障

为满足学习教育需求，平谷区着力加强学习型组织管理、专兼职教师、专家顾问、志愿者四支队伍建设。其中，组织管理队伍由区学习办各牵头单位主管领导，创建单位主管领导 150 余人组成；专兼职教育队伍由司法局、科协、体育局等部门专项教育指导中心兼职指导教师，以及各乡镇街道社区教育办专职教师近 200 人（社教办 129 人）组成；每年聘请北京市建设学习型城市工作专家指导委员会专家顾问，指导推动学习型平谷创建工作；由教育系统或其他单位选出专业特长突出的人员组成 100 人以上的志愿者队伍。2018 年全区针对社区教育师资队伍开展电商培训、数独培训，全员参加三项国家标准培训。广泛利用市区资源，提升他们的专业素养，为授课奠定基础。

三、全面推进创建工作，百花齐放获得较好成效

（一）大力推进学习型组织创建

围绕转变职能、加强服务、提高效率的要求，平谷区努力打造廉洁高效、务本求实、锐意改革的学习型机关 7 个；围绕“农业现代化、农村城市化、农民知识化”目标，建设市、区两级学习型乡镇 21 个；围绕调整产业结构、提升农民科学文化素质和致富技能要求，打造学习型新村先进村 152 个，正在开展学习型新村示范村创建 10 个；围绕更好地服务群众的要求，打造学习型社区 21 个；围绕建立现代企业制度，转型升级，创建学习型企业 13 个；围绕提高医护水平，提升诊疗能力，建设学习型医院 14 家；围绕提高教育水平，打造学习型学校 48 所；围绕提高家庭成员综合素质和生活质量，评选乡镇级学习型示范家庭 1989 户，区级学习型示范家庭 397 户。开展学习品牌创建和学习之星评选工作；创建了区中医院健康知识大讲堂等 17 个区级居民学习品牌，镇罗营镇数字化学习港等 2 个市级居民学习品牌，搭建了一批办学条件好、师资力量足、课程资源优、服务效果好的学习平台。同时，评选区级学习之星 221 人、市级学习之星 17 人。

（二）建设终身学习数字化网络平台

一是平谷社区教育学习网平台的完善升级。平台建于 2015 年，本着贴近社区成员的需求的原则全方位整合资源，丰富社区大众的终身学习活动和内容。目前网站共分为 7 个主模块：新闻动态、学习型平谷建设、新农村致富之路、政策指南、理论研究、生活百科、视频点播。每年派设专人进行网站

维护与建设，每周定期上传社区教育资源。二是京学平谷网站平台，建于2016年，该网站共分为6个主模块：学习资讯、精品课程、专业培训、学习社区、找老师、个人中心。网站定期发布平谷区相关学习型评估创建工作及社区教育培训信息，与京学网站平台联通，基本实现资源共享。两个网络平台互相补充，学习资源丰富，形式多样，基本满足本区民众网上学习需求。三是大力建设“村村通数字化远程教育工程”，全区乡镇街道全部建设数字化远程综合教育培训基地，90%的行政村建立数字化接收站点。

（三）组织开展丰富多彩的老年教育

为了实现“老有所乐、老有所教”，平谷区老龄委、区老干部局、文委、教委、体育局、卫计委等部门牵头，加强对老年人文化、休闲娱乐方面的引导，北京开放大学平谷分校、老年大学、老干部活动中心、离退休教师活动中心、成人学校等众多学校，面向中老年群体定期开展智能手机、数独、英语、电脑、声乐、书画、舞蹈、礼仪、法律法规、健康等培训，每年培训达4万余人次。

（四）全面开展社区教育

一是加强社区教育指导服务系统建设。成立平谷区社区教育指导中心，负责统筹引领全区社区教育、督导检查全区各社区教育培训机构的工作绩效、全区社区教育师资队伍建设、研究开发社区教育培训课程。二是充分发挥区、乡镇街道、村三级社区教育主阵地的功能作用，扎实开展各级各类社区教育培训活动。其中，平谷区社区教育中心设施完备，自有教育培训场地5040平方米，每年举办讲座20多场次，培训1000余人次，于2005年评估验收为北京市示范性社区教育中心。

乡镇（街道）社区学校18所（其中市级示范校8所），自有教育培训场地28902平方米。每年举办讲座1500多场次，培训12万余人次。

村校256所（其中市级示范校44所、区级示范校167所，正在开展平谷区标志性村成人学校创建10所），培训场地154976平方米。每年举办讲座1000多场次，培训8万余人次；学校教育资源向社会开放，开放率达到100%。

平谷区图书馆、文物馆、档案馆、纪念馆、青少年活动中心等文化教育资源，每年接待12万余人次前来参观学习，充分发挥社会教育功能。

（五）打造市民终身学习示范基地和学习品牌

2017年金海湖成人学校被评为北京市市民终身学习示范基地。2017年图书馆“大众读书工程”品牌项目，荣获2017年北京市“终身学习品牌项目”称号；2018年平谷区妇联“平谷区妇联魅力女性素质提升工程”和北京开放大学平谷分校“大众e学习”、平谷职业学校“烹饪技能进农家美食大讲堂”被评为北京市“终身学习品牌项目”，其中“平谷区妇联魅力女性素质提升工程”还被推荐参加国家级评选。

（六）开展新型职业农民培训和成人继续教育培训

2017年王辛庄镇成人学校、北京市农业广播电视学校平谷分校被评为北京市新型职业农民培训基地。

2017年平谷区老年大学、北京开放大学平谷分校和金海湖成人学校被认定为北京市“优秀教育培训机构”；2018年北京市农业广播电视学校平谷分校被评为北京市优秀成人继续教育培训院校，并被推荐参加国家级评选。

（七）开展家庭教育和家风建设

平谷区选取北师大平谷附中马坊分校、金海湖二小和第三幼儿园作为家庭教育和家风试点学校，接受市教委和成人学会的指导。平谷区计划成立家庭教育和家风建设相关机构，重点对初、高中家长开展系列培训，为中高考服务。

四、因地制宜结合区情，创新开展特色项目

（一）平谷大众学书法项目

平谷区在全市率先获评“中国书法之乡”“中国楹联文化区”称号，书法在平谷区有着深厚的群众基础，基于此，平谷区开展了万人学书法培训项目，全区 18 个乡镇街道设立书法培训基地并授牌，有条件的村和社区开办书法培训点。2018 年 4 月份，平谷区各委办局 40 个书法培训班陆续开班，初步形成书法普及全覆盖的格局，众多的基层百姓享受到了书法文化乐趣，书法开始融入寻常百姓家。

（二）平谷百姓音乐厅项目

平谷素有“乐谷”之称，每年一度的中国乐谷欢乐节都在平谷举办，平谷生产的小提琴，全球占有量达到 1/3 左右，音乐及各类文艺活动喜好者众多，底蕴深厚。全区基层文化设施全部免费开放，村级文化活动室实现全覆盖；拥有业余文艺团队 400 支，文艺骨干近万名；每年举办精品文艺活动数千场，参与群众达数十万人次。自 2017 年 7 月，区政府将百姓音乐厅引入平谷区政府惠民工程，邀请北京市交响乐团、华东乐器乐团，每半月一次，在平谷影剧院举办交响乐演奏会，对全区居民完全免费开放。平谷百姓音乐厅是由平谷区文化委员会策划的大型特色品牌活动，与北京交响乐团合作，让全区群众能够近距离接触交响乐，学习交响乐，欣赏交响乐。每次演出都会安排交响乐知识讲解部分，让观众聆听的同时，学习到专业知识，深受百姓

欢迎。另外，每年 5 月都要召开为期 3 天的桃花音乐节或草莓音乐节，均有 10 万之众聆听。每周五更在广场举办桃花大舞台，为百姓送文艺。

（三）平谷区妇联“魅力女性素质提升工程”

为引领女性做美好生活的创造者、美满生活的主导者、美丽人生的展现者，自 2012 年开始，平谷区妇联实施魅力女性素质提升工程，开展幸福新娘课堂、魅力女性课堂、农家女“强三化”能力提升培训、魅力女性书香家庭系列读书等活动，全面提升广大妇女和家庭的能力素质水平，激励平谷区广大女性为学习型平谷建设贡献巾帼之力。

燕山地区学习型城区发展报告

依据《教育部等七部门关于推进学习型城市建设的意见》《北京市中长期教育改革和发展规划纲要（2010—2020 年）》《北京市学习型城市建设行动计划（2016—2020 年）》文件要求，燕山地区紧跟北京市学习型城市建设的部署，在燕山工委办事处领导下，积极开展学习型燕山建设工作，积极推动全民终身学习。

一、学习型燕山建设工作取得的成效

21 世纪初，燕山地区就开始创建学习型燕山，2006 年就被评为“创学先进地区”。通过学习型燕山建设，燕山的社会、经济、文化都发生了深刻的变化，产业升级、文化提升、社会和谐，人的价值逐步得到充分体现，人人皆学、万众创新蔚然成风。

（一）明确职责、形成发展合力

成立以工委副书记为组长，宣传部部长、教委主任为副组长，燕山文明办 、发改委 、教委、民政局、财政局、人力社保局、文委、卫生局、总工会、团委、妇联、市政市容委等为成员单位，多个部门共同参与的燕山地区建设学习型城市工作领导小组（以下简称领导小组），定期研究、部署、指导、督促和协调全地区建设学习型城市工作。学习型城市工作领导小组办公室（以下简称学习办）设在燕山教委，承担日常工作。各委办局、街道、社区和居委会积极参与，形成党政齐抓共管局面，各企业事业单位安排主管职工继续教育的领导，全面负责本单位创学工作。在领导小组的指导下，各成员单位职责明确，沟通顺畅，多元参与的工作模式已基本建成，形成了工作合力，保证工作有序进行。

（二）完善机制、凝聚发展动力

学习办积极组织调研，及时召开学习型城市建设工作会议，研究部署相关工作，解决相关问题；多次邀请学习型组织专家下到机关、街道、企业、社区调研指导工作；定期召集领导小组成员单位交流研讨学习型城市建设工作成果和经验；积极参加上级部门举办的培训和会议，学习了解先进做法和经验；在专家的引领下，多次组织研讨会和外出参观学习，提升创建的理论水平和实践能力。为了更好地推进学习型燕山建设工作，制定《燕山地区学习型城市建设五年行动计划（2016—2020）》，制定了目标，规划了蓝图，形成了燕山工委领导、政府推动、教育主导、条块结合、资源共享、专家引领，共同参与的运行机制，为学习型燕山建设凝聚了发展动力。

（三）培育组织，营造学习氛围

学习型组织是学习型城市建设之“魂”。燕山地区非常注重学习型组织的培育，为充分发挥学习型组织的积极作用，进一步修订完善各类学习型组织的建设标准，加强对学习型组织建设的引导支持，培育积极向上的组织文化和学习文化，增强各类组织、团队的凝聚力和创新力，营造再学习、重新学习和终身学习的氛围。

在培育组织的过程中，特别注重对自主学习型组织的培育、引导和支持。

自主学习型组织的成员们经常在一起共同完成一定的学习项目，分享学习资源、情感、体验和观念，通过交流学习，形成良好的人际关系和强烈的团队归属感，据统计燕山地区各类自主学习型组织近300个，这其中代表性的有：老年大学书画社、东风街道传统文化协会、燕山风筝协会、燕山图书馆言石读书会、燕山书画协会、燕山妇联巧娘工作室、燕山红色剪纸工作室、星城太极协会、向阳街道诵读队、星城“星之韵”合唱协会、星城“红舞船”合唱队等。自主学习型组织的培育和建设，不仅有利于丰富居民生活，陶冶居民情操，满足社区居民的多元化学习需求，而且在学习型组织的参与下，由学习办指派专职老师指导学习，不断创新学习形式，提升学习效果，使学习“活起来”“动起来”“乐起来”，在全地区营造了良好的学习氛围，提升市民整体素质，促进社会和谐。

建立学习联盟，打造学习共同体。穿越组织边界，打破单位界限，将不同类型的学习型组织，按照有利于整合区域内学习资源和力量、有利于组织成员参加活动、有利于提升各类学习型组织建设能力和水平的原则，有机结合成学习联盟。通过联盟内组织间的协作，促进地区学习资源的科学、有效、有序整合，促进各类学习型组织间的互通、互联及共享，整体扩大影响力。目前，已有燕山教委、燕山石化公司关工委、燕山迎风街道工委、燕山星城街道、燕山市政市容委、燕山文卫计生委、燕山妇女联合会、燕山财政分局、燕山国税局、迎风六里社区加入学习联盟。联盟通过诗会悦读、共享实践、志愿服务、学习研讨、考察交流等形式多样的联建共建活动，在资源共享中找寻契合点、在探索合作中碰撞新思路。

（四）构筑平台，提升城市品位

燕山地区在推进学习型城市建设的工作中，为提升城市品位，营造浓郁的学习氛围，构筑了多个平台。一是文化艺术展示平台。燕山文化活动中心每年举办消夏晚会、燕山文化艺术节；文化馆每月定期举办书画展；老年大学每学期举行教学成果汇报演出。二是优秀传统文化学习平台。各街道、社区利用春节、端午节、中秋节、国庆节等重要节庆日，传播中华优秀文化的独特优势。各成员单位组织的开展以“仁、义、礼、智、信”为内容的中华传统文化思想学习交流活动，让职工在活动中感悟、体验和接受优秀传统文化教育，增强使命感和社会责任感。三是优秀传统文化展示平台。通过“读、讲、演、赛、展”的形式，通过活动形式，将思想观念、价值取向、思维方式、道德情操、文明礼仪的知识传播给民众，提升居民的综合素质，促进社会和谐，形成全民终身学习的高度共识和自觉追求。四是社会主义核心价值观的培育平台。积极开展专题讲座、宣讲、征文、摄影、教学比武等活动，培育和践行社会主义核心价值观。五是党建交流学习平台。指导培育燕山地区税务局“习语润心”、教委向阳小学“关怀党建”、向阳宏塔社区“灯塔党建”、迎风六里社区“五味党课”、燕山机关党委“惜时励志”青年讲坛等多个学习型党建品牌、这些党建品牌通过交流研讨、专题讲座、展示汇报、主题活动、宣讲、比赛等形式，提升党员的责任意识、先锋意识，提升基层党员干部的学习力、执行力、凝聚力、创新能力。六是先进典型的宣传平台。大力支持学习之星、学习型家庭、学习型组织的创建与评选活动；大力支持身边榜样、优秀党员、优秀社区教育工作者、优秀教师、最美护士等先进人物和先进典型的评选和学习活动，唱响社会主旋律，弘扬社会正能量。七是市民学习提升平台。支持办好各级各类市民学校，把学校办到社区，打造5分钟学习圈。八是在线学习平台。大力支持燕山地区终身学习服务平台（网站）和各单位的信息平台的建设，统筹管理、及时宣传创学工作的重要意义和先进典型，营造崇尚学习、尊重知识、尊重人才的良好氛围，营造全社会关心、支持、参与学习型城市建设的浓郁氛围。定期推送音频、视频、文字等学习资源，及时发布各类培训课程信息，让学习风尚融入城市发展，提升城市的文化特色和品位。

（五）构建网络，实现终身学习

近年来，在燕山工委、办事处的大力支持下，“领导小组”统筹整合地区优质资源，初步形成纵横交错、覆盖全地区的终身学习和终身教育服务支撑网络，较好地满足了在职干部、职工和市民学习的需求。（1）纵向贯通。一是以燕山成教中心为龙头，承担燕山地区新型市民文明学校、燕山老年大学、燕山家长学校、北京开放燕山分校的教学管理工作，面向成人开设学历和非学历教育。二是基础教育发展硕果累累，7 所幼儿园全部为公办、全部通过北京市一级一类园验收，其中星城幼儿园、小天使幼儿园、阳光幼儿园被评为北京市示范园，5 所小学各具特色、4 所初中均衡优质发展、高中重点本科通过率达 47.5%，基础教育人民满意度逐年提升。（2）横向连接。一是学校、机关、企事业单位积极参与学习型城市建设，构成覆盖全区的横向教育服务支撑网络，开展丰富多彩的教育活动。二是燕山职业学校利用自资源优势，面向中小学生提供社会实践课程、面向成人提供职业培训。三是燕山党群活动服务中心下设燕山工委党校和燕山教育党校，面向党员干部群众，学生党员、学生团员及基层党组织，着力做好党性教育。

通过几年的创建，在燕山地区已建立了一个教育对象普遍化、教育机会均等化、教育资源多样化、教育过程多元化、教育系统开放化、教育服务人性化的终身教育体系和终身学习服务体系，为学习者提供贯穿一生的各级、各类、各种形态的教育和学习保证，搭建了学习型城市之“架”。

（六）打造基地，创新工作思路

为全面贯彻党的十九大精神和 2018 年全国“两会”上北京市提出在城教融合背景下服务终身学习和首善之区市民能力和素质提升的精神。燕山地区决定依托燕山成人教育中心、燕山职业学校的优质资源，全力打造燕山地区终身学习服务基地，以“贯通教育服务发展、党建引领城建融合”为基地工作思路，为学习型燕山建设注入可持发展的动力。

1. 贯通教育服务发展

燕山成教中心下设北京开放大学燕山分校、燕山老年大学、燕山家长学校、燕山地区新型市民文明学校、短期培训中心和党建服务中心六个部门，同时是燕山党群活动服务中心及燕山工委党校、燕山教育党校。燕山职业学校下设北京燕职劳务派遣有限公司、职业技能培训学校、中小学生素质教育基地、燕山党校实践教学基地。为充分发挥基地的作用，制定出台基地组织管理、教学管理、考核评价、教师聘用、课程建设等方面的制度和管理细则，建立教委、文委、社工委、卫生、团委、妇联、街道等相关委办局参加的联席会议制度，定期召开工作推进会，各单位、部门间形成良好沟通机制，保证各项工作顺利开展，成效明显。

（1）学历教育，重点培育实用型人才。北京开放大学燕山分校是地区学历教育的唯一机构，学校以开放、灵活、全纳、终身、优质为核心理念，采用校企联办、扁平化管理的方式不断丰富学历教育的专业内涵，培养创新创业人才，重点培育实用型人才。北京开放大学燕山分校先后与燕山石化接待中心合作开办酒店管理大专班，与燕山教委合作开办学前教育本科班，现有多家企业与其洽谈开办市场营销、电子商务大专班，这种合作办学的模式不仅开拓了学历教育办学渠道，还为企事业单位发展输送了急需的人才，一定程度上为地区经济事业发展提供人才保障。

（2）社区教育，打造市民学习教育中心。随着学习型燕山建设不断推进，基地紧紧围绕燕山地区“办人民满意的教育”的要求，始终将全民学习、终身学习的理念贯穿在面向成人的教育服务中，确立“整合教育资源，提高社区居民素质”的社区教育理念，积极培育和践行社会主义核心价值观，充分发挥基地的龙头作用和辐射功能，利用新型市民文明学校三级办学体系，选派优质师资送教至社区，宣传党和国家的大政方针。同时，坚持“依学治理”的办学思路，针对学员需求，开设分校自主课、分校系列课、示范校特色课、总校常规课、总校精品课五种，共计开发近100门，内容涵盖三大系列15个模块，年参加学习2万多人次。社区教育运用柔性、协商的办法，促进了社会和谐，拓宽了基层治理，一个新型的市民学习教育中心正在形成，有利于城市发展与教育的深度融合互促。通过学习，地区居民终身学习意识明显提高，主动学习、传播文明正在成为居民的一种自觉行为。

（3）职工教育，搭建在职党员干部职工教育中心。燕山工委办事处始终把干部、职工教育培训作为实施“人才强区”的一项艰巨、长期性工作，制定长远的职工教育培训计划。基地先后承担“燕山工委青年干部培训”“小学教师英语口语能力培训”“燕山党政机关办公室业务培训班”“燕山地区新入职人员培训”“教委后备干部培训”等近百场各类短期培训。在培训中坚持党建引领，有计划、有目标，把文化育人落实到每个环节中，从各项培训的准备到具体的实施，都能体现时代特征，具有针对性。如今，基地的短期培训已成为燕山地区的教育名片，形成了聚力谋发展的良好氛围。同时，基地本着“资源共享，服务全局”的理念，每年为燕山地区各单位提供会议和培训场所近百场次，形成集在职党员、干部、职工的教育中心。

（4）校外教育，服务中小学生社会实践。为丰富中小学生课余生活，协助普教做好教育深综改，提高学生动手能力、创新能力、沟通能力，合作能力，培养全面发展的合格人才，基地利用自身资源为中小学生提供社会实践大课堂，每学期接纳社会实践活动学生近6000人次，暑期专门开发课程，满足孩子们的学习需求，丰富了的孩子们的课余生活，受到社会好评，成为学校教育的有益补充。

（5）家庭教育，促进学校、家庭与社会有机融合。燕山家长学校于2013年9月26日正式成立，是基地的重要部门。燕山家长学校的办学宗旨，一是宣传普及现代家教观念，传播推广科学家教方法；二是成立师资培育指导中心，负责培育家庭教育指导教师及家长学校主体课程的建设、承担分校家庭教育工作；三是构建学校、家庭、社会“三位一体”的现代教育体系，为燕山青少年身心健康、和谐发展保驾护航。家长学校坚持以立德树人为核心，稳步推进各项工作。家长学校“谦益家教学堂”通过主题微信学习群、“谦益学堂”千聊直播间、“谦益之声”微信公众号等平台，打破时间、空间、人力资源等方面对推行家庭教育的制约，随时、随地、随心学习，为广大家庭提供家庭教育服务，实现远程教学。家长学校还运用现代信息技术落后，为每一个家庭一个家教档案编码，为家长提供个性化指导，助力孩子成长。在家长学校的协调、指导下，各中小学结合本校特点开展了近百场主题鲜明、内容丰富、针对性强的家教活动，参与家长近万人次。通过家长课堂、经验交流、专家论坛、专题研修、教育咨询等方面课程开发和师资库建设，为地区群众提供科学、优质的家庭教育服务，基本满足学校、家长、学生的需求。

（6）老年教育，用活动激发老年人学习热情。燕山老年大学于2012年5月成立，学校始终坚持“老有所教、老有所学、老有所为、老有所乐”的办学宗旨，办学质量稳步提高。现开设民族舞、计算机、书法、声乐、摄影、葫芦丝、英语口语，中医保健等11个专业，共计17个班级，在校学员500多人，累计培训学员近4000人。学校在办学过程中，注重教学质量的提升，着力开发专业选修课、专业必修课和公共必修课。围绕办学宗旨，大力拓展第二课堂，协助成立各类协会，积极引导学员参加各级各类活动，为老年朋友搭建“学有所乐、学有所为”的舞台。通过学习，很多学员回到社区，积极参与社区组织各类学习活动，为文明社区、和谐社区、学习型社区、学习型家庭创建贡献力量。燕山老年大学为广大离退休老同志科学、健康地安度晚年，为构建终身教育体系，打造活力、美丽、幸福、新燕山作出了积极贡献。结合地区“一城两业”的发展理念，发布《燕山地区老年教育发展规划（2018—2020年）》（以下简称《规划》），这为燕山地区老年教育的发展指明了方向，绘制了蓝图。《规划》结合燕山实际而制定，具有较强的前瞻性。《规划》把地区老年教育与地区经济社会发展进行深度融合，这必将给燕山老年教育的发展提供强劲的动力和广阔的空间，坚定燕山发展老年教育事业的信心和决心。《规划》中的重要内容被纳入《燕山地区老龄事业发展规划》。

基地各部门间共融互促、共同发展，实现职业教育与成人教育相融合、学历教育和非学历教育相结合，校内与校外教育相结合，理论教育与实践活动相结合，各种教育活动相得益彰，教育服务在燕山地区无死角，全覆盖，体现在教育的方方面面，贯穿于人的成长全过程，形成横到边纵到底、上下左右前后通、面向人人的贯通教育，服务地区事业发展。

2. 党建引领城教融合

习近平总书记在党的十九大报告中指出，要坚持“党对一切工作的领导”，燕山终身学习服务基地利用燕山党群活动服务中心、两级党校设在基地内的优势，始终坚持把党建工作渗透到学习型燕山建设的各个方面，打造红色终身学习服务基地，积极探索党建促城教融合、促学习型燕山建设的新思路和新模式。

燕山党群活动服务中心是一所以理想信念为主题，集党员教育、党群活动、品牌培育、组织力提升于一体的综合性培训服务机构。自党群活动服务中心成立以来，培育出24个党建特色品牌，有的已经顺利“出壳”，接待全国各省地参观学习2000多人次。燕山党群活动服务中心坚持把党员干部的教育培训学习摆在重要的位置，大力提倡学以致用、学用相长，把学习成效转化为谋划工作的思路，提高理论水平、培养发展眼光、提升创新能力，提升创新能力，服务城市发展。在中心指导下，积极培育学习型组织，积极开展各种青年讲坛、读书交流、专题研讨等类型的学习培训活动，实现相互学习与自我修养锻炼相结合，读书、修身、立德相结合，推进理念、知识、工作方式有效更新，围绕服务群众、维护社会稳定、深化“三力（学习力、创新力、执行力）提升”，把党组织和党员的“创先争优”融入服务城市发展的生动实践之中，构建了领导带头、党员示范、上下联动、全民参与、横向到边、纵向到底的工作大格局。在专家的引领下，中心还成立了组织力评估室，对组织力进行诊断与评估，深受基层党组织的欢迎，为党建提升提供可量化、促提升的平台和路径，助力基层党组织建设，提升基层党组织凝聚力、向心力。

两级党校不断加大课程开发力度，组建完成工委党校、教育党校、业余党校、业余团校的千名师资库和百门课程库，极大丰富了党建服务的内涵，提升了党建服务的质量。开发完成各级各类党员干部培训的课程体系，设计了主题党日活动的必选科目和自选科目。

党建引领下的燕山终身学习服务基地，助力城教融合，为推动学习燕山建设做出了新的重要贡献，成为建设“活力、美丽、幸福”新燕山的一支重要力量。其中，燕山职业学校被认定为北京市首批市民终身学习服务基地。

创建学习型城市是一个庞大而复杂的系统工程，需要各个部门及全体市民的共同努力，这不是短时间可以完成的工程。在建设学习型城市的过程中必然会出现一些问题，需要反思和改进，从而进一步推动学习型城市的建设。学习型燕山建设也是如此，在取得成绩的同时，也存在诸多不足 。

二、学习型燕山建设工作存在的不足

（一）终身学习动力机制有待完善

广大市民自主学习的意识和能力还有待加强和提高，学习效率、学习动力有待进一步提升，终身学习动力机制有待进一步完善。

（二）“互联网+终身学习体系”建设有待加强

燕山地区学习信息化水平较低，处于起步阶段，基本迈入了应用整合的门槛，但离构建一个“开放、共享、交互、协作”的“人人皆学、处处可学、时时能学”泛在学习环境还有一定的距离。在这样背景下，就需要加强“互联网+终身学习体系”的建设，不仅能解决群体规模的学习需求和个性化、人性化的学习需求，实现“包容和公平的全民优质教育和终身学习”的价值追求，还可以在互联网为代表的现代信息技术支撑下，吸收开放、共享、交互等互联网基因，以互联网思维重新审视和设计学习的体系构成、资源组织模式和服务方式，助力“智慧燕山”的建设，为燕山地区学习型城市建设增添活力。

（三）队伍建设仍须加强

虽然建设队伍在不断扩大，但是无论在数量上还是质量上都须加强。要进一步打造一支由专家引领，专、兼职相结合，志愿者为辅的高水平教师队伍，特别还要建设一支专家引领的研究性队伍，加强新时代学习型城市建设理论研究，提高创学水平。

三、学习型燕山建设未来发展方向

深入学习贯彻习近平总书记系列重要讲话精神，牢固树立创新、协调、绿色、开放、共享的发展理念，牢牢把握首都城市战略定位，以人的全面发展为核心，汇聚资源、创新方式、服务发展，深入推进学习型燕山建设，助力首都包容、繁荣与可持续发展。

（1）适时召开燕山地区学习型城区建设理论宣传工作会议，正确运用“电、广、网、报、屏“等媒体大力宣传“终身教育、终身学习”的理念。有针对性地介绍“学习型社会”“学习型城市”“学习型城区”“学习型组织”的理论中。有计划地培育一批示范性学习型组织并推广经验，推动各类组织转变思维方式、改进学习模式、塑造组织文化，实现管理变革、社会治理创新发展。

（2）做好顶层设计，健全学习型燕山建设的保障机制，把建设学习型燕山放在地区经济社会发展的重要位置，加强对建设学习型城市工作的系统规划，健全学习型城区建设的保障机制。要进一步健全学习型城区建设的领导管理体制和运行机制 ，完善领导小组功能，使其更好地统筹指导当地学习型城市创建工作，形成各部门齐抓共管的格局。

（3）制定相关政策措施，强化法规制度保障，将学习型城区建设工作纳入区域发展的总体规划之中。加大经费投入力度，将建设学习型城区经费纳入财政预算，探索建立政府、用人单位和学习者共同分担成本、多渠道筹措经费的投入机制，进一步加大终身学习基地的硬件投入和体制机制建设，特别是要加强“互联网+终身学习服务体系”建设，始终把满足多元化、个性化、人性化的学习需求摆在首位，积极构建“人人皆学、时时能学、处处可学”的学习环境，充分发挥基地在学习城区的引领、示范、服务作用，助力终身学习体系建设，推进学习型城区建设。

（4）建立和完善多元评估指标体系，制定相关评估制度和方法，以评促建，加强学习型街道、学习型社区、学习型组织建设。结合地区实际制定出台类似“学分银行”的学习转化与认定制度，拓宽终身学习通道，实现创学可持续发展，激发学习的内在动力。

（5）加强教师队伍、管理队伍的建设，提高创学服务能力。坚持“请进来、走出去”鼓励全体教职工不断学习，真正成为终身学习的倡导者、指导者和推动者。不断探索中国特色社会主义新时代背景下“学习型城市建设与教育综合改革、地区经济提升、文化建设、社会治理、社会治理、党建工作相互关系”的理论研究，让学习型城市建设工作真正提升城市群体的学习力，提升城市群体的创新力，让城市更美好。

第三部分　路径探索：北京市学习型城市建设的特色实践

海淀区打造基层党建“金名片”

一、依托中关村学院打造海淀基层党建“金名片”

（一）立足海淀区党建发展需求，建立中关村学院内的区党支部书记学院

为了进一步将习近平新时代中国特色社会主义思想和党的十九大精神落实在基层，按照《中国共产党支部工作条例（试行）》和中共北京市委、区委的相关部署，由区委组织部统筹，依托中关村学院，立足区域经济社会发展实际，建立了全市首家专门培训基层党支部书记的海淀区基层党组织书记实训基地——海淀区党支部书记学院（以下简称党支部书记学院），成为海淀区在全国党建工作方面的一面旗帜。

党支部书记学院于2019年6月25日正式成立，地处海淀科技、文化和教育资源最密集的学院路地区，位于中关村学院东王庄校区教学楼四层，建筑面积近1100平方米，共设置“一厅两站六馆六室”。

党支部书记学院的院训为：政治坚定、组织有力、业务精通、全面过硬，分别从政治定力、组织能力、业务能力三个方面对实现基层党组织全面过硬提出要求。学院标识由党旗和双螺旋样式组成，“双螺旋”是海淀中关村的形

象代表，也是海淀的标志，在这里代表了区委中心工作。风帆式的党旗则代表着党的基层组织，整体设计寓意着全区各级各类基层党组织在区委的坚强领导下，围绕中心、服务大局，扬风帆、扛使命、勇担当、敢突破，共同建设中关村科学城和全国科技创新中心核心区。

（二）打造以基层党组织书记为培训主体的党建实训基地

海淀区党支部书记学院是北京市第一家以基层党组织书记为培训主体，以党务基础知识、技能和实操为培训内容的非学历继续教育基地。区委组织部按照区委全面贯彻新时代党的组织路线的要求，紧抓党组织书记“头雁领航”工程这一机遇，依托中关村学院的地理优势和办学特色，建立了基层党组织书记实训基地。

党支部书记学院的整体建设始终突出专项保障、专业管理的要求，区委组织部、区委教育工委在场地、硬件建设、场地施工设计等方面给予了大量的政策和资金支持，中关村学院依托原有的学院办公室、教务、后勤保障、教学教研等相关部门成立专业的项目运行管理机构——海淀区党支部书记学院办公室，完善工作制度，规范工作流程，专项保障党支部书记学院的日常运行工作。

党支部书记学院走廊两侧的墙面为文化建设园地，涵盖《中国共产党章程》《中国共产党支部条例》《中国共产党党员教育管理工作条例》等规章制度的图表化解读；还有“党的基层组织发展历程”“中国共产党在香山”“中关村创新逐梦引领未来之路”等展览，以及中国共产党一大到十九大的召开时间、地点、成果等介绍，为参训人员提供专业、丰富的实训内容。

（三）党支部书记学院特色与类型

1. 打造专业化教师团队

目前党支部书记学院共有 5 位专职教师，均是中关村学院的在职教师，他们有的具有丰富党建理论知识、实训教学经验，有的具有多年基层党建实务工作经验。兼职教师主要由区委党校、海淀区各系统党（工）委、各相关职能部门推荐的专家组成，根据每期培训课程的需要和学员培训需求选择相应的兼职教师进行有效补充，确保培训实效。

2. 打造特色“模块化”课程

党支部书记学院创新提出的“模块化”课程设置，包括基层党建工作实务类、综合素质和专业能力提升类两大类，涵盖了党支部的“三会一课”专题、理想信念和党性教育等 23 个专题。这些教学模块可以根据培训目的和需求进行随机组合，对参训基层党支部书记应会必会的知识技能全面覆盖。

3. 打造三位一体党建创新实训基地

党支部书记学院是集海淀区加强党的政治建设、加强基层党组织规范化建设的创新基地，“研、训、练、考、任”一体化实训基地和开展“不忘初心、牢记使命”主题教育的示范基地于一身，“三位一体”的党建创新实训基地。

（1）基层党组织规范化建设的创新。基地党支部书记学院的“一厅两站六馆六室”在设计时充分考虑了教室功能的实训化、规范化、标准化建设要求，进行个性化布局设计。每个馆室的设计以基层党务流程规范等为主要素材设计展板，强化党务知识导向，使实训教育融入日常，将党建实务流程标准融通于馆室的展板设计中。

（2）“研、训、练、考、任”一体化实训基地。“研”是不断将基层党建实务操作规范与课程体系进行磨合融通，突出对基层党建实务的精准指导；“训”是通过模块化的课程，提升党支部书记党性观念和基层党务工作实操能力；“练”则运用情景模拟等方法，针对基层党建实务流程进行实战操作；“考”则突出对学员的综合评定的全面考核体系；“任”即所有参训的党支部书记结业考试合格才能获得党支部书记任职证书后可凭证上岗。

（3）“不忘初心、牢记使命”主题教育的示范基地。作为全市首家以党支部书记为培训对象的学院，党支部书记学院创新实施了“悟、温、唱”党员仪式感教育。通过教育活动，让每一名党员在党旗下再次牢记共产党员的政治责任和历史使命，永葆共产党员的政治本色。“悟、温、唱”党员仪式感教育向全区推广。

二、中关村电竞产业学院

按照北京市教委提出的城教融合的理念，根据海淀区位优势和产业发展要求，中关村学院与中关村电竞产业协会、海淀区文旅集团联合成立中关村电竞产业学院，主要想在电竞领域培养服务北京市产业发展的人才。中关村电竞产业学院是中关村学院的二级学院，试行混合所有制管理。中关村学院负责开展电竞产业方向的人才培训和学历教育，在学校现有的数字媒体艺术专业中设立电子竞技运动解说、电子竞技运动策划、电竞产业运营与管理方向，通过模块化教学开展职业培训和学历教育，未来试验学分银行制度管理运行；海淀区文旅集团负责电子竞技大赛活动及场馆的运营、电子竞技产业学院的品牌推广等；中关村电竞产业协会负责师资队伍建设、课程的研发及电竞产业前沿研究等。

中关村电竞产业学院在首届世界电竞大赛闭幕式上挂牌成立，三家正式签订合作办学协议。中关村电竞产业学院成立得到了很多媒体的报道，未来该专业将成为学校发展的又一个增长点。

中关村学院与海淀文旅集团及中关村电竞产业协会在中关村学院北四环校区签署了战略合作协议。海淀区国资委副主任白二平，海淀区教委副主任史怀远，中关村学院党委书记、院长程洪莉，海淀文旅集团党委书记、董事长曹宇明，海淀文旅集团总经理纪小恒及中关村电竞产业协会副会长李海滨等领导出席签约仪式。

中关村学院与海淀文旅集团、中关村电竞产业协会的合作是在党的十九届五中全会中提出“深化产教融合、校企合作”的大背景下，按照教育部和信息产业部“建设现代产业学院”的相关要求开展的一项重要合作，旨在创新人才培养模式，提升专业建设质量，开发校企合作课程，搭建产学研服务平台。《战略合作协议》的签署，将进一步密切各方战略合作关系，三方将发挥各自在平台、技术、市场等方面的资源优势，在电竞教育和电竞培训等方面展开深入合作，为培育电竞人才搭建重要的平台，为海淀区电竞产业培养高质量人才，为产业发展提供坚实的基础，服务区域多元化文化需求。

中关村学院与海淀文旅集团主要以充分利用各自资源优势，共同打造特色文化培训项目，同时以促进中外文化交流、诉说中国故事为核心，合力打造国际文化交流活动项目为目标签署了战略合作协议。

中关村学院与海淀文旅集团、中关村电竞产业协会三方签署的战略合作协议，主要是基于良好的信任基础，本着发挥各自优势的原则，为助力电竞产业创新发展，培养电竞产业人才，打造电竞产业特色专业等目的，拟在游戏电竞教育、游戏电竞培训等领域进行合作，以期共同推动各方业务发展并互为重要战略合作伙伴。

海淀区教委副主任史怀远代表海淀区教委对于三方的合作表示热烈的祝贺，充分肯定学院的工作以及合作的意义，并对于此次合作寄予厚望：期望三方从更高的战略高度来认识合作的重要性，以真诚的情感推进合作并用历史的眼光期待合作的成果，实现互利共赢。

在学院领导的高度重视及各部门的通力合作下，签约仪式圆满结束。此次战略合作协议的签署必将对各方的发展产生深远而重大的影响。签约只是合作的起点。只要三方精诚合作，共谋发展，一定能实现共赢的战略目标，结出丰硕的成果。

顺义区家校社携手共建家庭教育共同体

一、顺义区近几年家校社协同育人工作总结

（一）顺义区对家庭教育工作的认识

1. 家庭教育是新时代的新要求

习近平总书记自 2014 年起，十余次在不同场合提到家庭教育，特别是 2015 年提出“注重家庭、注重家教、注重家风”，2018 年提出“办好教育事业，家庭、学校、政府、社会都有责任”。“家庭是人生的第一所学校，家长是孩子的第一任老师，要给孩子讲好‘人生第一课’，帮助扣好人生第一粒扣子。”2019 年党的十九届四中全会报告提出“构建覆盖城乡的家庭教育指导服务体系”。

教育部于 2015 年印发《关于加强家庭教育工作的指导意见》，十分明确地提出了家长、学校、社会在家庭教育工作中的责任和义务。北京市教委于 2016 年印发《北京市学习型城市建设行动计划（2016—2020 年）》，家庭教育与家风建设工程是十大工程之一。2018 年印发《关于进一步加强中小学家庭教育指导服务工作实施意见》，部署了 12 项具体工作。

“十三五”期间，习近平总书记、国家全会报告多次提及，部委两级不间

断专项发文，体现出两点重要趋势：一是家庭教育已经上升到与学校教育同等重要的战略高度，是大教育体系中的重点；二是家长已经成为家庭教育要牢牢抓住的“关键少数”，更是社区教育要着重开发的教育对象。

2. 家庭教育是新变局的新机遇

第一个变局是顺义区正值创建全国文明城区关键阶段，以及新时代文明实践中心建设全面开展阶段，要求我们建设好学校和社区家长学校，开展好三结合教育；组建教育服务志愿服务队，发挥教育服务社会发展的功能。第二个变局是在国家、北京市教育综合改革以及家校关系转型的背景下，顺义教育遇到了发展瓶颈，依靠学校教育单打独斗，已经显现出动力不足、加速乏力，特别需要一个强有力的帮手。此外，随着家长学历层次提升、育儿意识增强、吸收教育观念渠道多样，家长对学校的质疑越来越多，家长对教育的功利心越来越明显，成绩至上、德育靠后的理念占据主导，家校关系从原来的相信依靠的亲校型转变为甩锅质疑的疏校型，甚至有极端的转变为校园版“医患关系”。第三个变局是顺义区社区教育中心在2016年从职能定位及归属关系上的变化，要求社区教育融入顺义大教育体系，找到与普通教育有机紧密结合的融合点。基于这三个变局，顺义区锁定家长这一目标人群，开发家长教育服务项目，开展服务顺义教育、顺义经济社会发展的系列工作。

（二）顺义区家庭教育工作的目标

为了使家校社三方形成合力，从区域层面整体推进家庭教育工作，实现立德树人的根本目标，顺义区提出构建“共谋、共建、共育、共升”家校社新型关系，打造区域家庭教育共同体的目标，通过建立机制、开展活动、建设队伍、开发资源，完善顺义区家庭教育的工作框架和内容，助力学校教育教学工作，提升家长育人水平。

（三）顺义区家庭教育工作的成果

顺义区家庭教育工作贯穿“十三五”时期，走在全市乃至全国的前列。2017年7月，北京市家庭教育与家风建设启动会在顺义成功召开，顺义区以“十大行动”展示了家庭教育的顺义做法。2017年11月，北京市德育工作区校行走进顺义，顺义区以家校社合作育人为主题全面展示家庭教育工作。2018年4月，顺义区作为唯一区域代表，在中国教育学会举办的第二届新家庭教育文化节上做经验介绍。2018年5月，顺义区家校社合作育人项目被北京市总工会评为创新助推项目。2018年6月，顺义区作为唯一区县，在“2018年北京市家庭教育与家风建设项目”启动仪式上做经验介绍。2018年7月，顺义区“家校社合作育人基地”被评选为北京市2018年“终身学习品牌项目”。2018年10月，“家校社合作育人基地”项目被评选为全国特别受百姓喜爱的终身学习品牌项目，全国仅12个，北京市仅1个。2018年11月，全国人大常委会副委员长、全国妇联主席沈跃跃一行，对家校社协同推进家庭教育工作进行考察，对顺义的工作给予高度肯定。2019年3月，顺义区社区教育中心被中国下一代教育基金会评为特别奉献奖，“家教名师校园行”项目被评为持续发展奖。2019年7月，顺义区成为北京市首批挂牌的家庭教育咨询服务中心，全市仅两家。2019年11月，顺义区成为北京市首个全国规范化家长学校实验区，原教育部副部长田淑兰莅临指导，对顺义区汇聚多方力量共同办好家庭教育工作的大教育观给予高度评价。2020年7月，“同阅读 童成长”绘本领读项目荣获北京市2020年终身学习品牌项目。

（四）顺义区家庭教育工作的做法

1. 建章立制常态化，家校政社全参与

在区域层面，2016年，顺义区委、区政府印发《关于加强“十三五”时期学习型城市建设的意见》，提出“以提升家长综合素质、营造良好家庭环境为主要内容，促进学生健康成长、全面发展，实现社区教育与基础教育的协同发展”。2019 年，顺义区教委、区精神文明办、区妇联联合印发《顺义区关于加强家庭学校社会合作育人实施意见》，对家庭、学校、社会各部门的职责进行明确，形成合作共育的长效机制。两个文件保证了顺义区家庭教育工作的常态化运行。在学校层面，2019 年顺义区成为北京市首个全国规范化家长学校实验区，制定《顺义区全国规范化家长学校三年行动计划》，即在未来三年推进家长学校建设，推动中小学校和家长学校“一长执两校”的落实。在班级层面，推行家长教师协会和家长委员会两项制度，建立良好的家校沟通渠道，形成家长教育家长的模式。

2. 调查研究深入化，家校需求全了解

调查研究始终贯穿于顺义家庭教育工作的每个环节，从调研中找需求，在调研中求效果，在调研中看反馈。从区域层面整体推进家校社合作育人工作，到底要做些什么？针对家长、教师、学生等五类人群，开展认识、方式、内容、困难四大类问题的调研，大数据精准地提供了教育理念落后、社会教育缺位、家校沟通障碍、优质资源欠缺的特点画像，帮助有针对性地确定了开展活动、培训师资、打造课程、开发资源的工作内容。整个“十三五”时期，每年开展一次调研工作，帮助了解学校、家长的需求，准确定位每年的具体工作。在每项工作的实施过程中，也会伴随线上线下问卷反馈、座谈等形式，用于随时调整工作进展。例如，在顺义家长学习平台建设过程中，平台搭建后首先进行了试点，而后以座谈会的形式向家长和学校征集使用感受，帮助平台不断完善。每项工作结束后，一个二维码就可以实现活动满意度和意见建议的收集。各项活动和培训已经将反馈作为工作的一部分。

3. 活动开展多样化，社区学校全覆盖

顺义区家庭教育活动呈现出层次化、持续化、全员化、示范化特点，力争通过不同渠道覆盖顺义区全体家长。区级层面，以每年一次的全民终身学习周活动和全民阅读活动为契机，以阅读和学习为主题，提升家长的自身素养，养成全家阅读的习惯。社区层面，开展家长教育沙龙和亲子绘本领读活动。每月一期的家长教育沙龙根植镇街村居，已连续举办四年，从线下 30 人到线下 30 人+线上 10 万人次，与家长们探讨了近 50 个家庭教育问题。亲子绘本领读扎根社区，每周进行一次亲子绘本领读活动，以教师示范的形式教授家长以亲子阅读为突破口密切亲子关系。学校层面，开设家长教育大讲堂和家教名师校园行，家长教育大讲堂以名家引领为特点，每月一期，嘉宾不仅有家庭教育领域的泰斗，如家庭教育学科创始人赵忠心教授，家庭教育专家孙云晓、卢勤、钱志亮等，更跨界邀请了各行各业的领军人物，如俞敏洪、于丹、鞠萍、王芳、谢军、梁晓声、王大伟等，已有 50 余位社会名人和家庭教育专家学者成为大讲堂的座上客，为家长们传播正确的家庭教育理念，提供科学的指导方法，使顺义家长每月在家门口能够享受一场家庭教育盛宴。家教名师校园行以为学校提供精准服务为目标，为学校家庭教育助力。已邀请朱慕菊司长、钱志亮教授、吴甡校长等十几位专家走进 50 余所学校，提升了学校家长会的水平，丰富了内容。

4. 队伍建设专业化，开课指导全方位

专家讲座能为家长们送来先进的教育理念，但不能解决家长们的个性问题，因此顺义区开展了家庭教育师资队伍建设，以“培训+实践”的模式，创建了一支本土师资队伍，形成了一批本土特色课程，解答了一批本土个性问题。自 2016 年起，已开展了三期普及型家庭教育指导师培训，培训指导师 450 名，保证每镇每街每校都有 1 名家庭教育指导师。开展绘本领读者、儿童入学成熟水平指导师两个专项培训，42 名教师能够深入社区开展绘本领读活动，100 名教师能够开展幼小衔接指导课程。开展了一期家庭教育志愿者培训，60 名教师经过做课、磨课、试讲等环节，深入村居开讲家庭教育课程。

5. 资源开发精准化，线上线下全融合

资源建设是顺义区家庭教育的关键，不管家长漫步“云端”，还是坐于桌前，都能得到顺义家庭教育的纸质和电子资源。2017 年，出版教子有方系列家长教育读本，这套丛书一套 9 册，3 本通识和 6 本分学段，采用 3—5 个家庭为一组，定期进行轮换的图书漂流方式，目的是提高丛书的使用率。2018 年 11 月开通顺义家长在线微信公众号，成为顺义家长的移动学习交流平台、顺义家校社合作育人工作的宣传平台和顺义学校、家长的展示平台。

6. 社会力量整合化，多方资源全利用

家庭教育离不开学校，更需要社会各方的帮扶。顺义区的家校社合作育人工作，恰逢家庭教育成为社会主旋律的黄金期，得到多方力量的支持。顺义区妇联、卫计委、融媒体中心等政府机关、事业单位，根据职能特点，提供优质资源、技术支持，开拓业务领域。北京师范大学、首都师范大学等高校，为顺义输送了大量专家资源，开辟了新的专业方向。中国下一代教育基金会、顺义区青少年阅读协会等社会组织，积极投身家庭教育事业中，以各项活动营造家庭教育的浓厚氛围。中国少年儿童新闻出版总社、凯叔讲故事等企业，制作了家长喜闻乐见的资源。这些单位都将家庭教育与本职工作联系，走出了一条携手共育的新路径。

7. 疫情期间不间断，云端发力不断线

新冠肺炎疫情期间，中心瞄准家庭主阵地，打出教育组合拳。一是线下活动线上办，家长学习更便利。家长教育大讲堂、家长教育沙龙两项线下讲座活动，在地点上全部从线下转移到线上，在频度上由每月一期增加到每周一期，在形式上由单纯讲座变为“讲座+答疑”的互动式，在主题上由家庭教育普及性问题聚焦到疫情之下如何进行亲子教育。新冠肺炎疫情期间共举办家长教育大讲堂 7 场，家长教育沙龙 7 场，总参与人数达到 20 万人次。亲子讲故事活动以线上征集为主，共征集音频 500 余个，在顺义广播电台和顺义家长在线微信公众号陆续播出。二是开通线上咨询室，家庭教育指导群。疫情期间，“见号如面”线上咨询室，家长们可以 7×24 小时在线提问，共计收到来自家长和学生的家庭教育问题一万余条，组织顺义区 52 名家庭教育志愿者在顺义家长在线微信公众号每天进行回复，保证指导服务的全时段，保证咨询问题的全回复。

二、未来工作设想

“十三五”时期，整合社会资源，携手家庭学校，从区域层面整体推进的工作思路，使顺义区家庭教育工作找到落脚点和着力点，营造重视家庭教育的浓厚氛围，开创适合顺义家长家庭的活动品牌，建立顺义本土的家庭教育师资队伍，建设顺义特色的平台和资源。在“十四五”时期，顺义区家庭教育的方向是在体制机制建设、平台资源建设、师资队伍建设等方面更加深入、精准。

（一）体制机制建设——建设好真正意义的家长学校

创新机制，推动落实中小学校和家长学校“一长执两校”。顺义区家长学校目前分为两部分：各中小学家长学校和社区家长学校，在发挥教育功能上，各校参差不齐。“十四五”期间，顺义区将全面推动全国规范化家长学校建设，建成有挂牌标识、有章程制度、有师资队伍、有教学计划总结、有教室、有教材、有活动开展、有活动经费、有考核评估、有档案资料的家长学校实体，采用以班级为单位，以班主任为主讲教师，以家长为学员，以案例教学为特色，集中教学、个别指导、自主学习和多向互动相结合的成人教育教学模式，向广大家长传授科学的家庭教育理念、知识和方法，引导家长树立正确的育人观。

（二）平台资源建设——记录好家长学习的成果成效

顺义家长在线学习平台的目标是为顺义家长提供有用有趣精准的学习资源，引导家长形成学习习惯，提高育子水平。自建资源共分四部分：一是依靠家庭教育指导师，将教子有方系列纸质读本、家长提出的咨询问题转化成

1—3 分钟音频，将自己所在学段的教育内容制作成 5 分钟视频。二是依靠家长，将自己的教育理念和方法提炼成 10 分钟的故事。三是依靠现有资源，拆分大视频，剪辑成 5—10 分钟的微视频，分解大文章，提炼成问题导向的小段子。四是依靠专职教师，开发各年龄段家长应知应会的视频。目前，中心与教委、教研中心联合开发了“每天三分钟，家长基本功”的幼儿园小班家长课程体系，共计 600 余个视频课程，全部由区内 54 所教办园教师录制。作为家长，看着不累，学着简单，做着有效。

（三）师资队伍建设——解决好家长提出的个性问题

顺义区家庭教育指导师年年培训，有普及也有专项，各类指导师人数共计 700 余人，如何发挥培训效果，真正发挥指导作用，顺义区以家庭教育咨询服务中心为基础，开展线上线下结合的指导服务。线下主要以各学校、各镇街村居家长学校为阵地，以每校每镇街的指导师为主，通过团体咨询、“一对一”沟通等方式进行。线上以“见号如面”在线咨询室为阵地，线上提问、线上回复。为了提升师资队伍的指导能力，中心也在研究设计家庭教育指导师进阶培训，一是 0—6 岁亲子教育能力培训，二是中小学家庭教育指导师能力培训，将通过共同反思、分享、升华、创新这种新的学习培训模式取代以往的听课讲座模式，教师们利用已有经验案例共同创造出教育地图和教育课程，研发出指导方法。

西城区开展市民终身学习成果认证

2011 年以来，西城区在创新终身学习支持服务体系，探索非学历学习成果认证，推广市民终身学习成果认证制度等方面做了大量探索工作。目前，已经形成了较为完善的管理制度以及鼓励市民积极参与终身学习的多元政策体系。通过对市民参与终身学习进行实时记载、认证、兑换，提供信息化、网络化、社会化的终身学习支持服务体系，使学习成为市民的一种生活时尚和生活方式。

一、制度建设方面

西城区成立由西城区委、区政府领导牵头的市民终身学习成果认证制度实施工作领导小组，全面领导和规划市民终身学习成果认证制度的实施。早在 2011 年就出台《关于推进“西城区市民终身学习成果认证制度”的实施意见》等一系列政府文件，建立“西城区市民终身学习成果认证制度”管理机构及服务体系，并将认证制度实施工作纳入西城区教育发展规划。《西城区创建北京市建设学习型城市工作示范区的实施意见》发布“十二五”期间西城区学习型城区建设的主要任务是“全力推进学习型城区建设六大示范项目的实施”“实施市民终身学习成果认证制度”。《西城区建设学习型城区工作“十三五”规划》提出，“十三五”期间西城区学习型城区建设工作主要任务之一是“充分整合区域资源优势，巩固和加强市民终身学习服务体系建设”，具体目标为“实现街道建有不同类型学习超市、网络终端，市民终身学习成果认证全覆盖，市民终身学习学分认证点及参加学习活动的总人数大幅度增加”。《市民终身学习成果认证制度管理手册》（2018 年版），对积分兑换、认证单位团体账号积分管理、认证管理员劳务补贴标准、学分课程建设工作等方面进行了规范和细化。

二、队伍建设方面

截至 2018 年，西城区参与学习成果认证的学习者达 10 万人；在各认证点形成了以认证管理员为主体，课程教师为补充、普及宣传志愿者辅助的学分认证管理队伍。

目前登记在册的普及宣传志愿者有 402 名，通过在社区召开培训班、张贴海报、发放宣传单页等方式，对普通市民和持卡学员进行个人学习账户的培训与宣传；登记在册的认证管理员 124 名，开展新增学员信息采集、系统纳入、学习卡的发放、学分课程申报、刷卡考勤管理、积分兑换等一系列工作；每年实施两期“认证管理员培训”，对认证管理员进行培训、考核，年底依据考核指标的完成情况进行奖励、补贴，已开办认证管理员培训会 14 期。

学习成果认证单位 158 家，既包括街道、社区的各类学习点，也包括博物馆等市民终身学习服务基地，还包括益民书屋等 NGO 组织。每年进行单位账户积分兑换工作和认证管理员的奖励和补贴工作，年参与积分兑换的学习者在 5000 人左右。

三、学习资源建设

西城区是首都功能核心区，拥有丰富的社会资源和文化资源，教育资源更是得天独厚。基于这一现状，跨领域、跨部门的合作与各类资源的统筹更加重要。共建共享是西城区进行学习资源建设的核心理念。

西城区每年对150多家学习成果认证点的师资和课程给予资金支持和业务指导。一方面，投入专项资金对课程建设的师资进行补贴；另一方面，加强业务指导制定优质课程资源评选标准，发挥指挥棒的作用，进行特色课程、精品课程、体验课程、学习共同体类互助课程等一系列的学习资源建设，形成了包含师资、课程等在内的“西城区终身学习优质资源库”，并将这些资源汇聚在一张“终身学习地图”上。目前已有234门特色课、80门精品课、30门体验课等学习资源供西城市民快速找到身边的好老师和满足自身需求的好课程，实现“人人皆学、处处可学”。

西城经济科学大学（社区学院）充分发挥自身优势，自行开发建设数字化学习资源。每年鼓励和指导本校教师进行特色微课程的开发制作，多次在“NERC杯全国社区教育优秀微课程评选”“北京社区教育特色视频课程”等评选活动中取得各种奖项。

四、学习平台建设

建设终身学习数字化网络平台，向市民提供更加便捷和内容丰富的开放式在线学习服务是学习型城市建设的重要手段。从全国范围来看的现实情况是，平台建设轰轰烈烈，市民应用冷冷清清。全国137个终身学习网络平台上的资源更新频率、资源整合情况以及平台运营情况不容乐观。西城区在原有的市民终身学习成果认证技术平台运行基础上，与时俱进，投入专项经费，2019 年实施“学润西城——西城区市民终身学习平台”升级改造项目。

“学润西城”学习平台的设计和建造采用“互联网+时代”的用户思维，完全以学习者为中心，精心打造学习地图、学习资源、学习动态、学习成果和学员中心等五大核心功能；其突出特点是建立一张“点线结合，人文行走”的“西城区市民终身学习地图”。

“学习地图”栏目以西城区地图为蓝本并植入高德地图，将 150 多个学习点及其优质课程按颜色划分街道，既方便市民搜索查找，也可以利用地图的导航功能为市民提供最科学的学习路线。在这个学习资源的汇聚和分享平台上，西城百姓足不出户，轻轻松松就能找到身边的好老师和满足自身需求的好课程，随时随地实现“指尖上的学习”。

学习资源的共建共享使得“学习地图”上的优质资源越来越丰富，上百个学习成果认证点的优质课程和名师在这张地图上百花齐放，不仅为学习者提供丰富的学习资源，而且实现了各学习点之间资源的互通有无、相互借鉴。西城区不仅将这些学习资源进行统筹，更重要的是进行了脉络的梳理，将各种类型的学习资源进行整合分类，形成了一条条“学习路线”。比如，将西城区红墙意识党性教育基地、大栅栏街道的党员教育实践活动基地“红立方”等红色主题教育基地的学习资源串联在一起，形成极具西城特色的“红墙专线”等。

拥有丰富的优质学习资源是做好市民终身学习服务的基本条件，如何使市民及时、有效地找到适合自身需求的学习资源才是资源建设的落脚点。为此，西城区分别从学习资源等级评定和学习者画像生成两个方面做了工作。

一方面，针对学习资源（主要指学习地点和开设课程）制定了一整套星级评定标准。学习成果认证点主要的评定要素包括场地设施、师资队伍、学员规模、课程分类和数量以及课程的延续性等，目的在于提取优质学习点的大数据，通过平台的数据统计和逻辑运算，来为市民推荐最便利、最优质的学习地点。同时，通过数据分析，帮助普通学习点查漏补缺，以助其早日达到示范认证点的标准，为市民更好地提供学习资源。课程评选标准包括课程内容、课程特色、授课形式、授课对象等差异要素进行比对，以方便根据每个学员的学习情况、课类偏好生成课程推荐。

另一方面，“学员中心”是“学润西城”的另一大特色。“学员中心”不仅是学习者的个人学习账户，更是学习者的私人学习小管家。它实现了对学习者学习过程的完整记录、全面提取、合理分析和私人定制（生成、推送和分享）。

首先，“学员中心”通过对学习者的学习要素（时间、地域、科目等）数据采集分析，对每个学习者学习足迹进行捕捉，生成终身学习报告；同时报告还具有问卷调查环节，以便获取用户体验，及时改进，更好地为学习者服务。

其次，“学员中心”能够根据使用者的学习轨迹和学习偏好进行个性化的课程推荐或定制，达到私人学习管家的目的。“学润西城”学习平台真正做到了让优质的学习资源触手可及，在“终身学习地图”上点线结构式（图谱结构式）呈现，并且进行满足学习者需求的个性化推送。

最后，“学员中心”还具有学习报告一键分享功能，可将自己的学习成果、学习轨迹分享至微信、微博、QQ 等第三方平台，让学习者本人获得成就感和幸福感，同时，方便传播终身学习理念，带动更多的人参与其中。

以人为本的学习服务离不开后台强大的数据管理。“学润西城”的后台系统是一个强大的教学管理平台，服务于西城区 150 多个学习成果认证点，十万余学习者。

2020 年“学润西城”在移动端持续发力，增加智慧班牌、微信小程序和移动 App 等功能，打通学习者和资源端的通道，使科技服务终身学习，让“学润西城”信息化成果落地生根。

五、科研引领带动

西城区市民终身学习成果认证制度的推动和发展得益于多年来科研课题的带动和引领。近年来，西城区在激励机制和积分兑换的研究与实验、课程资源建设、工作队伍建设、示范认证点评选指标开发等方方面面进行了探索和研究，极大地引领和推动了实践工作。具体的研究课题涉及《西城区市民终身学习成果认证制度的激励机制和积分兑换的研究与实验》《西城区市民终身学习成果认证制度认证点学分课程资源整合策研究》《西城区市民终身学习成果认证制度工作队伍建设的实践研究》《终身学习成果认证制度的运行机制研究》《西城区市民终身学习成果认证制度示范认证点评选指标开发研究》等。

六、未来规划展望

西城区正在制定"市民终身学习成果认证制度十四五发展规划"，健全完善市民终身学习成果认证制度，积极推进各类学习成果的存储、认证、积累与转换。一是加强学分银行制度，建设科研课题研究，以科研带动并指导实践工作。二是推动制度层面建设，为学习成果认证制度的推广和深入提供制度保障。三是持续打造"学润西城"终身学习数字化平台，向市民提供更加便捷和内容丰富的开放式在线学习服务。四是加强区域内各类公共教育资源、文化资源和学习资源的共建共享，培育点线结合的"人文行走"学习路线。五是推进终身教育成果与各类普通教育、职业教育、继续教育成果之间的相互融合。

朝阳区老年教育特色鲜明

老年教育是我国教育事业和老龄事业的重要组成部分，是老年人关爱服务体系的重要内容。老年大学是实施老年教育的重要载体和有效途径。合理布局老年大学是积极应对人口老龄化、实现教育现代化、构建服务全民学习的终身教育体系，加快建设高水平学习型城市的重要举措，也是满足老年人多样化学习需求、提升老年人生活品质和促进社会和谐的必然要求，是时代发展的必然。在新时代，将老年大学的教育资源向基层和社区辐射，解决老年教育发展中的不平衡、不充分问题，让更多的老年人享受发展的成果，惠及更多的老年人和家庭，建设普惠型、便捷型的老年大学是时代发展的重要课题。

一、朝阳区发展老年教育的时代背景

党和国家重视老年教育，要求大力发展老年教育，各级政府需要对此作出系列部署和积极响应。2016 年国务院出台《老年教育发展规划（2016—2020 年）》，明确提出推动老年大学面向社会办学。将老年大学集聚的教育资源向基层和社区辐射。2019 年 2 月出台《北京市关于加快发展老年教育的实施意见》，提出以人民为中心，积极引导老年人保持老骥伏枥、老当益壮的健康心态和进取精神，提高老年人的生命和生活质量的发展理念，这是从教育理念、发展目标到实施路径的进一步系统设计。2019 年北京市教委依托北京开放大学成立北京老年开放大学，北京老年开放大学采用“两级管理、分级办学、社会参与、协同服务”的办学模式。两级管理，即北京老年开放大学只负责对区级老年开放大学的设立和管理监督工作，各区级老年开放大学负责行政区域内街道（镇、乡）老年学校、社区（村）教学点的设立和管理监督工作。作为区级层面的老年大学发挥着核心纽带作用，一方面要承接市级对老年大学工作的部署，另一方面还要发挥对街乡老年学校、社区学习点的指导服务工作，其作用发挥的效果直接影响区域老年事业的发展，然而区级层面老年大学建设以及街乡老年学校、社区学习点的研究和实践工作目前还是比较缺乏，存在区域内老年大学办学主体多元、办学水平参差不齐、老年教育内容娱乐化、缺乏对社会主义核心价值观的引导等众多问题，大力发展老年教育成为区域发展的重要课题。

另外，朝阳区人口老龄化程度高。2018 年年底，全市 60 岁及以上户籍老年人口最多的前三个区是朝阳区、海淀区和西城区，分别为 59.4 万人、51.5 万人和 40.6 万人。户籍老年人口比上年上涨，涨幅排在前三位的也是朝阳区、海淀区、西城区，分别增加 2.3 万人、2 万人、1.7 万人。16 个区中，80 岁及以上户籍老年人口排在前三位的是朝阳区、海淀区和西城区，分别为 11 万人、10.8 万人和 7.8 万人。由以上数据可以看出朝阳区的人口老龄化程度位居全市之首，人口老龄化带来的经济社会发展问题也将越来越严重，积极应对人口老龄化是各项工作都不可回避而需要特别关注的社会问题。目前各系统的老年大学建设尚没有明确的标准和实施规范，难以形成合力，各级老年大学建设面临诸多挑战，是亟待解决的发展实践问题。

二、朝阳区老年大学建设的理念与设想

老年教育本是时代发展的产物，发展老年教育的指导思想就是要全面贯

彻落实党的十九大精神，以习近平新时代中国特色社会主义思想为指导，坚持创新、协调、绿色、开放、共享五大发展理念，明确老年教育发展的主要矛盾，引导老年人保持老骥伏枥、老当益壮的健康心态和进取精神，提高老年人的生命和生活质量。让老年人共享改革发展的成果，进一步实现老有所教、老有所学、老有所为、老有所乐，切实增强老年人的责任感、荣誉感、幸福感和获得感。

一是遵从立德树人的根本任务。老年教育是终身教育体系的重要组成部分，具有显著的教育职能，老年大学建设要在考虑老年人群特殊性的基础上坚持教育职能。尤其是要把社会主义核心价值观融合到老年教育课程设置与教学中。另外要以人的全面发展为立足点，关注传统思想理念与教育现代化行为下的冲突矛盾问题，让老年人享受改革的成果，让老年人活出生命的意义。

二是要与社区治理融合。在城教融合总体策略下，就是要发挥教育的社会治理功能，教育要更加关注社会现象，发现社会问题，提升教育对策，教育要社会建设融合，就是要发挥老年教育在社会服务、绿色生活、健康生活等方面的教育引导作用，从而真正做到“化民成俗”。

三是要开放办教育，办共享的老年大学。现代化的老年大学是真正以人民为中心的老年大学，要求老年大学融合更多的社会功能，老年大学不仅是一所传统意义上的老年大学，更是一个老年服务平台，这个平台汇集了老年人力资源、老年经济、老年志愿者孵化、学习共同体培育、社区养老基地、老年用品体验中心、青少年校外实践基地等众多社会功能，总之在共享理念下，老年大学需要整合社会一切可以利用的资源为老年人服务。

三、朝阳区老年教育的实践路径

朝阳区依托朝阳社区学院大力发展社区老年教育，在长期的实践中探索出了独具特色的老年教育实践路径。

（1）培养老年骨干志愿者，开启社区老年教育的实践探索。朝阳区社区老年教育的发展离不开朝阳社区学院（朝阳区职工大学）的推动。鉴于老年人是社区教育的主要参与者，社区学院实施了“社区教育骨干志愿者培养项目”，又称为“种子工程”，即各街乡选派社区教育骨干志愿者到社区学院学习专业技能和活动组织管理等内容，骨干志愿者学成后返回各街乡，带领其他社区老年成员开展社区活动。目前每年都有30多个骨干班1000多学员从学院走向社区，这种模式在很大程度上推动了社区开展老年教育的积极性，又充分发挥了学院的优势，老年教育的影响力和受众人群得到显著增长。

（2）整合优质资源，融合推动老年教育事业发展。2011年由朝阳区政府牵头，引进北京东方妇女老年大学（现改名为东方老年研修学院）这一优质教育资源，与社区学院联合办学，携手开展老年教育，拓展老年教育服务功能，在实践中形成“三对接一融合”的联动办学思路，融合开展老年教育工作。另外，朝阳社区学院充分利用区域社会组织资源，联合朝阳区建设学习型城区研究会、修实公益基金等研发《退休准备》《自主健康》《生命金辉》等老年教材，并开展相关学术研讨和合作，提升朝阳区老年教育的服务能力和服务水平。基本形成党委领导、政府负责、社会协同、公众参与，独具朝阳特色的老年教育发展路径。

（3）开设老年学历班，助力老年夕阳圆梦。开展老年学历教育，是学院转型发展的需要，也是学院服务区域老龄事业，推动终身学习，建设学习型社会战略选择，把老年人纳入学院学历教育招生范围，经历了漫长的探索过程，按照老年人学习需求和学习特点开设钢琴专业、舞蹈专业、国画专业、书法专业、摄影专业、网络生活六个专业的学习班，现在每年招生在100人左右。通过参加成人高考，达到学院的录取线即可入学。学习时长为3年，共6个学期，每学期15周课程。学院设有老年学分成绩兑换机制，老年学习助学金等资助项目，对经济困难的老年人以经济资助。

（4）服务街乡，助力街乡老年大学分校建设。依托街乡、社区（村）社区教育机构建立老年大学分校、老年学习点，是落实《北京市关于加快发展老年教育的实施意见》的要求，也是满足老年人喜欢在家门口学习的需求。目前全区已有8个街乡建立老年大学分校，由街乡政府负责，鉴于各街乡管理机构不同，多设立在街乡文教科、社区办等机构，形成有效的服务机制和运行机制，发挥成人高校师资、课程、科研优势，指导、规范街乡老年大学分校的建设。

四、朝阳区老年大学分级建设的实践探索

朝阳区在教育体系（朝阳区教委为领导）探索面向老年人的终身学习服务体系的实践比较早，这得益于朝阳社区学院的成立和朝阳区社区教育的整体推进策略。依托区域社区教育领导体系和社区教育服务体系基本构建起了面向老年人的学习服务体系。已经进入分级建立老年大学的融合发展阶段，即依托朝阳区老年开放大学建立区级老年大学，依托街乡成立街乡老年大学分校，依托社区（村）成立老年学习点，为区域老年教育探索了有效的发展路径。

（一）融合发展，高质量建设老年开放大学

朝阳区老年开放大学发挥着承上启下的功能，充分利用社区教育管理体系，发挥在老年人才培养、科学研究、社会服务、文化传承创新和国际交流合作等方面的作用，积极开展老年教育，切实建成区域老年教育课程建设中心、师资队伍培训中心、示范交流中心、研究指导中心、督导评价中心。

（1）课程建设中心。课程是老年大学建设的核心内容，老年大学已经走过了无课程、无目标、无教材的阶段，新时代升级版的老年大学首要标志就是课程建设，这就需要在课程理论指导下，按照老年人的真实需求建设好兴趣爱好类、基础生活类、志愿服务类课程的开发设计，并要区分普通课程和

特色课程，提升老年教育的专业化水平。

（2）师资队伍培训中心。师资队伍是老年大学办学的重要标志，组织开展师资培训，提升老年教育教师的教学组织管理能力是区级老年开放大学建设的重要职能。针对当前老年大学师资匮乏的现状，老年大学总校既要培养一支教学水平高的教师队伍，又要培养一批老年大学建设的老年大学管理者队伍，还要培养一支具有奉献精神的志愿者队伍。

（3）示范交流中心。区级老年开放大学要发挥老年教育示范引领的龙头作用，以实际的教学展示引领街乡老年大学分校的发展。要有别于街乡老年大学分校，在课程设置、教育教学管理、环境创设、国际交流等方面发挥示范作用。

（4）研究指导中心。科学研究是大学的基本职能，需要研究老年教育实践形式和管理模式，并把这些科研成果转化为实践，切实指导老年大学分校从教学理念、课程设置、组织管理、环境创设、交流展示等多个方面科学发展。

（5）督导评价中心。区级老年开放大学是区域老年教育工作的龙头，包括制订年度工作计划，以及对工作落实情况的督导建设工作，要力争把老年教育工作纳入到素质教育督导评价体系，纳入街乡政府的绩效管理体系，出台街乡老年大学分校督导评估指标，以此引导街乡老年大学分校的规范化运行。

（二）承上启下，推动街乡老年大学分校规范化建设

按照面向全民的终身教育服务体系建设的总体要求，在街乡（镇）层面建立老年大学分校是大力发展社区老年教育的重要举措，是解决老年大学一座难求，满足老年人教育学习需求有效途径。鉴于目前北京市街乡层面老年大学尚无制度性的规范，各街乡老年大学发展极不均衡甚至缺位的现状，推动街乡老年大学分校规划化建设是一项长期的发展任务。

各街乡老年大学分校是实施老年教育的责任主体，具有协助区老年开放

大学的年度工作部署和推进的责任，具体负责本街乡内老年教育的落实和推进工作，协调解决本街乡老年教育发展中存在的突出问题。尤其是发挥对社区（村）层面老年教育教学点的建设，做好老年教育平台、师资、资源的统筹和管理工作。街乡老年大学分校要从组织机构建设、硬件条件、队伍建设、教学管理、办学经费及办学特色 6 个方面建设街乡老年大学分校。在组织机构建设中要明确组织领导和责任分工，尤其是在街乡老年教育发展困难，没有更好的发展模式时，就要更加注重构建由街乡相关领导和相关科室组成的街乡老年大学分校领导队伍，充分发挥政府引领的功能。在硬件建设方面，要规范教学场所和教学设施建设，可以整合辖区资源，形成不低于 300 平方米的教学场所，以此满足建设专业化和规范化的教学设施。在队伍建设方面要逐步构建起包括管理者队伍、教师队伍和志愿者队伍，保障老年大学分校的有机运行。在教学管理方面要从课程设置、课时要求和制度建设等方面逐步完善。在办学经费方面要多方筹集经费，做到经费公开透明，不得挪作他用。

（三）广泛覆盖，强化社区/村老年学习点建设

社区（村）老年学习点建设是遵循老年教育的普惠性、便捷性、参与性原则，让老年人共享改革发展成果的重要举措，社区/村老年学习点是老年大学最基层的办学场所，是广泛开展社区老年教育的重要阵地。社区（村）老年学习点的建设需求迫切，在对老年学员开展会选择什么类型（等级）的老年大学调研时，45.23% 的学员选择在家门口的社区学习点，31.25% 学员选择政府组织的街乡老年大学，仅有 21.64% 的学员选择区级层面的老年大学。在社区家门口的老年学习点成为最受老年学员欢迎的老年教育教学组织机构。

另外在分级建设老年大学的策略下，对老年人精准分层，从而满足不同层次，尤其是对于学习困难、生活困难的老年人提供教育学习服务。按照街乡老年大学分校的年度工作计划落实老年学习点各项工作，充分挖掘社区场地、设施设备等硬件资源，挖掘社区有能、有闲、有志的师资队伍、志愿者

队伍和管理者队伍，支持老年学习点有序运行，服务属地老年教育事业的发展。

实践共学养老模式，完善社区老年学习点的学习机制。社区学习共同体和社区共学养老模式作为在社区层面有效的老年学习组织形式在社区逐渐得到推广，社区共学养老是在社区学习共同体下衍生出的侧重于以共同学习实现精神养老的学习养老模式，其目的在于促进老年人身心健康、生命成长，推动和谐社区建设。社区共学养老模式有其独特的运行机制，社区学习点是最适合开展社区共学养老模式的实践平台，通过鼓励社工学习相关的理论和实践模式，加强组织建设，培育共学团队，制定共学团队规则，引导社区学习共同体规范化发展，逐渐完善社区老年学习点的有效学习机制。

通州区学习型教研团队作用探索

伴随着党的十六大至十九大报告中提出的建设学习型政党、学习型社会，学习大国的号召，针对学习型组织理论在学校的实际应用与作用发挥，学习型组织理论不可避免地走进教育的改革领域，掀起了一股新的浪潮。通州区学习型教研团队作用的研究探索，进行了有益的尝试，取得了一定的实效。

一、注重学习引领，强化理论认知

1992年，以美国麻省理工学院彼得·M. 圣吉（Peter. M. Senge）博士所著的《第五项修炼——学习型组织艺术与实务》一书为先导，建立“学习型组织”的活动风靡全球，学习型组织理论逐步为世人所知。这种理论认为，学习型组织具有持续学习的能力，具有高于个人绩效总和的综合绩效。鉴于这个理论基础，构建“学习型教研组”，可以培养教师的自主学习和团体学习，形成整个教研组的学习气氛，进而充分发挥教研组每位教师的创造能力，打造一个学习型、创造型的教师团体，有助于学校以及全校师生的综合发展。

根据理论学习，学习型教研团队是指一个能支持和帮助教师个人学习和交流的教学研究小组。通过营造弥漫于整个教研团队的学习气氛，充分发挥教研团队每位教师的创造性能力而建立起来的一种能持续发展并具有持续学习能力的团队。简而言之，学习型教研团队就是一种能够不断学习、不断完善自我的行为和思想、不断超越自我创造未来的具有高于个人绩效总和的综合绩效的教研团队。

学习型教研团队能够依据人的心理发展的连续性和阶段性及认知规律，为学习型教研团队构建自我认知、自我发展、自我超越的目标体系。学习型教研组与传统教研组进行比较，具有以下几个特征。

第一，全体组员拥有共同愿景。共同愿景是教研组所有成员共同认可和追求的景象，即共同奋斗目标，是教研组发展目标与个人发展目标的协调一致。它能产生众人一体的感觉，这种感觉渗入教研组各个方面，激发全体组员努力奋斗。

第二，学习能力强。学习型教研组拥有终身学习的理念和机制，拥有多元反馈和开放的学习系统，拥有学习共享和互助的心理氛围。

第三，组织结构趋于扁平，取代了高度等级化、高度集权化和高度正规化的“金字塔式”结构模式。它强调低复杂化、低正规化和分权化的，能根据教育、教学、科研和管理需要及环境变化迅速作出调整的一种松散灵活的具有高度适应性的组织形式。

第四，每个组员都具有系统思考和应变能力。树立整体的思维方式，行动时考虑全局，消除彼此间的分歧，运用系统观点思考和分析问题，注重形成团队合作精神。

第五，学习成为教研组发展不竭的力量源泉。通过学习，教师的思想观念不断更新，新的教学方法、教学技术不断推陈出新，教学和教研创新活动持续不断。在学习型教研组中，人际关系和谐，教师具有积极向上的精神风貌，他们在学习中得到了价值提升，获得了较充分的专业发展。尤其是在新课程背景下，对教师的专业化成长有着重要影响。

二、围绕团队建设，助推有效教研

通州区学习型教研团队成立以来，在注重理论学习的基础上，团队教研工作遵循学校教研的常规基本规律，突出教育教学工作重心，抓住提高教学质量这个根本，切切实实发挥学习型教研团队在常规教研中“助推器”和“润滑剂”的作用，以教研为主，以有效评价为衡量，使学校的教研工作表现出以下几个特征。

（一）专题研讨

每学期研修团队都会围绕学期教研重点，开展专题性教研活动。例如：“新模式·新课堂”教学大赛、“新苗杯”评教评学比赛、“航标杯”课堂教学大赛等；教师粉笔字、钢笔字、课堂教学技能“基本素养提升”活动；“同课异构”教研活动等。通过一系列活动的开展，不仅营造了浓厚的团队教学教研氛围，更重要的是通过“深度汇谈”“头脑风暴”，进一步促进了教师综合素质的提升和团队建设。

（二）风采展示

为了让团队教研更有实效、更有氛围，更好地服务教学、促进教学，学校经常组织教研展示活动。几年来，组织教师在市区组织的教研活动中参加了赴贵州地区的“友善用脑”送教活动，并作专题讲座；在区教师研修中心组织的新教师岗前培训活动中，作专题讲座《有效的教学设计》《班主任家访的原则》；与大兴区教师进修学校开展“名师工作室”教师示范课交流；等等。这样的展示性交流活动让教师充分利用教学资源，发挥典型教师的示范辐射作用；创造性地开展工作，把调研、教研与教师培训相结合，使工作、学习、生活一体化，极大地提高了教研工作的实效性。

（三）互联互通

团队教师的共同成长是学校教研工作的生命延续，并且能充分发挥教研工作“1+1>2”的作用。几年来，一直在开展“师徒结对”“拜师学艺”“名师引领”活动。通过此项活动，师徒在共同的教研活动中，互相学习，互相帮助，努力提高自身素质，共同获得很大的提高。

（四）相互激励

把激励贯穿教研工作始终，是一贯坚持和发扬的学习型团队教研和团队文化建设的原则。榜样激励，评选骨干教师以“点”带“面”正面引导，请学校的名优教师做课、讲座，推广经验；情感激励，评选师德模范，挖掘闪光点，树立好风气，通过大会进行表扬、表彰。

三、围绕课题研修，体现教研特色

学习型教研团队引领教师在日常工作中多钻研、勤思考，将自己的教育教学实践与理论结合起来，在总结和反思中形成自己的教研特色。

（一）教学研究接地气

教学研究体现教师创造性劳动的价值。每学期开学初，组织教师认真解读教材、重组教材，使课堂教学活动更加贴近学生。由于研究课题，教师学习课标、熟读教材、备写教案、课堂教学、作业批改都是带着问题进行的。教师的一切活动都是围绕课题进行的，使课堂目标更明确，效果更明显。教学的研究也催生了课堂新课型，如趣味课、活动课、阅读课、实践课等。李想老师示范阅读指导课《让阅读流行起来》，开启了一种全新的课外阅读教学模式；聂凤霞老师的数学课题《数学日记》，让孩子们看到了数学学习的趣味性、生活性。

（二）教学研究有特色

课题研究的是教师教学中的真实问题，学习型团队教研注重教师交流沟通教学中的不足，从而将存在的问题精心提炼成小课题，如语文学科的《真情作文》、数学学科的《数学日记》、思品学科的《爱的教育》等，最后都成为教师教育教学素养提升的突破口，使课题研究真正解决教学问题，为教学服务，有实用价值。另外，课题研究是一个螺旋式研究的过程，它是一个持续性的研究。一学期研究一个小课题，在学期末的课题结题中把研究出现的新问题作为下一学期研究的课题，使研究工作不断向深层次迈进。课题研究由表及里、由浅入深，不断深化，教师的教学能力和教育艺术得到提高，专业能力和专业素养也得到发展，教师就从“教书匠”进入“研究型”教师行列。将“教研促教”的思想内化为每位教师心中的信念，并以此来指导自己的教学工作，从而使教育教学质量得以提高。

（三）教学研究重创新

习近平总书记曾说：“创新是一个民族进步的灵魂。”日常的实践说明在教育上，创新是教育发展的灵魂。

（1）教研内容更为广泛。教研活动内容的确定要依据教师的需要，研究教师在课程实施过程中遇到的具体问题。如2020学年开展的“新苗杯”赛课活动，听课后，老师们竟不约而同地写出了听课感受的锦言妙句和自己教学中的困惑。可见活动的开展对老师们的触动和促进作用真是太大了。以问题解决为中心确定研讨内容和研讨目标，通过问题研究和主题研究相结合、预设研究和生成研究相结合的方式，转变过去的“要我研”为“我要研”，体现了教研活动的人文性，充分调动了每位教师的积极性。

（2）教研形式互动创新。学习型教研团队的教研形式由过去单一的活动变为丰富多样的教研活动，由“一言堂”变为“群言堂”。比如，每学期开展的“常规”教研活动，采用了“学习课标→个人初备→集体研讨→修正教案→说课→观课→评课→形成课例”的基本流程，变单一的教学观摩研讨活动为自主、合作、探究式的集体互动交流活动，变教研员的权威评课为共同参与、平等对话等多样的教研活动。在互动、对话式评课会上，既有一线教师的声音，又有教研员的声音；既有课堂上值得学习借鉴的亮点，又有值得思考探讨的问题，还有今后教学中应该改进的行为策略，促进形成相互学习、共同探讨的学术氛围，使更多的教师参与到活动中来。

学习型教研团队的建立进一步唤醒了教师的工作意识，激发了教师的教研活力，引领教师坚持“勤学、善思、肯干”的原则，推崇明志启智，为教育的美好明天奋力耕耘。

东城区社区文教助理队伍建设

实施文教事务助理“进街道进社区”专职社区教育工作是东城区社区教育管理体制机制创新和务实举措。22 年来，先后有百余名千余人次教师进入社区教育行列。如何让入列人员综合能力全面释放，在区教委的统筹下，东城区科学规划、精心设计、精准施策，对文教助理实施全员全程全方位的继续教育培训，补短板，夯实基础，持续不断地开展继续教育，为东城区学习型城区建设和社区教育锻造了一支具有过硬本领的文教助理队伍，也为东城社区教育跨越式发展和质的提升储备了人力资源。

一、历史沿革、人员结构与不足

（一）历史沿革

实施文教助理派遣制度始于 1998 年 9 月。2005 年，根据区教委《关于选派东城区文教事务助理的工作意见》，按照“一般校 1 名，大校派 2 名”指标配备，每年从中小学选拔 70 名左右教师，向管辖的街道派遣教师进社区工作。2010 年新东城建立后，东城区教委更加重视文教助理在发展社区教育中的作用，统筹规划，力度不减，队伍不撤，截至 2020 年，全区有文教助理 48 名，形成覆盖全区 17 个街道社区教育文教助理服务网。

（二）人员结构与不足

东城区文教助理基本由大队辅导员、科任教师、行政和部分一线教师构成。老师们长期在校园工作与生活，接触的基本上是学生与家长，较为单一。对于文教助理来说，社区教育是全新的领域，社区教育知识和理论基本上处于空白，而且，教师角色的转换对自身心理也是一种压力。同时，还要面对能力不足的挑战：了解政策的不足、对发展社区教育认识不足、独立设计实施社区教育能力不足、多部门联动协调公共关系能力不足、面对超大规模社区教育活动组织语言（口语）能力不足、驾驭各种组织活动突发事件处理应急能力不足、新闻写作能力不足，以及开展文教助理团队建设的能力不足等。好的机制，需要良好的运行模式才能让社区教育行稳致远可持续发展。在教委的鼎力支持下，东城区职业大学以问题为导向，自觉担当起社区教育人才培养的重任。

二、以问题为导向，重视专家引领，强化能力训练，持续实施继续教育培训

22年来，东城区文教助理得以健康发展，得益于坚持问题导向、发挥专家引领、强化能力训练，推动继续教育走深走实。围绕“东城区社区文教事务助理培训方案”，运用问题驱动理论，采取“工作研训一体化策略、研修活动课程化策略、分层分类多元化策略”，重点设计“师德修养、社区教育基础理论、社区教育工作技能与实务、社区教育科研能力、人文综合素质”等五方面实施培训目标要求，使他们在政策、组织、策划、协调、活动、科研等方面综合能力全面提升。

重视专家引领，提高业务能力，实现弯道超车。东城区先后邀请社区教

育专家历以贤、陈乃林、范宏楠、胡凤英、吴晓川、张翠珠、费元鸿、张志萍、马成奎，苑大勇、薛家树，清华大学博士生导师彭林、赵平教授，首医大硕士生导师段延萍教授，首师大汪成琼教授，以及东城区主要领导、专家学者为文教助理开设专题讲座，多角度提升老师们的理论水平和职业素养。2000年，教师能力考核指标首次纳入教师继续教育学分，东城区聘请马成奎老师围绕组织社区教育活动，开展“说课”、“如何上好社区教育一堂课”和“社区教育档案管理”等内容，实施继续教育培训。从2003年开始，与《劳动午报》社等多家媒体共同开展新闻通讯员教育培训。举办“组长沙龙”，开展小组学习、团队学习。组织参观考察，开展体验式教学。先后组织到北京大学、清华大学、朝阳社区学院、石景山社区学院、北京开放大学密云分校、吴裕泰实践基地、百工坊、179中学、通州张家湾等社区教育基地开展素质提升学习活动，极大地丰富了文教助理知识面，提高了对政策的理解认识，学习了社区教育好的经验，分享了知识，也反思了不足，促进了工作提高。发挥“东城社区教育报”平台作用，开辟学习专栏。持续不断的教育培训效果凸显，前门街道文教助理梁翠霞老师说，“在社区学院的学习，让我清楚‘我与社区教育’的关联，让我明白了社区教育工作是一项综合性的工作，勤于学习是提高素质的重要基础，勇于实践是提高素质的有效方法，善于总结是提高素质的催化剂”。2005年到崇外街道做文教助理的马红瑛老师说，“当我思考‘我与社区教育’这一命题时刻，两年来的社区教育实践让我逐步认识到，离开学校，来到机关，环境变了，工作对象变了，工作方法也要随之改变。我们的服务对象是社区居民，他们的生活很实际，免不了有一些怨言和牢骚，在他们的眼里我们代表的是政府形象，一言一行都是体现政府行为，讲政治不是一句空话。一个人要立足社区，光有热情是不行的，面对新岗位新情况新问题，要牢固树立‘政治意识、大局意识、责任意识、服务意识和主人翁意识’才能履职社区教育责任”。

三、建设一支结构合理具有驾驭社区教育发展需要的文教助理队伍

东城区建立科学的社区文教助理用人标准和选人用人机制，坚持用人标准，把好入职关。坚持责任标准，把好选人关。重新修订“东城区社区文教助理工作职责”，细化了六大类 18 项业务。出台《社区文教助理年度考核方案及考核办法》《社区文教助理工作职责量化标准》《东城区社区文教助理培训方案》《关于文教助理评优考核办法》等文件，从制度上进一步完善社区教育工作规范。吸引和选拔多学科人才进入社区教育领域。精心筛选多学科人才进入社区教育领域，文教助理知识结构发生显著变化，涵盖语文、数学、英语、音乐、美术、体育、生活、信息技术、政、思品、护理、社会、朗诵、出纳、书法、劳技、幼教全科等学科，服务市民终身学习和青少年素质教育的能力更宽了。东城区重视科研引领。自 2005 年始，连续 15 年引导文教助理老师撰写“社区教育工作案例”，累计完成 800 余篇涉及公共文化、教育资源建设、社区治理、党建、民生、青少年、老年教育、养老、残疾人等若干类型专题，被有关学者称为社区教育与社会治理的专门化教材，有利于文教助理改善心智模式，重视将系统思考贯穿于社区教育实践活动设计中，实现组织目标，推动社区教育工作开展，提升老师们驾驭工作的专业化水平，也为社区教育后继者提供了学习范本。

孔子曰：“君子谋道不谋食。”“君子忧道不忧贫。”东城区持之以恒地把建立文教助理队伍作为发展社区教育抓手，以建首善、创一流的标准，规划顶层设计，推动东城社区教育可持续发展，展现出区委、区政府、区教委全面实施东城教育现代化战略格局。发挥东城职大作为社区学院龙头作用，实施文教助理继续教育，使管理、使用、培养与培训无缝对接，反映出学校的智慧。2016 年，《北京市学习型城市建设行动计划（2016—2020 年）》中明

确提出社区教育工作者和学习指导师队伍建设的目标与任务，作为首都核心区，东城有责任积极践行文件精神，发挥市区两级社区教育指导中心的作用，深化东城区文教助理队伍建设，不断提升社区教育文教助理队伍职业化水平，为学习型东城建设助力。

房山区构建终身学习服务体系

一、明确思路、坚定信心

房山区根据中央全面深化改革委员会《关于建设新时代文明实践中心试点工作的指导意见》《教育部等七部门关于推进学习型城市建设的意见》《教育部等九部门关于推进社区教育发展的意见》，以及北京市委、市政府《关于大力推进首都学习型城市建设的决定》《北京市中长期教育改革和发展规划纲要（2010—2020 年）》《首都教育现代化 2035》等文件要求，认真学习贯彻党的十八大、十九大精神，围绕房山区新时代文明实践、美丽乡村建设、“三区一节点”等重大战略，依托房山区成人教育中心（以下简称成教中心），秉承“用学习托起房山”的工作理念，坚持深化新时期成人教育“1116”工作思路，即围绕成人教育直接为新房山建设提供优质教育服务这条主线（1 条主线），为社会各界学习者提供不同层次、不同需求的学习空间，搭建学习平台（1 个平台），构建以区成教中心为龙头，乡镇成人学校为骨干、村校和市民学校为基础、社会力量办学机构为补充的网络化成人教育服务体系（1 个体系），努力拓展学历教育、主动参与社会培训和精心做好社会化考试、积极探索社区教育、扎实推进学习型组织创建、开展乡镇成人学校业务指导、深入做好家庭教育（6 大板块工作）。坚持“五服务、五促进”工作方针，即成人教育服务房山区产业转型，促进劳动者素质提高；服务城市化进程，促进市民文明素养提升；服务文化建设，促进新农村文化繁荣；服务教育综合改革，促进青少年实践体验空间拓展；服务学习型房山建设，促进农村社会管理新变革。灵活运用统筹、整合、合作、贯通、共享工作策略，立足房山实际，满足和引领百姓学习需求，面向全区提供内容丰富多彩、形式灵活多样、参与方式便捷、学习资源丰富、学员覆盖面广、参与群体多层次、参与人数众多的教育培训和教育服务，全面提升和促进房山市民素质的提升，促进成人教育内涵发展和学习型社会建设，促进学习和城市的融合，促进成教和普教融通，形成房山成人教育发展新模式，在发展终身教育和服务百姓终身学习中取得显著的成绩，得到社区居民和社会各界的认可和赞誉，取得良好的社会效益。

二、拓展职能，夯实体系

房山区形成以区成教中心为龙头，23 所乡镇成人学校和中高职院校为骨干，461 所村校和 122 所市民学校为基础的成人教育三级网络体系，为方便市民学习构建了一张“横到边、竖到底”的大型网络，学习资源通过这张网络源源不断地输送到市民面前，成教中心已经成为全区最大的综合性学习服务平台和房山成人教育的巨大引擎。经过 2009 年和 2017 年两次改革，确立了成教中心的十大职能，包括：确立乡镇成人学校业务指导职能；确立学习型组织创建指导职能；确立家庭教育指导职能；确立新时代文明实践中心建设指导职能；确立社区教育指导职能；确立农民教育职能；确立成人学历教育职能；确立社会化考试服务职能；确立师资研修和课程开发职能；确立学习资源汇聚开发职能。成教中心有效发挥十大职能，极大地带动了房山成人教育的快速发展，特别是对于成教体系中的二、三级——乡镇成人学校和村校、市民学校的建设起到了极其重要的推动作用。成教中心的资源辐射和工作带动作用是房山区成人教育体系不竭的动力源泉。

三、积极办学、服务社会

成教中心的十大职能主要通过七大板块工作来承担，有个别板块承担一个以上职能。这七大板块工作是：学历教育板块、社区教育板块、农民教育板块、社会培训和社会考试板块、家庭教育板块、学习型组织建设板块、教科研板块（前六大板块属于一线，教科研支撑前六）。

（一）学历教育板块

学历教育板块按照《教育部关于办好开放大学的意见》的要求，以“构建房山区现代远程开放大学”为目标，秉承“学习者的需求就是我们的追求”的办学思想，坚持“创新、协调、绿色、开放、共享”的发展理念，以提升服务质量和品牌质量为核心，以内涵发展、特色发展和创新发展为主题，不断满足居民学历教育需求，为首都非核心功能疏解和“一区一城”新房山建设提供智力支持和人才保障。学历教育涵盖中央党校研究生院、国家开放大学、北京林业大学、北京经济管理职业学院、北京师范大学、中国医科大学、大连理工大学、东北财经大学等八所院校的教育资源，拥有开放教育、网络教育、成人高考学历教育三种不同教育模式，包括高起专、专升本和研究生等学历层次，专业涵盖理、工、农、医、经、管、法、教、文、史、哲等 80 余个专业，并形成经管、理工、文史协调发展的多学科专业布局，满足全区各类学习者多样化的学习需求。学历教育板块年均招生 850 人，年均在校生 2500 人。

（二）社区教育板块

社区教育板块坚持以习近平新时代中国特色社会主义思想为指导，以构建终身学习服务体系、助力学习型房山和新型城市化建设为中心，以推进新型市民文明教育体系全面融入新时代文明实践中心建设为重点，以提升市民素质和生活品质、丰富群众精神文化生活为主线，抓实社区课堂，务实学习服务，助力培养“一区一城”新房山建设的奋斗者和追梦人。

1. 构建“资源统筹、三位一体”新型市民文明教育体系

将社区教育与道德文明教育并网建设，积极推进社区教育与宣传思想文化和精神文明建设融合发展，协同区委宣传部、区文明办，整合全区成人教育、市民文明学校教育和道德大讲堂三方面资源，构建起以区成教中心（市民文明学校总校、道德大讲堂指导中心）为龙头，以乡镇街道社区成人职业学校（市民文明学校中心校、道德大讲堂辅导中心）为骨干，以村社区市民（成人）学校（市民文明学校和道德大讲堂）为基础的覆盖全区、各方联动、“资源统筹、三位一体”的新型市民文明教育体系。

2. 推进新时代文明实践中心建设

对接全区新时代文明实践中心、所、站、基地建设，实效推进新型市民文明教育体系全面融入新时代文明实践中心建设。按照区委宣传部部署，组织教师深入调查研究，了解掌握全区社区村及党组织设置和新型市民文明教育体系二、三级网络体系乡镇街道市民文明学校中心校、社区村市民文明学校分校运行情况，完成了一个中心、一个分中心、27 个新时代文明实践所、609 个新时代文明实践站和第一批 60 个新时代文明实践基地的分类筛选、上线以及各类人员聘任等相关工作，并承担起全区新时代文明实践业务指导、网络互动平台日常管理等职能。

3. 深耕社区教育，提升市民素质

根据不同群体的不同特点和学习需求，采取送课与点课相结合，将“市民讲堂”“艺术学堂”送到社区村、送到群众家门口，把国家意志、党的声

音、个人需求及时输送到老百姓的心坎上、脑海中，让文明的旗帜在百姓心中飘扬。在丰富群众精神文化生活、促进市民生活品位、生活质量提升的同时，为基层培育文艺骨干力量，促进基层文化繁荣，带动区域文明程度提升。围绕提高老年人的生命和生活质量，继续以“美在夕阳、乐在夕阳、玩在夕阳、学在夕阳”四大系列为主题，区、乡、村三级联动开展老年教育。依托全市首批“首都女性学堂”线下学习基地优势，组织开展针对女性朋友发展、权益、文化、健康的各类专项教育活动。

（三）农民教育板块

农民教育板块以“融入、提升、发展”为主题，以培育新型职业农民、建设美丽乡村为目标，推进三项建设（农民教育管理体系建设、农民教育教师师资体系建设、农民教育团队建设），以四个课堂为抓手（中等学历教育和贯通培养为主体的固定课堂、以农业科技入户直通车为主体的流动课堂、以农技微课程及智农天地网为主体的空中课堂、以农广校实习实训基地为主体的实践课堂），做好六项工作（农民学历教育工作、新型职业农民培育工作、农村实用人才培养工作、驻村帮扶工作、乡校业务指导工作和残疾人青壮年扫盲工作），推进惠农项目开展，服务“一区一城”新房山建设。

（四）社会培训和社会考试板块

社会培训和社会考试板块立足为“一区一城”新房山建设培养实用型、技能型人才，积极拓宽合作领域，深度开发培训项目，打造培训品牌。以“首都职工素质教育工程”为抓手，做好工学融通。深入部门、行业、企业调研培训需求，全力打造首都职工素质工程技术工人职业培训、职工通用能力培训、公益大讲堂、职工读书沙龙项目。与区财政局、区直机关工委等单位合作，开展在职职工年度经费收支决算与预算编报、党内统计年报、税务、专业森林消防业务等培训。加强成普融合。充分利用房山区普通话测试分中心资源，面向北京中医药大学、北京工商大学和北京经贸职业学院等大学院校和社会人员，开展普通话培训和测试工作。整合共享资源，协同发展提升，有效拓宽普、职、成教育融合发展新途径。建立健全各项考试制度，积极同北京教育考试院、教育部考试中心等部门合作，开展全国计算机等级考试、剑桥少儿英语考试；同人力资源和社会保障局、财政局、司法局、卫计委、公安局等单位合作，高质量组织完成会计初中级专业技术资格考试、经济专业资格考试、一二级建造师考试、司法考试、安全工程师、消防工程师等职称、执业资格考试及北京公务员、国家公务员、事业单位招考等招聘考试等十多项考试工作任务。

（五）家庭教育指导板块

房山区家庭教育指导中心作为房山区成人教育中心机构改革的重要创新业务板块，承担全区家庭教育的综合协调、业务指导、咨询服务及督导评估系列工作。部门正式启动后，各项工作取得突破性进展，实现了房山区家庭教育的跨越式发展。以“家庭教育指导师资的开发与利用”为特色品牌，构建覆盖房山区城乡的家庭教育指导服务网络，为全民终身学习社会的推进注入活力。全面推进房山区“全国家长学校建设实验基地”建设系列工作，为房山区立体化的家庭教育指导服务网络的最终构建搭筑平台。房山区被正式批复授牌为“全国家长学校建设实验基地”（全国第 65 家、北京市第 2 家），比预期时间整整提前 3 年；编撰制定《房山区家庭教育十年规划（2018—2028 年）》，为未来房山区家庭教育把握了方向、拟定了框架、指明了途径；实施房山区“全国基地”课题研究工作，国家社科基金重大招标项目《中国传统家训文献资料整理与优秀家风研究》正式启动，子课题申报工作圆满完成；出色完成教育部基础教育司“家庭教育热点问题及解答策略征集”工作任务，涉及 18 所学校，覆盖幼小中职成各个学段，共征集到家庭教育热点问题及解答策略近 70 条，成文近 50 页；办好家长学校，区教育系统单位建校率及实操率达到 100%，丰富家长学校指导服务内容，面向区教育系统各学段近60家单位，配送全国家长学校专用教材2300余册；圆满完成《全国家庭教育工作指导手册》第一章的编写工作（近1.3万字）并交付试行，为《全国家长学校系列教材》的使用提供指导；积极引入国家教育行政学院家庭教育研究中心“家长学校公众服务平台——家长学习网”App资源，尝试家庭教育的多维探索——“互联网+”，为全区学校、家庭提供家庭教育知识和技能服务；赴六镇（街道）巡回调研指导，房山区“全国基地”“实验学区”试点调研圆满结束，《试点工作实施方案》编撰完成，相关工作逐步展开；把劳动教育纳入家庭教育重要议事日程，拓展全区中小学劳动教育，区中小学家庭教育协调合作机制初步成形；新冠肺炎疫情防控时期，作为全国基地之一，积极配合国家教育行政学院全国家长学校建设基地总部“打通家校连心桥　共赢疫情防控战——支持学校开展线上教学公益活动”，扩大房山区家庭教育的影响力度。

（六）学习型组织创建指导板块

学习型组织创建指导板块围绕为学习型房山创建提供优质服务这条主线，坚持以人为本、执着创新、融慧共进、服务社会的核心理念，努力做好体系建设、队伍建设、制度建设、机制建设、业务建设、宣传普及、对外交流等工作，为学习型房山建设作出了重要贡献。连续5年成功组织房山区第11届、第12届、第13届、第14届和第15届全民终身学习活动周。房山学习周的影响力不断扩大，多次获得北京市全民学习活动周优秀组织奖，北京电视台新闻频道连续对房山第14届和第15届学习周进行了专题报道，房山学习周已经成为全市知名的学习活动品牌。房山区街道乡镇学习型组织建设工作考核评价工作。2014年，房山区把区直机关和街道乡镇的学习型组织创建工作纳入综合评价体系，加大对学习型组织创建工作的行政监督力度，强化乡镇街道党委和政府的主体责任。对街道乡镇的学习型组织建设考核评价工作由成教中心下属单位——房山区学习型组织创建工作指导中心承担。为发挥先进和品牌的示范引领作用，指导中心每年在全区范围内开展评优评先和品牌培育工作。2016—2019 年共评选出 631 个学习型组织先进单位和家庭，9 个市级学习之星，417 个区级学习之星，2 个国家级学习品牌，7 个市级学习品牌，148 个区级学习品牌，先后培育出南窖乡和阎村镇两个区级示范点。

附　录

附录Ⅰ　北京市学习型城市建设大事记

（2000—2020年）

2000年

12月，北京市教育委员会印发《关于深化企业教育综合改革，建立现代企业教育制度，创建学习型企业的若干意见》（京教职成〔2000〕16号），并将《北京市创建学习型企业评估指标》作为附件正式下发。

2001年

2月，北京市人民政府在《北京市国民经济和社会发展“十五”计划纲要》中明确提出：要在全国“率先构建起终身学习和学习型社会的基本框架”的发展目标。

6月，北京市人民政府办公厅转发的《市教委关于全面推进社区教育，促进首都学习化社区建设的意见》中提出：“在3—5年内建立较为完善的社区教育体系，基本形成具有区域特色、能满足社区成员日益增长的精神文化需求的学习化社区。力争用8—10年时间，将北京建设成为学习化城市。”

6月，北京市教育委员会、北京市经济委员会、北京市商业委员会、北京市建设委员会和北京市市政管理委员会联合印发《关于“发展企业教育创建学习型企业先进单位”评估工作的通知》（京教职成〔2001〕26号），共同制定了《发展企业教育，创建学习型企业先进单位评估指标体系》。

7月，北京市教育委员会印发《关于在全市开展“发展社区教育促进学习化社区建设先进区县”评估工作的通知》，制定、发布《北京市推动社区教育促进学习化社区建设先进区县评估指标体系》。

12 月，组织专家对市属企业进行开展学习型企业试评估工作，评选出北京西单商场股份有限公司、北京蓝岛大厦和北京翠微大厦三家大型商业企业为第一批创建学习型企业先进单位。

2002 年

4 月，北京市教育委员会召开《北京市发展企业教育创建学习型企业理论研讨会》，会上布置 2002 年创建学习型企业先进单位评估的准备工作。

5 月，中共北京市第九次党代会提出“构建学习型社会，推进首都教育现代化”的战略目标。

5 月，西城区接受并通过“发展社区教育促进学习化社区建设先进区县”评估，成为北京市首个创建学习型城市先进区。

10 月，海淀区接受并通过“发展社区教育促进学习化社区建设先进区县”评估，成为北京市第二个创建学习型城市先进区。

11—12 月，在企业自愿报名，主管部门推荐的基础上，北京市教育委员会等五委对首钢总公司、北京二七车辆厂、北京燕莎友谊商城有限公司、北京甘家口大厦、北京夏都大厦、北京市利民物资有限责任公司、北京华天饮食集团公司、北京顺峰饮食娱乐有限公司、北京渔阳集团有限公司、北京星光影视设备集团公司、北京富帛实业股份有限公司、北京崇民防伪印刷集团公司、北京市昌平一建建筑责任有限公司、北京爱慕内衣有限公司、燕兴隆（集团）公司等 15 家企业开展“发展企业教育，创建学习型企业先进单位”活动进行 2002 年度的评估。通过专家评估、市教委审定，以上 15 个企业被评为 2001 年“发展企业教育创建学习型企业”先进单位。

同年，北京市教育委员会印发《北京市示范性社区教育中心建设标准》和《关于加强街道社区教育中心建设的通知》。

2003 年

2 月 12 日，北京市教育委员会发出《关于在本市开展示范性社区教育中心评估工作的通知》并附《北京市示范性社区教育中心评估指标体系》，决定从2003年开始在全市开展示范性社区教育中心评估工作。

2月，北京市教育委员会组织编著的《企业教育与创建学习型企业》由北京工业大学出版社公开出版发行。内容含北京市建设学习型城市专家组成员的8篇理论文章、18家市级创建学习型企业先进单位案例和41条知识问答。

9月，由中共北京市委组织部、北京市人事局、北京市科学技术委员会组编的《树立终身教育理念 创建学习型城市》由北京邮电大学出版社出版。

11月、12月，崇文区接受并通过市教委组织专家进行的“发展社区教育 创建学习型社区”工作评估。

同年下半年，北京市教育委员会等五委组织专家对北京全聚德集团有限责任公司、北京同仁堂集团有限责任公司、北京当代商城实业公司、北京燕京啤酒集团有限公司、北京京客隆超市连锁集团有限公司、北京市汽车修理公司、北京住总第六开发建设有限公司、北京菜市口百货股份有限公司、北京城建第二建设工程有限公司、北京华云建筑工程有限公司、北京光华染织厂、北京曙光药业股份有限公司、北京怀建集团有限公司开展第三批“发展企业教育，创建学习型企业先进单位”评估活动，以上13家企业被评为先进单位。

2004年

1月，北京市教育委员会组织编著的《构建终身教育体系 创建学习型城市》由北京工业大学出版社公开出版发行。内容含专家组成员的10篇理论文章和学习型城区建设、示范性社区教育中心建设、学习型企业建设、学习型教育机构建设、学习型家庭建设共45个案例。

2月，市总工会等9个单位联合下发《关于印发〈关于在全市深入开展“创建学习型组织，争做知识型职工”活动进一步加快首都职工队伍知识化进程的实施意见〉的通知》（京工发〔2004〕9号）并召开全市“创争”活动领导小组会议。

3月，北京市总工会、首都文明办、市发改委、市教委、市科委、市人事局、市劳动和社会保障局、市国资委、市工商联等9个委、办、局和人民团体决定在全市开展“创争”活动并召开动员大会。首钢总公司、燕化公司等10个单位发起开展全市“创争”活动倡议书。

4月，市总工会开展“创争”活动知识竞赛。

5月，北京市教育委员会、首都精神文明建设委员会办公室、北京市民政局联合下发《关于开展创建学习型城区工作的通知》；修改《北京市推动社区教育促进学习化社区建设先进区县评估指标体系》为《北京市发展社区教育促进学习型城区建设基本标准》。

9月，北京市教育委员会下发《关于成立创建学习型组织专家指导委员会的通知》（京教职成〔2004〕15号）。主任委员和委员共12名。形成《关于统筹教育科研资源和社会专家志愿，发挥科研队伍的整体优势，大力推进北京市学习型城市建设的工作意见》，将专家指导委员会的秘书处设在北京教科院职成所。

9月，朝阳区接受并通过“发展社区教育促进学习型城区建设先进区”评估。

10月，全国“创建学习型组织，争做知识型职工”活动现场推进会在山东省青岛市召开。北京翠微大厦股份有限公司被授予“全国创建学习型组织，争做知识型职工活动示范单位”称号。

10月，市总工会召开“创争”活动研讨会。

10月，由北京市教育委员会牵头，首都精神文明建设办公室、北京市民政局联合再次印发《关于开展创建学习型城区工作的通知》，并修订原有评估指标体系为《北京市发展社区教育促进学习型城区建设基本标准》。

2005年

6月，丰台区接受并通过“北京市发展社区教育促进学习型城区建设先进区”评估。

9月21日，北京市教育委员会印发《北京市教育委员会关于加强企业教育推动学习型企业创建工作的意见》；北京市教育委员会会同市总工会印发《关于评选发展企业教育，创建学习型企业先进单位的意见》（附有第三版评估指标体系）。北京市教育委员会会同市委教育工委、首都精神文明办公室、市农委、市人事局、市民政局、市教育工会等部门，印发《关于创建学习型机关先进单位评估标准》《关于创建学习型学校先进单位评估标准》《关于创建学习型社区先进街道评估标准》《关于创建学习型地区先进乡镇评估标准》《关于创建学习型新村先进村评估标准》。

10月，北京市教育委员会在《关于制定北京市国民经济和社会发展第十一个五年规划的建议》中提出“加强成人教育、继续教育，推进城乡教育的信息化建设，努力构建终身教育体系，积极推动学习型城市建设”。

10月，北京市总工会召开北京市“创争”活动暨首都职工素质教育工程总结表彰大会。会议授予首钢总公司等10个单位为北京市学习型组织标兵单位和首都劳动奖状，王建军等10名同志为北京市知识型职工标兵和首都劳动奖章。

10月，石景山区接受并通过“北京市发展社区教育促进学习型城区建设先进区”评估。

12月，“十部委”（国防科工委又加入）发布《关于表彰2005年度全国学习型组织、知识型职工的决定》，全国“创争”活动指导协调小组授予北京翠微大厦股份有限公司“全国学习型组织标兵单位”称号，同时获得全国“五一劳动奖状”。授予首钢总公司“全国学习型组织先进单位”称号。

12月，顺义区、宣武区先后接受并通过“北京市发展社区教育促进学习型城区建设先进区”评估。

2006年

3月，中共北京市委、北京市人民政府召开首都教育大会，印发《关于实施首都教育发展战略，率先基本实现教育现代化的决定》，提出“到2010年在全国率先基本实现现代化，学习型城市初步建成”。

3月，东城区接受并通过“北京市发展社区教育促进学习型城区建设先进区”评估。

5月，燕山地区接受并通过“北京市发展社区教育促进学习型城区建设先进区”评估。

10—12月，北京市教育委员会和北京市总工会组织专家对燕山石化、用友软件、北汽福田欧曼重卡、朝阳公园、松下彩管、牛栏山酒厂、华利佳合、东方信达、城建五公司、京煤集团化工厂、龙辉京城、石景山环卫、高盟化工等 13 家企业进行创建学习型企业先进单位的评估，并授予市级称号。

11 月，大兴区接受并通过“北京市发展社区教育促进学习型城区建设先进区”评估。

12 月 6 日，北京电大举行学习型城市建设研究所、社区教育研究所成立暨揭牌仪式。北京市老教育工作者协会会长马叔平、副会长朱全俊，北京市教委委员孙善学、职成处处长吴晓川出席揭牌仪式，并被北京电大特聘为研究所顾问。马叔平会长代表特聘顾问讲话。

2007 年

2 月 2 日，北京市教育委员会成立“北京市学习型城市研究中心”，机构挂靠在北京教育科学研究院，该中心以“北京市学习型组织建设专家指导委员会”的专家组成员为主，共聘请十几位兼职的“特邀研究员”，作为推动北京市学习型城市建设理论研究、实践活动和各类学习型组织建设评估活动的专门队伍。

3 月 22 日，市总工会召开 2006 年北京市“创争”活动总结暨表彰大会，表彰 123 个学习型先进班组和 120 名知识型职工先进个人。

3 月 30 日，中共北京市委、北京市人民政府颁发《关于大力推进首都学习型城市建设的决定》。

4 月 11 日，中共北京市委、北京市人民政府在北京会议中心隆重召开北京市建设学习型城市工作会议。会上，对已经被评为“北京市发展社区教育促进学习型城区建设先进区”的区县进行表彰。

6—7 月，市教委研究制定、修订《创建学习型机关先进单位评估指标体系》《创建学习型学校先进单位评估指标体系》《创建学习型企业先进单位评估指标体系》《创建学习型街道先进街道评估指标体系》《创建学习型乡镇先进乡镇评估指标体系》等系列指标体系。

上半年，北京市委市直机关工委邀请市专家组几位成员为 40 多名司局领导讲授学习型机关的创建。北京市教委举办区县教委主任及主管职业与成人教育副主任的培训班、区县创建学习型组织指导专家培训班以及企业、街道主管负责人的培训班。

7月，北京市建设学习型城市工作领导小组办公室下发《关于开展创建学习型学校先进单位评估工作的意见》。

7月16日，设在北京广播电视大学的北京学习型城市网站开通暨北京市民终身学习远程服务中心揭牌仪式在北京会议中心举行。

7—10月，北京市创建学习型城市领导小组办公室组织评估专家组对景山街道、安定门街道、体育馆街道、永定门外街道、月坛街道、德胜门街道、天桥街道、亚运村街道、学院路街道、西三旗街道、云岗街道、老山街道、石园街道、泉河街道、龙山街道、采育镇、北务镇、马坡镇、渤海镇、石城镇、镇罗营镇的创建学习型街道（乡镇）先进街道（乡镇）工作进行评估，这15个街道和6个镇被评为先进单位。

9月，北京市学习型城市研究中心主编的《北京学习型组织创建工作手册》由首都师范大学出版社出版发行；并印发《建设首都学习型城市辅导读本》免费发放给各区县及创建学习型组织先进单位。

9—12月，北京市创建学习型城市领导小组办公室组织评估专家组，对北京建工集团有限责任公司、北京便宜坊烤鸭集团、北京首云铁矿有限公司、北京顺鑫农业发展集团有限公司、北京市西城区环境卫生服务中心、北京市石景山区自来水公司、北京红星股份有限公司、北京燕华建筑安装工程有限责任公司、北京林河工业开发总公司等9家企业进行创建学习型企业先进单位的评估，并授予市级称号。

12月，北京市机构编制委员会批复成立北京市学习型城市工作领导小组。市委市政府主要负责同志（市委常委）担任组长，由市委组织部等29个成员单位组成，领导小组办公室（以下简称市学习办）设在市教委。

2008年

上半年，北京市学习型组织工作建立有关工作制度，明确领导小组各成员单位工作职责，分解各项工作任务。市学习办组织专家继续修改完善各类学习型组织评估指标体系。市学习办分层次、分类别举办北京市（市、区两级专家队伍）“学习型组织理论与实践”培训班，培训工作骨干200人。

9—12月，组织专家对北京第二实验小学、燕山区前进第二小学、朝阳区社区学院、北京市第十一中学、北京市顺义区石园小学、北京市第一六六中学、北京市立新学校、北京市第一六一中学、北京市宣武区宣武师范附属第二小学、北京市第二中学、北京市京源学校、北京市丰台区丰台第二中学、北京市海淀区私立新东方学校进行创建学习型学校工作评估，以上13所学校被评为先进单位。

12月，市学习办组织专家对怀柔区进行创建学习型城区先进区评估，该区通过评估。

2009年

1月16日，北京建工集团有限责任公司被全国“创争”活动指导协调小组授予“全国创建学习型企业标兵单位”；同年获得全国“五一劳动奖状”。

9月4日，北京市建设学习型城市工作领导小组第四次会议召开。会议提出五个重点工作。一是进一步加大宣传力度，营造建设学习型城市的浓厚氛围。二是继续加强研究，组织制定《首都学习型城市建设工作2010—2014年规划》。三是努力创新学习制度，加快完善社会化的终身学习服务体系。四是不断拓展领域，努力提升学习型组织的建设水平。五是积极搭建平台，不断丰富和创新学习载体。增补市委社会工委（市社会办）、市卫生局、市园林绿化局、市文物局为建设学习型城市工作领导小组成员单位；会议原则通过《关于进一步推进学习型区县建设的意见》《关于认定“首都市民学习品牌”项目工作的意见》《关于开展“首都学习之星”、“优秀学习指导教师”评估工作的意见》《关于进一步明确北京市建设学习型城市工作领导小组成员单位职责分工的意见》。

9月，制定“首都市民学习品牌”评审标准，启动评审工作，推出“干部在线学习”“国子监大讲堂”“益民书屋”“职工书屋”“北京共青团创业青年夜校（青檬夜校）”“巧娘工作室”“首都科学讲堂”“和谐之声艺术团”“周末社区大讲堂”“市委办公厅学习讲坛”等第一批“首都市民学习品牌。

11月，市学习办组织专家对昌平区创建学习型城区工作情况进行评估，该区被评为“北京市创建学习型城区先进区”。

同年，先后印发《北京市建设学习型城市工作领导小组成员单位及办公室职责分工》《关于在全市认定“首都市民终身学习服务基地”的通知》《关于开展认定“首都市民学习品牌”项目工作的意见》《关于开展“首都学习之星”评选工作的意见》《关于在全市开展“优秀学习指导教师”评选活动的意见》等文件。加强市级专家指导队伍建设、区县成人教育工作者队伍和基层单位工作骨干队伍建设，健全专家组内部学习和研究制度，加快学习型城市建设等开展专题学习和研究。对300多名区县成人教育专职干部和基层工作骨干开展学习型城市和社区教育专题理论培训。

2010年

3—10月，对崇文区教育研修学院、北京宣武红旗业余大学、昌平职业学校、北京一五九中学、密云县新城子小学、西城区三里河第三小学、史家小学分校、中关村第一小学、燕山向阳小学、怀柔区第三小学、大兴一职、北京三十五中学、通州成教中心、延庆第二幼儿园、空直蓝天幼儿园、中国林业科学研究院、门头沟大峪二小、怀柔三中、密云县第二中学进行创建学习型学校工作进行评估，以上19所学校被认定为北京市第二批创建学习型学校先进单位。

4—6月，制定“学习之星”的评审标准。开展“首都市民学习品牌（第二批）”和“首都市民学习之星（第一批）”评选工作，推出20个“首都市民学习品牌”和100名“首都学习之星”。

10月，举办第六届全民终身学习活动周。围绕“学习让生命更精彩、学习让城市更繁荣”主题，举办首都学习型城市建设成果巡展、“首都学习之星”风采展、市民网络学习课程体验等内容丰富、形式多样的学习、咨询、服务和宣传活动，1万余人参加活动。

10月，延庆县接受评估，被评为“北京市建设学习型城市先进县”。

12月23日，北京市教委发布《关于新时期促进我市社区学院建设和发展的意见》。

12月，北京市学习型城市工作领导小组办公室编辑出版“北京建设学习型城市系列丛书”（六册），即《北京市学习型城市工作领导小组成员单位工作报告》《北京市学习型区县创建工作报告》《北京市学习型社区创建工作报告》《北京市学习型学校创建工作报告》《首都市民学习品牌集锦》《首都市民学习之星风采》。

2011 年

4 月 22 日，市建设学习型城市工作领导小组第五次会议召开。提出研究制定《北京市学习型城市建设“十二五”规划》。要以学习型党组织建设为龙头，积极推进各类学习型组织建设。要坚持以人为本，完善终身教育体系，构建终身学习服务体系，提高市民的文化素质和学习能力，扎实推进学习型城市建设。

4—5 月，开展首都市民学习品牌（第三批）和首都市民学习之星（第二批）评审，推出 20 个“首都市民学习品牌”和 100 名“首都学习之星”。

7 月，北京市修订学习型街道（乡镇）建设的评估指标体系。

7 月，北京市建设学习型城市领导小组下发《关于开展北京市建设学习型城市工作示范区县评估的通知》；发布“北京市建设学习城市工作示范区（县）评估指标”。

9 月，市学习办、市学习型城市研究中心共同举办“北京市创建学习型社区先进街道（乡镇）培训班”，培训全市相关工作者 100 余人。

10 月，北京市教委与北京师范大学共建的“首都学习型社会研究院”成立。

10 月，北京市教委与首都师范大学共建的“北京市学习型学校建设促进中心”成立。

12 月，《北京市中长期教育改革和发展规划纲要》颁布，其中专设有“第五章学习型城市建设”。

2012 年

4 月 18 日，北京市学习型城市建设工作领导小组印发《北京市学习型城市建设“十二五”规划》。要求各区县人民政府、市建设学习型城市工作领导小组各成员单位、各高等学校认真贯彻执行。

3—6月，开展首都市民学习品牌（第四批）和首都市民学习之星（第三批）评审，推出20个“首都市民学习品牌”和100名“首都市民学习之星”。

3—10月，是学习办委托专家组对鲁谷社区、安贞街道、广内街道、展览路街道、陶然亭街道、青龙桥街道、果园街道、东风街道、朝阳门街道、北新桥街道、龙潭街道、大华山镇、王辛庄镇、东邵渠镇、怀北镇、礼贤镇、张山营镇、马驹桥镇、阎村镇、杨镇、赵全营镇进行创建学习型街道（乡镇）工作进行评估，以上11个街道和10个镇被评为先进单位。

10月，市学习办委托专家对西城区创建工作进行评估。西城区通过评估，成为第一个“北京市创建学习型城市示范区”。北京市学习型城区建设迈上新台阶。

11月，北京市学习型城市工作领导小组办公室编辑出版《北京市民学习资源手册》。

11月30日—12月1日，房山区接受并通过“北京市建设学习型城市先进区”评估。

同年，北京市教委与中国人民大学共建的“北京市学习型组织发展研究中心”成立。

2013年

1月，通州区通过“北京市创建学习型城区建设先进区”评估。

4—5月，开展首都市民学习品牌（第五批）和首都市民学习之星（第四批）评审，推出20个“首都市民学习品牌”和100名“首都学习之星”。

10月，北京市人民政府与联合国教科文组织、中国教育部联合举办“首届学习型城市国际大会”，北京市在会议上作经验发言。会议发布《建设学习型城市北京宣言》和《学习型城市关键特征》。

10月，为迎接“国际学习型城市大会”召开，北京市编印《北京市学习型城市发展报告》（英文）、《北京市组织学习案例集（I）》、《北京市成人“终身学习素养”研究报告2012》以及《北京市学习型学校创建工作案例集》等材料。

2014 年

4—6 月，开展首都市民学习之星（第五批）评审，推出百名“首都学习之星”。

8 月，密云县被评为“北京市学习型城区建设先进县”。

10 月，北京市教育科学规划“十一五”重大课题“北京市学习型城市建设指标体系研究”的成果《学习型城市建设指标体系研究》由北京出版社公开出版发行。

10 月 25 日，北京市举办第十届全民终身学习活动周开幕式。受北京市建设学习型城市工作领导小组办公室委托、北京开放大学开发的北京市民终身学习移动化应用暨京学网移动版在开幕式上发布。

11 月 27 日，房山区接受并通过“北京市创建学习型城市示范区”评估验收。

12 月 11 日，顺义区接受并通过“北京市创建学习型城市示范区”评估验收。

2015 年

3—6 月，开展首都市民学习之星（第六批）评审，推出百名“首都学习之星”；并于 10 月举行的全民终身学习活动周上进行表彰。

6 月，北京市教工委、教委、社工委等十四个部门联合印发《北京市学习型城市建设行动计划（2016—2020）》，提出“十三五”时期共同推进学习型示范城区建设推进工程、市民终身学习示范基地建设工程、终身学习数字化网络平台建设工程、学分银行建设工程、学习型组织培育工程、创新职工素质提升工程、新型职业农民培训工程、老年教育“夕阳圆梦”工程、家庭教育和家风建设工程、社区教育指导服务系统建设工程等十大工程。

9 月，北京市人民政府代表团赴墨西哥城参加由联合国教科文组织和墨西哥城政府联合举办的“第二届学习型城市国际大会”，并被大会颁奖授予“联合国教科文组织学习型城市案例城市”，在会议上作经验发言。北京市学习型城市建设指标体系研究课题组作学术发言。

12 月 15 日，门头沟区创建“首都学习型城市建设示范区”评估会召开；门头沟通过了评估，成为“首都学习型城市建设示范区”。

12 月 24 日，平谷区创建“北京市学习型城区建设先进区”评估会召开；平谷区通过了评估。从 2002 年至此，北京市完成了对所有区（县）创建学习型城市先进区（县）的评估。并已有西城区、房山区、顺义区、门头沟区四个区通过评估，成为“首都创建学习型城市示范区”。

2016 年

2—6 月，根据联合国教科文组织《学习型城市全球网络成员资格申请书》填报要求，王安顺市长在英文版《申请书》上签字同意加入该网络，并得到联合国教科文组织批准。北京市成为继杭州后中国加入联合国教科文组织学习型城市网络的第二个成员城市。

3—6 月，开展首都市民学习之星（第七批）评审，推出百名“首都学习之星”。并于 10 月举行的全民终身学习活动周上进行表彰。

7 月，延庆区创建“首都学习型城市建设示范区”评估会召开；延庆区通过评估，成为“首都学习型城市建设示范区”。

9—11 月，为贯彻落实《教育部等七部门关于推进学习型城市建设的意见》精神，推进《北京市学习型城市建设行动计划（2016—2020 年）》实施，加强全市经验总结和交流，市学习办组织东城区、西城区、朝阳区、海淀区、顺义区、房山区、门头沟区、大兴区 8 个区开展第一批“学习型城市建设成果展示暨经验交流”活动。

2016 年 10 月 27 日，北京市举办第十二届“全民终身学习活动周”启动式。启动式上，北京市教委宣布设立在北京开放大学大学的“北京市社区教育指导中心”正式成立并为其授牌。

10 月底至 11 月初，北京市教委委托联想职教集团合作举办第 1 期“学习指导师”培训班，目的在于以学习指导师为种子，推动北京学习型城市建设工作。

2017 年

3—6 月，开展北京市市民学习之星（第八批）和第一批市级全民终身学习示范基地评选。

上半年，北京市学习办在丰台区、石景山区、通州区、延庆区、昌平区、怀柔区、平谷区、密云区、燕山地区等开展第二批“学习型城市建设成果展示暨经验交流”活动。从2016年下半年开始的北京市举办的“学习型城市建设成果展示暨经验交流”活动收官。

5月，北京市学习型城市研究中心、北京教科院职成所与共同举办“2017北京学习型城市建设发展论坛”。邀请台湾师范大学社会教育系、台湾社区教育学会的三位教授参会并研讨。

9月，北京市派团参加联合国教科文组织在爱尔兰科克市举办的第三届国际学习型城市大会。

10月底至11月初，北京市教委委托联想职教集团举办了第2期“学习指导师”培训班。

11月，北京市以“服务新北京建设，支撑新业态发展”为主题的第十三届全民终身学习活动周启动仪式在通州区举办。

2018年

1月，北京市教委和联想集团共同举办“北京市学习指导师进阶培训”。来自全市16个区的60余位社区教育和职业教育教师参加培训。培训后，学习指导师在学习办的支持下开展半年的项目研究和实施。

3—6月，开展北京市市民学习之星（第九批）和第二批市级全民终身学习示范基地评选。

7—11月，北京市参加教育部职成司学习型城市监测试点项目，应用以北京市专家为骨干研制的学习型城市建设监测指标对北京、上海、杭州、太原、长沙、武汉、深圳、常州等8个城市开展监测试点。

10月，由北京市教委和联想集团共同举办第3期“学习指导师”高级研修班。本届研修班，是从102名全市职成教系统报名教师中遴选60名学员，培养其成为“懂教学、会指导、能策划”的学习指导师。

11月8日，北京市以“城教融合谋发展，全民学习促提升”为主题的第十四届全民终身学习活动周启动仪式在石景山区举办。

11月8日，市学习办、市教工委和教委举行了“《北京市学习型城市建设行动计划（2016—2020）》中期评估和汇报展示”活动。全市16个区和燕山地区汇报学习型城区推进情况。

11月15日，怀柔区创建“首都学习型城市建设示范区”评估会召开；怀柔区通过评估，成为“首都学习型城市建设示范区”。

2019年

1月24日，中共北京市委教育工作委员会、北京市教育委员会、中共北京市委老干部局、北京市科学技术委员会、首都精神文明建设委员会办公室、北京市民政局、北京市人力资源和社会保障局、北京市财政局、北京市文化和旅游局、北京市卫生健康委员会、北京市农业农村局、北京市体育局、北京市总工会、共青团北京市委员会、北京市妇女联合会等15部门联合发布《关于加快发展老年教育的实施意见》。

3—6月，开展北京市市民学习之星（第十批）和第三批市级全民终身学习示范基地评选。

10月，北京市派团参加联合国教科文组织在哥伦比亚麦德林市举办的第四届国际学习型城市大会。

11月初，北京市教委和联想集团共同举办第4期“学习指导师”培训班。

11月14日，北京市第十五届全民终身学习活动周在用友产业园区数字企业体验馆开幕。开幕式上，北京市教委为北京开放大学颁发“北京老年开放大学”牌子以及授牌“北京市学分银行管理中心”。

11月中旬，北京市教育委员会下发“关于开展学习型城区建设监测项目工作的通知”；发布《北京市学习型城区建设监测指导性指标体系（试行）》。

11月18日，北京市教委、北京教科院、北京市学习型城市研究中心共同召开“学习型城市建设监测工作会”。应用《北京市学习型城区建设监测指导性指标体系（试行）》，在全市布置学习型城市建设监测工作。

12月，大兴区创建“北京市建设学习型城市工作示范区”评估会召开；大兴区通过评估，成为“北京市建设学习型城市工作示范区”。

2020 年

5—9 月，市教委组织专家完成 2020 年北京市市民学习之星（第十一批）评选工作。

9 月 11 日，2020 年北京市家庭教育与家风建设项目启动仪式暨项目咨询培训系列活动启动会在顺义区社区教育中心市民学习中心举行。

11 月 11 日，北京市第十六届全民终身学习活动周暨 2020 年职业教育活动周开幕式在北京朝阳规划艺术馆举办。现场表彰“2020 年首都市民学习之星”，并为北京市学分银行分中心、北京市老年大学分支机构授牌。开幕式现场，以展板形式举行“北京‘十三五’学习型城市建设成果展示”。

11 月 26 日，北京市召开“学习型城市建设工作十三五总结汇报现场会”。专家针对每个区的现场汇报、总结报告材料、监测结果等方面综合评价，评出 5 个一等奖，12 个二等奖。

12 月，北京市教委、联想集团共同举办第 5 期学习指导师培训班，并举行北京市学习指导师培养项目五年总结会，对过去五年的项目开展情况进行总结。在过去的五年时间里，学习指导师培训共开展 5 期，培养出 328 名学习指导师。

（杨树雨整理、编辑，张翠珠审校）

附录Ⅱ 北京市学习型城市建设重要文件汇总

文件 1

北京市教委关于在全市开展“发展社区教育促进学习化社区建设先进区县”评估工作的通知

京教职成〔2001〕27 号

各区县教委、政府文教办、教育局、成教局：

根据《北京市人民政府办公厅转发市教委关于加快发展社区教育意见的通知》（京政办发〔2001〕51 号）精神，我委决定在全市开展“发展社区教育促进学习化社区建设先进区县”评估工作。现将有关事项通知如下：

一、充分认识开展评估工作的目的和意义

开展“发展社区教育促进学习化社区建设先进区县”评估，目的是以评估促建设，全面推动我市各区县社区教育发展，促进学习化社区建设，使社区教育在引导全体市民树立终身教育观念，建立终身教育体系和学习化社会等方面发挥重要作用。各区县要加强对这项工作的领导，认真做好准备工作，并以此为契机，扎实工作，不断创新，推动社区教育工作上一个新台阶。

二、评估对象和评估内容

本次评估活动主要从规划与计划、组织与管理、基地与网络、实施与成效、保障措施、特色与创新六个方面对各区县开展社区教育，促进学习化社区建设的工作情况进行整体评价（详见附件）。

三、评估工作进度安排

2001 年下半年在一两个区县进行评估试点。在总结经验的基础上，从 2002 年开始正式评估，每年下半年评估一次。

四、评估方式

采取区县申报、自查与市教委组织专家评估相结合的方式和听汇报、座谈、听课、观摩、实地检查、查阅有关档案等方法进行评估。

（一）区县提出申请并依据评估指标体系进行自查、撰写自查报告，并于每年 6 月底前将评估申请及自查报告、自评分表报市教委职业教育与成人教育处。

（二）市教委组织有关专家于当年 9 月—12 月间，对每一个提出申请的区县进行评估。

五、评估结果

市教委将根据评估结果，给达到优秀标准的区县颁发“发展社区教育促进学习化社区建设先进区县”铜牌，给予表彰、奖励，并在全市宣传、推广其先进经验。

请各区县按照本通知精神，根据实际情况，制定具体的实施方案，做好评估准备工作。

附件：《北京市发展社区教育促进学习化社区建设先进区县评估指标体系》

二〇〇一年七月三日

主题词：教育　评估　通知

抄送：教育部职成司，市政府办公厅，市人大教科委，市政协教文卫委，各区县人民政府。

北京市教育委员会办公室　　　　2001 年 7 月 5 日印发

共印 1000 份

文件2

中共北京市委北京市人民政府 关于大力推进首都学习型城市建设的决定

2007年3月30日

党的十六大以来，各区县、各系统根据党中央、国务院及市委、市政府有关精神，在推进终身教育体系的建立和创建学习型区县、学习型组织等方面，进行了广泛的实践和积极的探索，并取得了显著的成效。为了落实科学发展观，全面提高市民素质，加快建设创新型城市，构建社会主义和谐社会首善之区，实现“新北京、新奥运”战略构想，大力推进首都学习型城市建设，特作出如下决定。

一、把推进学习型城市建设作为首都建设创新型城市、构建社会主义和谐社会首善之区的重要基础

（一）深刻认识推进学习型城市建设的重要意义。大力推进学习型城市建设是应对知识经济挑战，适应经济全球化，增强城市综合竞争力的必然选择；是建设创新型城市的基础和前提；是落实科学发展观，实现“新北京、新奥运”的战略构想，建设社会主义新农村，构建社会主义和谐社会首善之区的重要保证；是构建全民学习和终身学习的现代教育体系，提高广大市民素质，促进人的全面发展的现实需要。各级党委、政府都要深刻认识推进学习型城市建设的重要意义，把推进学习型城市建设作为落实科学发展观和构建社会主义和谐社会首善之区的一项事关全局的重大战略任务，纳入重要议程。

（二）推进学习型城市建设的指导思想是：以马克思列宁主义、毛泽东思想、邓小平理论和“三个代表”重要思想为指导，落实科学发展观，与建设创新型城市、构建社会主义和谐社会首善之区、精神文明创建活动和落实人

文奥运行动计划相结合。吸收和借鉴国外的先进经验，完善全民学习和终身教育体系，全面提升各类学习型组织的创建水平，促进人的全面发展和社会的全面进步。

（三）推进学习型城市建设的基本要求是：坚持以人为本，以促进首都市民全面发展为根本目的，大力提高市民的思想道德、科学文化和健康素质；树立首都意识、文明意识、学习意识、创新意识，做到党、政、工、团各类组织齐抓共管，充分发挥社团等群众组织的作用，动员广大市民群众积极参与；坚持实事求是，从实际出发，针对不同人群的需求，分阶段、有计划地推进工作。

（四）推进学习型城市建设的目标是：到2010年北京初步建成学习之都，成为以现代终身教育体系和学习型组织为基础，以广大市民的良好素质为支撑，教育事业最发达、学习资源最丰厚、学习氛围最浓厚、学习条件最优越、优势人才最集中、能够通过学习带动各项工作创造一流业绩、充满创新精神和发展活力的知识化、国际化大都市。为实现“新北京，新奥运”的战略构想，为构建社会主义和谐社会首善之区奠定坚实的基础。

具体目标是：

1. 构建各类教育相互沟通和相互衔接的终身教育体系。首都市民受教育程度进一步提高，基本满足人民群众对接受0~6岁学前教育的不同需求；6岁以上人口平均受教育年限达到12年，从业人员平均受教育年限超过12年，新增劳动力平均受教育年限达到15年左右；全市从业人员职前培训率达到90%以上，每年有50%以上的从业人员接受更新知识、提高技能的继续教育，有30%以上的居民接受社会文化生活教育。市民的现代文明素质和创新素质得到较大幅度的提升，各类人才数量有较大幅度增长。

2. 学习和创新成为首都发展的重要理念和市民的普遍行为。基本形成人人、时时、处处学习的社会氛围，多数市民把学习作为一种生活方式。市民学习的基本权利得到保障，终身学习的要求得到基本满足。各类组织重视履行学习和教育职能，并将其摆在优先发展的战略地位。创新成为多数组织和市民发展的内在需求，公众科学素质明显提高，全市形成浓厚的创新氛围，首都成为全国重要的创新基地。

3. 各类学习型组织的创建活动覆盖全市，各类学习型组织的创建率达80%以上，全市30%的社区（街道、乡镇）、机关、企事业单位等初步成为学习型组织。

4. 把和谐文化建设放在突出位置，以学习型城市建设促进和保证首都成为社会主义和谐社会首善之区。引导和组织广大干部和市民努力学习马克思主义中国化的最新成果，倡导爱国主义、集体主义、社会主义价值观，践行社会主义荣辱观。坚持以社会主义核心价值体系引领社会思潮，最大限度地在全体市民中形成思想共识。

5. 把落实人文奥运行动计划与创建学习型城市活动紧密结合起来。广泛开展奥林匹克知识学习教育活动。大力开展市民文明教育活动。围绕奥林匹克运动，开展专项学习活动，确保奥运会顺利进行。

二、加快建立首都终身教育体系和终身学习服务体系

（五）建立终身教育制度，促进终身学习。积极发展学前教育，高水平普及基础教育，大力发展职业教育，提高高等教育质量。要将终身教育和终身学习的思想贯穿到从幼儿教育到大学后继续教育的各个层次、各个领域，努力提高学习者的学习能力、就业能力和可持续发展能力；实现各类学历教育之间、学历教育与非学历教育之间的纵向衔接和横向沟通，加快形成开放灵活的教育功能；充分体现各类学校教育和社会教育相互融通、相互渗透和相互参与，促进各类普通教育学校面向社会开放，为市民提供丰富多样的教育和学习服务。积极推进入学考试制度改革，实行弹性学习制度，建立市民个人学习成果认证制度，扩大市民接受教育和培训的机会。

（六）大力开展社区教育，满足社区居民的多样化学习需求。充分发挥社区学院在社区教育中的重要作用，形成以社区学院为龙头，街道乡镇社区学校（社区教育中心）为骨干，社区内中小学校、市民学校、村成人学校和家庭教育为基础的社区教育网络。开展多层次、多内容、多形式的职业技能和

社会文化生活教育，并为中小学生提供良好的校外教育，为学龄前儿童、流动人口、残障人员、就业困难人员及老年人的学习提供服务，全面提高市民的综合素质。结合中小学校布局调整，整合教育资源，建设好街道（乡镇）社区学校（社区教育中心）。加强社区教育的课程和教材建设，开发一批适应居民需求的课程教材。组织普通教育教师下社区，建设一支专兼职结合的社区教育工作者队伍，充分发挥社区教育志愿者作用，大力发展健康科学的家庭教育，提高家庭教育水平。

（七）大力发展职业培训，全面提高从业人员的职业技能。逐步建立和完善政府主导、面向就业市场、依托企业、社会化、多层次的职业教育和培训体系，为企业输送大量的技能型人才和高素质劳动者。建立和完善现代企业职工培训制度；对企业在职职工以及转岗、失业人员提供多层次、多形式的职业教育和岗位技能培训，努力提高其工作能力、职业转换能力和创业能力。要加快现代制造业、现代服务业等紧缺的高技能人才培养，重点培养一批高级工、技师。大力支持行业龙头企业发展特色培训，加快发展符合产业发展要求的培训项目。发展教育培训市场，鼓励各种社会力量开展各类职业培训，支持工会、共青团、妇联、科协等群众团体以及非营利社会组织开展职业培训教育，促进社会化职业培训发展。

（八）大力推进继续教育，培养和造就一大批专业人才。各行业、各部门、各单位要以终身教育理念为指导，制定继续教育规划，完善考核评价体制，深度开发人才资源。充分发挥各级党校、行政学院、普通高等学校的作用，加强对党政机关公务员、企业经营管理人员和专业技术人员以新理论、新技能、新信息、新知识、新方法为主要内容的继续教育。加强创新型、复合型人才的培养，重点建设党政机关领导干部、企业经营管理人员、科技人才和技能人才等四支人才队伍。

（九）大力加强农村教育，推动社会主义新农村建设。加强和完善市 、区县 、乡镇和村四级农村教育办学网络；进一步提高农村基础教育的质量，全面推进培养和造就首都郊区社会主义新型农民行动计划，加快提高农村劳动者素质。大力发展农村中、高等职业教育和培训，改善农村劳动者的文化结构和专业技术结构，加快农村中、高层次实用型管理人才和技能人才的培养。充分利用现代信息技术手段，发展农村远程教育；实行普、职、成教“三教”统筹，推进农、科、教结合，大力开展农村实用技术培训。加强农村劳动力转移培训。培养一批社会主义新农村的建设者和带头人，造就一大批有文化、懂技术、会经营的社会主义新型农民。

（十）建立覆盖全社会的终身学习服务体系。充分发挥各级各类教育机构为全民学习和终身学习服务的功能，各类中小学校、高等学校、职业学校要带头在构建终身教育和终身学习服务体系中发挥重要作用。充分利用首都教育、科技、文化资源优势，形成覆盖城乡、面向市民的终身学习网络和服务平台。鼓励和组织专家学者及各级各类学校教师和大学生积极参与学习型城市建设。充分利用北京高校的智力资源，建立市民大讲堂，广泛传播中华民族优秀文化和科学技术知识。整合政府、行业、企事业单位的教育资源，各类学校和培训机构面向社会开放学习场所和教育设施，开设适应市民学习需求的专业和课程，开展多种形式的学习和培训活动。逐步扩大市、区两级图书馆、博物馆、科技馆、美术馆等公益性文化设施向市民免费开放的范围，扩展各类科技和文化设施的学习服务功能。开展学习需求调研，沟通学习信息。开展科技周、学习周、文化节等活动，形成浓厚的学习氛围。

（十一）充分发挥现代信息网络在终身教育体系中的重要作用。依托远程教育网络，发挥广播、影视、数字传媒等技术优势，创办市和区县综合性学习网站，开发网络学习资源，积极发展各类数字化远程教育，建立市民终身学习网络平台，加快推进开放大学建设，为全民学习提供技术支撑和服务。发挥网络学习在全民学习中的独特作用，加强网络管理，形成科学、健康的网络学习文化。

三、大力推进各类学习型组织的创建活动

（十二）创建学习型机关。围绕提高依法行政能力，结合机关工作岗位要求，强化业务培训，更新知识结构，创设学习载体，健全学习制度，提高学

习能力。领导干部在学习型机关建设中要率先垂范，促进机关学习氛围的形成。各级党组织都要努力成为学习型组织，充分利用党建资源，组织党员学习科学理论，保持党员先进性，提高党的执政能力。强化机关的组织学习，推进机关的观念创新、工作创新、机制创新；鼓励、支持机关工作人员参加各类提高履职水平的学习培训，培养具有创新思维和创新能力的机关工作人员。推进机关转变职能、增强服务意识，提高服务水平，努力建设勤政廉洁、务实高效的服务型机关。

（十三）创建学习型企事业单位。根据企事业单位知识创新、技术创新、效能提高等要求，引导员工制定职业生涯规划，不断学习新知识、新信息、新技术，积极开展员工的岗位培训和继续教育等学习活动，不断开发人力资源，鼓励人人成才。适应形势发展要求，更新观念，树立崇尚创新、积极进取的工作观。促进团队学习，使团队成员积极进行知识共享，思想沟通，形成默契合作的团队精神。推进整个单位的组织变革，改进领导方式，调动广大员工的积极性，挖掘人的内在潜能，形成与时俱进、追求卓越、勇于创新、人际和谐的组织文化，使整个单位不断提升创造活力和竞争力。

（十四）创建学习型学校。要发挥各级各类学校在建设学习型城市中的引领和骨干作用，大力推动教育创新，全面提高教育教学质量，主动开放学校资源，积极参与社区教育和学习型组织建设，积极服务全民学习。引导教师不断更新知识、转变观念，成为热爱学习、善于学习、终身学习的楷模。在尊重教师主导作用的同时，改变单纯灌输式的教育方法，探索创新教育方式；更加注重培养学生的创新精神和实践能力，大力加强素质教育，发挥学生的主动性，培养创新型人才。建设和谐校园，积极培育勇于探索、具有特色的学校文化，提高学校的办学水平和创新能力。

（十五）创建学习型社团。结合自己的实际，结合特定的内容和任务，发挥民间组织参与社会建设的独特功能，大力开展创建学习型社团活动。创建中要以服务群众为主题，在增强功能、拓展领域、提高水平方面，不断加强组织的学习，在实践中不断提高学习能力和服务能力，满足群众多样化的生活需求，推进经济社会协调发展，为社会主义和谐社会建设发挥促进作用。

（十六）创建学习型街道、乡镇、社区等区域性学习型组织。统筹辖区内的教育、文化、科技等资源，实现资源共享，保证经费投入，加强教育设施建设，完善区域内终身学习的服务体系，为居民创设更好的学习条件。把提高市民素质作为学习的重点，引导市民在学习中增长知识，陶冶情操，提高思想道德素质和科学文化素质，形成文明健康的行为方式。积极推进学习型家庭建设。

（十七）创建学习型区县。把学习型区县建设纳入区县经济和社会发展总体规划、社区建设规划和教育发展规划。把学习型区县建设与区域经济建设、民主管理、精神文明建设、构建社会主义和谐社会以及环境建设紧密结合，通过学习型区县建设促进区域全面发展。形成有特色的区域性学习和创建工作理念，推动各类学习型组织的建设。整合区域内教育和学习资源，形成具有区域特点的学习网络和创建模式，逐步培育各具特色的区域文化，激发区域创造能力，增强区域凝聚力，全面提高区域的持续竞争力。

四、建设学习型城市，为成功举办 2008 年北京奥运会提供坚实保障

（十八）落实人文奥运行动计划，充分开展学习教育活动。编辑出版有关普及奥林匹克知识的图书、影视等宣传作品和资料。各机关、企事业单位、学校和街道、社区居委会要通过群众喜闻乐见的形式，广泛开展奥林匹克知识学习活动，增强全体市民的“奥运意识”和“责任意识”。要特别重视对在校学生的宣传教育，将奥林匹克知识列入今明两年学校的教育内容，同时针对不同阶段学生的特点，开展多种形式的宣传教育活动。使广大市民进一步了解奥林匹克知识，在弘扬中华民族传统文化的同时，学习世界一切民族的优秀文明成果，为我所用。

（十九）大力开展市民文明教育活动，提高市民素质。把举办奥运会的过程作为提高市民文明素质、倡导文明健康生活方式和提升城市文明程度的过程。在构建社会主义和谐社会过程中，结合举办奥运会，大力开展和谐社区

及和谐家庭创建活动；大力开展“迎奥运、讲文明、树新风”活动，积极开展市民的文明礼仪教育、社会主义荣辱观教育和公民道德教育，提高市民的社会公德、职业道德和家庭美德修养，塑造北京人讲文明、重礼仪、团结友善、热情好客的良好形象。加强和改进未成年人思想道德建设，加强来京务工人员遵纪守法、维护环境和首都意识教育。继续开展市民学外语、讲外语活动，有步骤地推进文明区县、文明街道、文明村镇和文明行业的创建活动，营造崇尚学习、尊重知识、爱岗敬业、和谐融洽的社会氛围。

（二十）围绕奥运会开展专项学习活动，确保奥运会顺利进行。承担奥运会服务、面向中外游客的窗口部门和服务行业，要以“我为奥运作贡献，行业服务创一流”为主题，开展“文明服务”、“文明市场”、“文明商户”、“文明旅游景区”等系列学习活动，提高诚信服务和规范服务水平，保证奥运会期间首都窗口服务行业都能为中外宾客提供一流的服务。建立一支高素质、懂外语的奥运志愿者队伍，强化奥运志愿者对比赛项目和赛场礼仪的系统学习。加强对观众队伍的赛场文明礼仪教育，使观众自觉养成热情礼貌、文明观赛的良好习惯。

五、加强领导，完善建设学习型城市的保障机制

（二十一）建立科学的领导管理体系，完善组织领导机构。成立北京市建设学习型城市工作领导小组，负责组织协调全市学习型城市建设工作。各区县也要建立健全相应的指导协调工作机构，负责推进本地区学习型城区的建设工作。充分发挥工会、共青团、妇联、科协等群众团体和社会组织的作用。加强各部门统筹协调、资源整合，形成党委领导、政府主导、部门联动、社会协同、全民参与的学习型城市建设格局。

（二十二）建立健全各级领导责任制。明确各级党委、政府和各有关部门在建设学习型城市中的职责，各级党委、政府和相关部门的领导应加强对学习型城市建设工作的领导，狠抓落实，务求实效。建立“一把手”为建设工作“第一责任人”的制度，实行目标管理，把建设工作绩效作为“一把手”及主

管领导考核的主要内容之一。把建设学习型城市与创建文明单位、文明行业、文明社区、文明村镇活动结合起来，定期组织考核评比，确保工作落实。

（二十三）加大对创建学习型城市的宣传力度。要广泛深入地宣传建设学习型城市的重要意义，提高市民终身学习意识，努力在全社会营造良好的学习和创新氛围。各新闻单位要把宣传学习型城市建设作为一项重点工作，要开辟专栏，组织有分量的理论文章，有针对性地介绍有关学习型社会、学习型城市、学习型组织的知识；制作专题节目，宣传和表彰学习型城市建设过程中涌现出来的先进典型，介绍推广个人和组织积极学习的经验；倡导“知识铸就未来，学习改变命运”的理念，在广大市民中形成终身学习的高度共识和自觉追求，营造建设学习型城市的舆论氛围，不断提高建设学习型城市工作的自觉性。

（二十四）坚持理论联系实际的优良学风。要勤奋好学、学以致用，牢固地树立终身学习理念，坚持理论联系实际的马克思主义学风，把学习的体会和成果转化为全面建设小康社会、构建社会主义和谐社会的能力，转化为推动党的执政能力建设和先进性建设的能力。鼓励干部、职工通过学习不断创新，解决生产、科研、教学和工作当中的实际问题，不断提高业务质量和工作水平。

（二十五）完善学习激励机制。坚持科学的人才观，建立健全有利于公平竞争的人才培养与选拔的用人制度，突出学习能力、实践能力、创新能力在提职、晋级、评优等工作中的评价作用。建立健全职业资格证书制度和就业准入制度，进一步完善技术职称、技能等级体系，探索社会化的评审办法。要完善机关、企事业单位完善学习培训制度，鼓励支持职工参加各种在岗培训和学历升级。要建立和完善培训、考核、使用与待遇相结合的激励机制。加强劳动监察，督促落实员工接受教育培训的规定，保障员工接受学习培训的权利。试行个人学习账户制度。政府部门将积极研究鼓励措施，加大向农村劳动者和城市弱势群体提供职业培训服务的政策倾斜力度，激发劳动者参加职业培训和学习的积极性。进一步制定建设学习型城市的阶段性目标、任务、措施、工作重点以及实施途径、步骤。研究提出学习型城市指标体系，不断完善各类学习型组织创建工作的评估标准。

（二十六）建立先进典型的表彰奖励制度。逐步建立和完善对创建工作先进典型的考核评估和表彰奖励机制。北京市建设学习型城市领导小组今后将每年对在创建学习型区县、学习型组织活动中涌现出来的先进集体和先进个人进行表彰。评选“首都学习之星”，宣传和表扬先进典型。各行业、各区县也应建立相应的表彰奖励制度。

（二十七）推进终身学习的法规建设。加快制定有关本市促进终身教育的地方性法规，明确政府、企事业单位、社会团体和个人的权利、义务及相关责任，把推进学习型城市建设纳入法制轨道。

（二十八）完善投入机制。形成政府、企事业单位、社会团体共同承担的投入保障机制。各级财政每年要安排一定比例的经费用于支持终身教育和学习型城市的建设，且每年应有相应增长，并加大向农村倾斜的力度，确保建设学习型城市工作的稳定投入。一般企业要严格按照不低于职工工资总额1.5%的比例，技术要求高 、经济效益较好的企业要按照不低于职工工资总额2.5%的比例足额提取教育培训经费。企业培训经费的三分之二要直接用于一线职工的岗位技能培训。鼓励家庭个人增加教育和培训投入。

（二十九）加强学习型城市建设的理论研究与交流。成立北京市学习型城市建设专门研究机构，组织专门人员，不断研究国内外建设学习型城市及组织的最新动向与相关理论，推出一批具有时代特征的最新理论研究成果，编写出版指导丛书和培训教材。定期总结交流建设学习型城市和各类学习型组织的实践经验。

（三十）加强学习型城市创建队伍建设。发挥首都理论研究人才聚集的优势，建立一支实力较强、结构合理、善于创新的理论研究专家队伍，对各类学习型组织创建进行理念引导、观念更新及工作指导，不断提高学习型城市创建的质量和水平。培育一批有一定理论水平和丰富实践经验的创建实施和管理工作者队伍，使学习型城市建设健康、有序、持续地发展。发挥社区志愿者在联系群众、宣传普及、教育推广等方面的作用，吸引和带动更多的市民关心并参与学习型城市建设。

文件 3

中共北京市委教育工作委员会
北京市教育委员会
中共北京市委社会工作委员会
北京市社会建设工作办公室
首都精神文明建设委员会办公室
北京市发展和改革委员会
北京市民政局
北京市财政局 文件
北京市人力资源和社会保障局
北京市农村工作委员会
北京市文化局
北京市人民政府国有资产监督管理委员会
北京市总工会
北京市妇女联合会

京教职成〔2016〕8号

关于印发《北京市学习型城市建设行动计划(2016—2020年)》的通知

各区教工委、教委，社工委、社会办，文明办，发展改革委，民政局，财政局，人力社保局，农委，文化局，国资委，总工会，妇联：

现将《北京市学习型城市建设行动计划(2016—2020年)》

印发给你们，请认真贯彻执行。

市委教育工委　　市教委　　市委社会工委

市社会办　　首都文明办　　市发展改革委

市民政局　　市财政局　　市人力社保局

市农委　　市文化局　　市国资委

市总工会　　市妇联

2015年6月24日

北京市学习型城市建设行动计划
（2016—2020年）

为落实习近平总书记“中国要永远做一个学习大国”的讲话精神，践行国际学习型城市大会与会城市共同签署的《建设学习型城市：北京宣言》、《墨西哥城声明》，依据《教育部等七部门关于推进学习型城市建设的意见》及《北京市中长期教育改革和发展规划纲要（2010—2020年）》要求，结合北京实际，特制定本行动计划。

一、指导思想

深入贯彻落实党的十八大和十八届三中、四中、五中全会精神，深入学习贯彻习近平总书记系列重要讲话精神，坚持“四个全面”战略布局，牢固树立创新、协调、绿色、开放、共享的发展理念，牢牢把握首都城市战略定位，以人的全面发展为核心，汇聚资源、创新方式、服务发展，深入推进学习型城市建设，促进首都包容、繁荣与可持续发展。

二、建设目标

建设学习型城市行动计划的目标是：到2020年建成以完善的终身教育体系和学习型组织为基础，以广大市民的良好素质为支撑，学习资源丰厚、学习氛围浓厚、创新活力涌现的学习型城市，为实现首都教育现代化、建设国际一流和谐宜居之都夯实基础，为率先全面建成小康社会贡献力量。

到 2020 年，建成至少 12 个学习型示范区；建成 100 个市级“市民终身学习示范基地”；将“京学网”打造成资源丰富的网络化、数字化、个性化、终身化的学习公共服务平台；初步建成终身学习学分银行，为 500 万以上市民建立学习档案，提供学习成果积累与转换服务；建成 100 个示范性学习型组织，带动各级各类组织创新发展；建设 50 个职工继续教育基地，每年承担职工继续教育规模不低于 100 万人次；建成 100 所示范性成人学校，重点支持 50 个新型职业农民培训基地建设，提高新型职业农民的学历层次和职业技能；支持现有培训学校加大涉老养老服务人才培训力度；开发建设家庭教育和家风建设的资源库和宣传平台，弘扬传播中华民族传统的家庭美德。搭建社区教育分级指导服务系统，分阶段培养 100 名市级学习指导师，为各类社区学习活动提供专业支持；形成“互联网+社会教育+社会工作人才培养”培训体系，为首都社会服务与管理提供智力支持。

三、重点工程

（一）学习型示范城区建设推进工程

1. 目标与任务

学习型城区建设是深化建设学习型城市的重要载体。要将学习型城区建设与推进区域治理特别是社会治理体系和治理能力现代化相结合，促进区域教育功能全面发挥和特色发展。在已有 4 个示范区的基础上，分阶段培育建成一批学习型示范城区，使得示范区比例达到 70% 以上。

2. 功能与作用

学习型示范区建设的持续推进有助于健全区域终身教育体系和终身学习服务体系，有利于区域内教育综合改革和资源共享，有利于提高城乡居民综合素质、落实区域功能定位和可持续发展，有利于提高区域社会治理水平和多元主体的治理能力，进而为建设国际一流和谐宜居之都打下扎实基础。通过示范区创建，大力推进学习型街道、乡镇、社区和学习型家庭等持续建设，充分发挥教育服务区域发展，服务社会治理的功能，促进教育更加开放。示范区认定后，在深化学习型城区建设过程中，面向全市、京津冀乃至全国发挥示范引领和辐射带动作用。

3. 运行与管理

以评促建，保证学习型示范区创建过程扎实、创建质量过硬、创建成果显著。北京市建设学习型城市工作领导小组办公室组织专家，对示范区建设过程加强指导，加强对其在区域终身教育发展、学习型组织创建、教育资源开放共享、职成教育一体化发展及紧密服务区域经济和社会建设等方面的跟踪指导。示范区建设过程中应着力培育 3 个以上体现终身教育发展和学习型社会建设的示范项目，积极推动教育、文化、社会、民政、科技、宣传、组织、人力社保、总工会、妇联等不同部门协同创新，区政府在加强对相关部门统筹协调的同时，需特别发挥教育的社会功能，将学习型城区创建作为社会治理创新的重要手段。对照示范区评估指标，区域性及单位性学习型组织创建比例在 70% 以上，示范比例在 20% 以上。

（责任单位：市委教育工委、市教委。协办单位：市委社会工委、市社会办，市国资委，市发展改革委，市农委，市总工会，市民政局，市人力社保局，市文化局，市财政局，首都文明办，市妇联；北京教科院；各区有关委办局。）

（二）市民终身学习示范基地建设工程

1. 目标与任务

发挥政府主导、社会参与的作用，创新终身学习服务机制，加强市民终身学习基地建设，分阶段建成 100 个市级及一大批区级“市民终身学习示范基地”，并给予每个基地一定的专项经费支持。

2. 功能与作用

“市民终身学习示范基地”将在教育、文化、科技、体育等现有资源基础上，建成终身学习重要载体和场所，为市民提供学习、体验、创新、交流的平台，注重为老年群体、残疾人员及就业困难人员等特殊群体提供学习服务。发挥“市民终身学习示范基地”的核心辐射作用，带动周边学习型社区和学习型单位的建设，构建“市民终身学习圈”。

3. 运行与管理

合理规划区域内学习资源，创新学习服务供给机制，通过购买服务等方式调动社会组织参与社区教育服务，促进示范基地与学习型社区、学习型单位资源共享，提高示范基地的信息化、服务化、融合化、国际化水平。

（责任单位：市委教育工委、市教委。协办单位：市委社会工委、市社会办，市发展改革委，市民政局，市农委，市文化局，市财政局；北京教科院；各区有关委办局。）

（三）终身学习数字化网络平台建设工程

1. 目标与任务

适应“互联网+”发展趋势，依托北京开放大学建设开放、共享的终身学习数字化网络平台——“京学网”，为市民提供公益性的开放学习服务。推动各区数字化网络学习平台的建设，完善市级平台与各区学习平台的数据连通，实现市区两级用户统一、资源共享、数据互通、联动运行，打造全市互联的智能化终身学习公共服务平台，支撑500万级用户服务，提供大规模、个性化定制学习服务。

2. 功能与作用

通过“京学网”向市民提供更加便捷和内容丰富的开放式在线学习服务，汇聚高等学校、职业院校、数字学校的精品课程，以及社区教育、农村远程教育等优质教育资源，开发特色微课程，建设终身学习课程超市；通过移动终端提供智能化、基于位置的学习服务，形成具备信息检索、资源推荐、查询、评价等功能的学习信息综合服务地图。

3. 运行与管理

探索新型终身学习服务供给方式，采取公共服务与市场运营相结合的模式，推动和扩大社会合作，鼓励和吸引行业企业和社会力量参与终身学习服务，形成可持续发展机制。制定课程超市和学习地图的准入标准，鼓励各类院校、教育机构和公共文化机构在“京学网”开设在线课程，鼓励互联网企业与社会教育机构根据社会需求开发数字教育资源，提供网络化教育服务。

（责任单位：市委教育工委、市教委。协办单位：市委社会工委、市社会办，市农委，市国资委，市文化局，市财政局，市民政局；北京开放大学；各区有关委办局。）

（四）学分银行建设工程

1. 目标与任务

建立个人学习账号和学分累计制度，畅通继续教育与终身学习的通道。实现个人学习信息存储、学习成果认证、学分积累与转换，激励市民终身学习，建立市民终身学习账户和管理系统。分阶段为500万市民建立终身学习账户，发放“京学卡”。

2. 功能与作用

拓宽终身学习通道，开展终身学习成果积累与转换工作。建立市民终身学习档案，为普通高校、职业院校、成人高校之间学分积累与转换提供平台；与行业企业合作，共同开发行业领域的能力标准，作为课程标准和学习成果认证的基础，推动办学主体之间学习成果的合理互认和相互衔接。

3. 运行与管理

依托北京开放大学，组建市级学分银行管理中心、学分银行网上服务中心。依托开放大学体系和其他教育机构或有影响力的大型企业培训中心，设立学分银行分中心，合理规划、部署学分银行服务网点。积极探索各类学习学分认定与学分转换等制度。

（责任单位：市委教育工委、市教委。协办单位：市财政局；北京开放大学，北京教育考试院；各区有关委办局。）

（五）学习型组织培育工程

1. 目标与任务

推动机关、事业单位、企业、社团等各类组织提高管理效能和创新活力，通过完善管理、培训指导、能力建设、行动促进等方式，分阶段培育和认定100个示范性学习型组织，进一步完善各类学习型组织评价指标体系。

2. 功能与作用

在原有各类学习型组织创建的基础上，培育示范性学习型组织并推广经验，推动各类组织转变思维方式、改进学习模式、塑造组织文化、实现管理变革，社会治理创新发展。

3. 运行与管理

建立以区域、行业与系统齐抓共管、协同共促的学习型组织创建机制，形成调研、视导、培育、评估、激励、交流、回访制度。建设北京学习型组织案例库，举办学习型组织论坛，开展国内外宣传和推广。

学习型企业建设（责任单位：市国资委。协办单位：市委教育工委、市教委，市人力社保局，市财政局；清华大学；各区有关委办局。）

学习型学校建设（责任单位：市委教育工委、市教委；协办单位：市财政局；首都师范大学；各区有关委办局。）

学习型社团建设（责任单位：市民政局。协办单位：市委社会工委、市社会办，市财政局；各区有关委办局。）

（六）创新职工素质提升工程

1. 目标与任务

依托行业企业、职业院校和培训机构，深入推进职工素质提升工程。完善一批首席技师工作室和职工创新工作室；加强校企结合，促进跨行业、专业化、社会化示范性的公共实训基地建设；建设50个职工继续教育基地，每年参与素质工程的职工达到100万人次。

2. 功能与作用

逐步建立和完善政府主导、面向就业市场、依托企业、社会化、多层次的职工教育体系。大力支持行业企业发展特色培训，加快发展符合产业发展要求的培训项目，完善职工终身学习制度，探索建立企业大学或虚拟学习社区，推动我市技术技能人才队伍建设。推进职业院校、成人教育机构面向行业企业开展多种类型的职工继续教育，开展面向前沿的高端研修培训，参与学习型企业建设，促进大众创业、万众创新，服务京津冀协同发展和产业结构转型升级。

3. 运行与管理

加强对职工素质提升工作的领导，建立健全由主要领导负责的目标责任制；建立健全技术技能人才培养的运行机制。坚持市场性与公益性相结合，鼓励各种社会力量开展各类职业培训，支持工会、共青团、妇联、科协等群众团体以及各类社会组织参与职工素质工程，促进社会化职业培训发展。借鉴国内外知名企业和教育培训机构运行模式，提高职工继续教育质量。

（责任单位：市总工会。协办单位：市委教育工委、市教委，市人力社保局，市国资委，市财政局，首都文明办，市妇联；北京开放大学；各区有关委办局。）

（七）新型职业农民培训工程

1. 目标与任务

提高新型职业农民的学历层次和技术技能，进一步落实“科教兴农、人才强农、新型职业农民固农”的战略，依托现有大中型企业、职业院校、成人教育中心及各类培训机构，分阶段建设100所示范性成人学校，重点支持50个新型职业农民培训基地建设，推动京津冀新型职业农民培训。

2. 功能和作用

逐年提高新型职业农民的受教育年限和学历层次，加强现代农业技术技能培训，增强新型职业农民增收致富的能力及自主创新能力，为都市型现代农业持续健康发展提供坚实的人力资源和保障。

3. 运行与管理

积极探索新型职业农民培育课程改革，加强新型职业农民培育的教材建设与课件开发。依托北京市农业广播电视学校，积极筹建新型职业农民终身学习“讲师团”，具体指导新型职业农民开展学习与培训。制定新型职业农民学历教育和技术技能培训补贴政策，提高新型职业农民培训参与率和绩效。

（责任单位：市农委。协办单位：市委教育工委、市教委，市人力社保局，市财政局；10个远郊区有关委办局。）

（八）老年教育“夕阳圆梦”工程

1. 目标与任务

以推动老年教育事业发展和培养涉老养老服务业人才为目标，坚持学历教育及文化生活培训并举、线上与线下教育学习并重，整合社会教育培训资源，逐步形成满足老年人对文化生活和社会对涉老养老服务业人才培养的需求。不断深化老年教育和涉老养老服务业人才培训的教学改革，研究课程方案，开发教学软件，制作教学视频、编制老年教材等。积极开展老年学历教育，实施“夕阳圆梦”工程。到2020年支持现有培训学校加大涉老养老服务人才培训力度，加大北京劳动保障职业学院等职业院校养老服务专业建设和招生工作。

2. 功能与作用

以教育学习活动为载体，把老年人组织起来、学习起来、活动起来、快乐起来、健康起来。最终实现老有所学、老有所教、老有所为，惠及每个老年人的普惠性老年教育。培养一批专业化涉老养老服务人才，为老龄社会提供人才保障。

3. 运行与管理

形成教委统筹，民政、人力社保、财政等相关部门密切配合、明确职责、齐抓共管、共同推进老年教育事业和涉老养老服务人才培养的管理、运行、监督、投入等工作机制。

（责任单位：市委教育工委、市教委。协办单位：市民政局，市人力社保局，市财政局，市总工会；各区有关委办局。）

（九）家庭教育和家风建设工程

1. 目标与任务

弘扬传播中华民族传统家庭美德，促进家庭和睦和社会和谐。立足丰富的教育和传统文化资源，组建专家和志愿者团队，研究发掘古今优秀的家庭教育和家风建设案例，开发建设家庭教育和家风建设的资源库；充分利用网络平台和新媒体手段，面向社区、学校、企事业单位宣传报道优秀家教家风案例。

2. 功能与作用

良好家教是青少年成长的保障，淳厚的家风是社会文明长治久安的根基。家庭教育和家风建设工程传播弘扬传统孝道观念，倡导家风正、民风纯、政风清的社会风气，对当代中国社会有效治理和可持续发展具有积极作用。

3. 运行与管理

依托首都丰富的专家资源，建立“家庭教育与家风建设推广中心”，借鉴“伴随成长公益项目”的模式和经验，开发家庭教育和家风建设服务网上平台和移动终端平台，面向学校、社区拓展平台信息服务的覆盖面，并通过开放性的架构，吸收各类优质的家庭教育和家风建设公益组织的资源，探索政府引导，社会组织多元参与组织运作的模式。

（责任单位：市妇联，市委教育工委、市教委。协办单位：市委社会工委、市社会办，市财政局，首都文明办；各区有关委办局。）

（十）社区教育指导服务系统建设工程

1. 目标与任务

建设社区教育分级指导服务系统。依托北京开放大学，成立北京市社区教育指导中心；各区成立社区教育指导分中心，在街道设立专职社区教育指导工作岗位，形成市、区、街、社区四级社区教育组织网络。加强社区教育工作者和学习指导师队伍建设，提升业务能力，完善培训体系，分阶段选拔和培训100名市级高水平、专业化学习指导师；各区培养一大批专兼职结合的社区学习指导师和志愿者队伍。打造一支业务精通、经验丰富、善于创新的专业化队伍。实施“互联网+社会教育+社工培养”系统工程，由北京开放大学与市委社会工委、市社会办共同建立北京开放大学社会学院。

2. 功能与作用

充分发挥市区两级社区教育指导中心的作用，为各级社区学习活动的开展提供业务指导和专业服务。充分发挥学习指导师的理论指导、经验传播、实践参与、方案策划、项目研发等作用，提供学习活动策划、社区课程研发、个性化学习指导、学习咨询、学习资源获取等指导服务，促进社区教育的有效开展。充分发挥开放大学线上教育资源，为社区专职工作者提供处处可学、时时能学的职业资格及继续教育平台，系统化、可持续地提高社区工作者业务能力，夯实社会治理基础。

3. 运行与管理

市级指导中心负责全市社区教育的业务指导、资源整合和统筹协调工作。各区社区教育指导分中心负责各区社区学校、社区学习中心的学习教育活动的指导工作。研制社区教育课程标准、学习活动标准、社区教育工作者和学习指导师能力素质标准，组织开展培训。依托北京开放大学社会学院，面向社区专职工作者开展职业水平证书和社会工作本（专）科证书教育双证融通教学。组织开展社区教育活动成效评估和满意度调查，建立社区教育年报制度。采取项目引领、跨界培训、实践学习、陪伴成长等方式，培育学习型城市建设的骨干团队，建立学习指导师人才库。

（责任单位：市委教育工委、市教委，市委社会工委、市社会办。协办单位：市财政局；北京开放大学；各区有关委办局。）

四、保障机制

（一）加强组织领导

充分发挥北京市建设学习型城市工作领导小组的作用，充分发挥其宏观规划和综合协调职能，进一步加强市区各部门统筹协调和资源整合力度。

市学习办积极加强《行动计划》的过程管理、分类指导、工作研讨和经验交流等工作，建立健全目标管理、效绩考评制度，并明确《行动计划》具体分工。

（二）完善法规政策

推进法制建设，加快制定《北京市终身学习促进条例》，明确界定在推进终身教育过程中党政机关、企事业单位、社会组织、教育机构与学习者的责任、权利与义务，将学习型城市建设纳入法制轨道。重点加强领导体制、决策机制、协调与激励制度建设等顶层设计。建立健全与就业准入、工作考核、岗位聘用、职业注册等制度相衔接的终身学习、继续教育激励机制。建立北京市民终身学习统计制度，完善终身学习的统计信息体系；研制北京学习型城市建设监测评估指标体系，开发学习型城市监测评估工具，构建监测评估制度体系。

（三）加大经费投入

加大学习型城市建设经费的投入，拓宽社会资金投入渠道。市财政每年投入建设学习型城市工作相应经费，各区财政每年配套投入相应建设学习型城区工作经费，支持本区建设学习型城市工作可持续发展。鼓励企业和其他社会组织积极参与建设学习型城市工作，并给予相关的优惠政策。

（四）强化舆论宣传

教育部门发挥引领和协调作用，通过召开研讨会、报告会、经验交流会、表彰会等形式，充分发挥现代媒体的作用，利用网络、广播、电视、微信、微博和报刊杂志等渠道，普及传播终身学习理念，广泛宣传终身学习理念和学习型城市建设的重要意义。各宣传部门和新闻媒体，要加大对学习型城市建设工作的宣传力度，开辟专栏，制作专题节目，大力宣传在创建活动中涌现的先进典型，传递正能量。

积极培育终身学习文化，营造全社会关心、支持、参与学习型城市建设的浓郁氛围，使学习风尚融入城市文化，提升首都城市核心竞争力，以及文化特色和城市品位。积极举办“全民终身学习活动周”、“市民大讲堂”等群众喜闻乐见的学习活动，倡导和支持全民阅读。

（五）加强理论研究

充分发挥理论研究的先导作用，发挥高等院校、社会科研机构的智库作用，大力开展学习型城市建设理论研究和政策研究，为首都学习型城市建设和各类学习型组织建设提供战略咨询、科研指导和支撑服务。进一步加强北京市学习型城市研究中心、北京师范大学首都学习型社会研究院、清华大学北京组织学习与城市治理创新研究中心及首都师范大学学习型学校建设促进中心的建设；加强市区两级学习型城市工作骨干队伍建设。加强京津冀学习型城市建设的合作与交流。在总结建设学习型城市和学习型组织实践经验的基础上，积极深化理论研究、制度研究和战略研究，推出系列具有指导实践的研究成果，提升北京学习型城市建设与研究的国际影响力。

北京市教育委员会办公室

2016 年 6 月 30 日印发

文件 4

北京市教育委员会关于开展学习型城区建设监测项目工作的通知

各区教委，有关单位：

为落实《教育部等七部门关于推进学习型城市建设的意见》有关要求，根据教育部职成司《关于进一步开展学习型城市建设监测项目工作的通知》（职成司函〔2019〕100 号）精神，要求各省、直辖市建立实施监测的工作机制，对所辖区域开展学习型城市建设自监测工作。现将我市开展学习型城区建设监测项目实践（以下简称“项目”）的有关事项通知如下：

一、开展学习型城市建设监测项目的重要意义

加快学习型城市建设是贯彻落实习近平总书记关于教育的重要论述和党的十九大精神的实际行动，也是实现《国家中长期教育改革和发展规划纲要（2010—2020 年）》提出的“2020 年基本形成学习型社会”的战略目标的重要举措。十九届四中全会颁布《中共中央关于坚持和完善中国特色社会主义制度、推进国家治理体系和治理能力现代化若干重大问题的决定》，明确提出“构建服务全民终身学习的教育体系：发挥网络教育和人工智能优势，创新教育和学习方式，加快发展面向每个人、适合每个人、更加开放灵活的教育体系，建设学习型社会。”开展学习型城区建设监测项目，建立“项目”监测工作机制，对于健全服务全民终身学习的现代教育体系，提高学习型城市建设质量和水平，推动学习型城市建设创新发展具有重要的促进作用。各区教育行政部门要高度重视，加强组织领导，采取有力措施，做好统筹协调和组织实施工作。

二、开展学习型城市建设监测项目的目标任务

根据教育部印发的《全国学习型城市建设监测指导性指标体系》，结合我市实际制定的《北京市学习型城区建设监测指导性指标体系》，具体的目标任务是：

（一）各区要建立学习型城区建设监测常态化工作机制，科学衡量学习型城市建设的进程、质量和水平，为北京学习型城市建设监测提供依据。

（二）组织动员相关部门参加学习型城区监测项目。

（三）搭建监测工作信息化交流与服务平台，逐步建立学习型城区建设过程和建设水平的动态信息数据库。

三、学习型城市监测项目的组织实施

（一）各区要成立学习型城区建设监测项目工作组，制定工作计划和方案，落实人员负责收集、分析监测数据，开展项目的全面研究，撰写监测报告。

（二）北京教科院终身学习与可持续发展教育研究所负责监测工作的组织协调工作，并做好监测过程中的沟通联络和工作指导服务。在各区监测数据和报告的基础上并形成北京市学习型城市建设监测总报告。

（三）各区要建立学习型城市建设监测工作的跨部门协调工作机制，制定工作计划和方案，落实人员、经费等保障条件。

四、工作要求

（一）各区教育行政部门要积极组织本区域相关部门参与监测工作。对照指标体系，分析存在的问题，制定措施，并提出推进工作的意见，加快推动本区域学习型城区建设工作。

（二）各区要按照监测指标体系，客观、全面、完整地收集、上报本地监测数据，撰写监测报告和学习型城区建设发展报告。并于 2019 年 12 月 10 日前将学习型城区监测数据表和定性描述表、学习型城区建设监测报告报送市教委职成处。

市教委职成处联系人：陈敬文，电话：010－51994718，邮箱：xxxcs@126. com；

北京教育科学研究院联系人：张翠珠，电话：13701384466，邮箱：cuicui63@vip. sina. com。

附件：

1. 北京市学习型城区建设监测指导性指标体系（试行）

2. 北京市学习型城区建设监测指导性指标体系定量数据填报表

3. 北京市学习型城市建设监测指标体系定性描述表

4. 北京市学习型城区建设监测工作负责人联系表

北京市教育委员会

2019 年 11 月 19 日

附件 1

北京市学习型城区建设监测指导性指标体系（试行）

指标类型	关键指标	数据填写	信息性质说明
1. 背景性指标	1.1 人均 GDP		统计部门数据
	1.2 社区养老服务机构和设施数		民政部门资料
	1.3 每万人拥有社会组织数量（个）		民政部门数据
	1.4 每万人年专利授权量		统计部门数据
	1.5 新增劳动力平均受教育年限		统计部门数据
	1.6 城镇登记失业人员就业率		统计部门数据
	1.7 公共教育经费支出占 GDP 的比例		财政部门统计数据
	1.8 人均教育、文化消费支出数		统计部门数据
	1.9 万元 GDP 能耗		统计部门数据
	1.10 人均公园绿地面积增长率		统计部门数据
2. 基础性指标	2.1 区委区政府将学习型城区建设列入当地经济社会发展规划	附件 2	区委区政府出台的相应文件或主要领导相关报告、讲话
	2.2 对学习型城区建设工作广泛宣传	附件 2	各类媒体、网站、会议、讲座和其他宣传活动的记载
	2.3 建有多部门共同参与的推进学习型城区建设的领导、管理和组织机制	附件 2	列出名称、成立时间；工作部署等相关文件
	2.4 建有推进学习型城区建设工作指导服务机构	附件 2	列出名称、成立时间和主要开展的工作
	2.5 建立了学习型城区建设评价、督导、激励等相关制度	附件 2	评估、监测、督导制度等文件及其实施情况
	2.6 学前三年毛入园率		教育部门统计数据
	2.7 高中阶段教育入学率		教育部门统计数据
	2.8 规模以上企业员工培训参与率		相关成人继续教育统计数据
	2.9 对农民工、失业者、低技能者、残疾人等弱势群体开展教育培训的情况	报告	相关政策、文件及实施情况
	2.10 老年教育开展情况	附件 2	相关政策、文件及实施情况（含老年大学，老年教育学校、分校、教学点数量等三级网络情况；年教育培训数量；养教结合开展情况）

续表

指标类型	关键指标	数据填写	信息性质说明
2. 基础性指标	2. 11 家庭教育开展情况	报告	相关政策、文件及实施情况
	2. 12 城乡居民社区教育年参与率		相关成人继续教育统计数据
	2. 13 人均城乡社区教育经费		近三年，分年度统计数据
	2. 14 平均每万名城乡居民拥有社区学习场所面积		相关成人继续教育统计数据（三级社区教育机构用于社区教育培训、学习的场地面积/常住人口数）
	2. 15 社区教育专职管理、教学、学习指导师队伍总人数占常住人口的万人比		教育部门统计数据
	2. 16 终身学习活动周举办的活动数量和覆盖面；举办社区、市民主题教育活动数量	报告	相关活动开展情况
	2. 17 已培育认定的市、区学习品牌数量和学习之星数量		市、区二级分别的统计数据
	2. 18 已培育、认定的市民终身学习示范基地、职工继续教育基地		市、区二级基地数量和培训人次
	2. 19 示范性成人学校建设、新型职业农民培训基地数量		市、区二级基地数量和培训人次
	2. 20 近三年学习型街道（乡镇）及学习型社区（新村）等区域性学习型组织建设情况	报告	相关文件；评估、认定数量及认定率
	2. 21 近三年学习型机关、企业、事业单位、学校及社会组织等单位性学习型组织建设情况	报告	相关文件；评估、认定数量及认定率
3. 发展性指标	3. 1 普通教育学校服务社会、社区情况	附件 2	资源开放情况；服务社会、社区形式和成效
	3. 2 区域内职业院校年度校均开展继续教育培训、社区教育人天数		教育统计数据及相关材料
	3. 3 推动高等学校服务区域发展的情况	报告	本辖区高校数量及服务社区教育、全民学习的活动内容、数量和人次

续表

指标类型	关键指标	数据填写	信息性质说明
3. 发展性指标	3.4 区级市民学习平台与网络建设水平		相关数据（学习平台与网站数量、课程门数，资源数量，学时量，网站点击量）
	3.5 探索建立学分积累与转换，促进不同类型学习成果互认和衔接	附件 2	相关政策、文件及进展情况
	3.6 全民阅读推动与发展情况	报告	相关数据与报告（含街道图书馆（室）、社区书屋、农家书屋、职工书屋的数量）
	3.7 开展示范性学习型社区建设情况	附件 2	相关文件、材料
	3.8 开展示范性学习型组织、学习型社团建设情况	附件 2	相关文件、材料
4. 特色性指标	4.1 学习型城区建设有效服务、助推区域发展战略和中心工作	附件 2	相关文件、资料和经验案例（研究成果）材料，并注明年度时间
	4.2 在推进学习型城区建设的体制、机制等方面有创新	附件 2	相关文件、资料和经验案例（研究成果）材料，并注明年度时间
	4.3 在培育示范性、创新性项目以及品牌建设方面成绩突出	附件 2	相关文件、资料和经验案例（研究成果）材料，并注明年度时间
	4.4 近五年来城区获得与学习型城区有关的市级以上的荣誉称号	附件 2	相关文件或奖项、证书

注：指标体系中共包含 4 大类，43 项指标。

已参评北京市建设学习型城市示范区的区，将在 4.3、4.4 中得到加分。

附件 2

北京市学习型城区建设监测指导性指标体系定量数据填报表

	关键指标	信息性质说明	数据填写
定量指标	1.1 人均 GDP	统计部门数据	
	1.2 社区养老服务机构和设施数	民政部门资料	
	1.3 每万人拥有社会组织数量（个）	民政部门数据	
	1.4 每万人年专利授权量	统计部门数据	
	1.5 新增劳动力平均受教育年限	统计部门数据	
	1.6 城镇登记失业人员就业率	统计部门数据	
	1.7 公共教育经费支出占 GDP 的比例	财政部门统计数据	
	1.8 人均教育、文化消费支出数	统计部门数据	
	1.9 万元 GDP 能耗	统计部门数据	
	1.10 人均公园绿地面积增长率	统计部门数据	
	2.6 学前三年毛入园率	教育部门统计数据	
	2.7 高中阶段教育入学率	教育部门统计数据	
	2.8 规模以上企业员工培训参与率	相关统计数据	
	2.12 城乡居民社区教育年参与率	相关统计数据	
	2.13 人均城乡社区教育经费	近三年，分年度统计数据	
	2.14 平均每万名城乡居民拥有社区学习场所面积	三级社区教育机构用于社区教育培训、学习的场地面积/常住人口数	
	2.15 社区教育专职管理人员、教师、学习指导师总人数占常住人口的万人比	教育部门统计数据	
	2.17 已培育认定的市、区学习品牌数量和学习之星数量	市、区二级分别的统计数据	
	2.18 已培育、认定的市民终身学习示范基地、职工继续教育基地	市、区二级基地数量和培训人次	
	2.19 示范性成人学校建设、新型职业农民培训基地数量	市、区二级基地数量和培训人次	
	3.2 本区职业院校年度校均开展继续教育培训、社区教育人次	教育统计数据	
	3.4 区级市民学习平台与网络建设水平	相关数据（课程门数，资源数量，学时量，网站点击量）	

附件 3

北京市学习型城市建设监测指标体系定性描述表

指标序号	填写内容	备注
2. 1		
2. 2		
2. 3		
2. 4		
2. 5		
2. 10		
3. 1		
3. 5		
3. 7		
3. 8		
4. 1		
4. 2		
4. 3		
4. 4		

附件 4

北京市学习型城区建设监测工作负责人联系表

区名	姓名	单位	职务/职称	联系方式	备注
东城区					
西城区					
朝阳区					
海淀区					
丰台区					
石景山区					
门头沟区					
顺义区					
通州区					
房山区					
大兴区					
昌平区					
平谷区					
怀柔区					
密云区					
延庆区					
燕山地区					

后 记

北京市学习型城市建设实践已历经20载。2007年北京市委市政府出台《关于大力推进首都学习型城市建设的决定》，2016年北京市教委联合13个委办局共同发布《北京市学习型城市建设行动计划（2016—2020年）》，奠定了北京市学习型城市的建设格局与实践模式。为客观真实反映北京市学习型城市建设的过程与方法，总结建设经验与特色，在北京市建设学习型城市领导小组办公室、北京市教委的大力支持下，北京教科院终身可持续所组织力量编写了《北京市学习型城市发展报告（2020）》。本书分为三个部分：

第一部分“建设充满创新精神和发展活力的学习之都”，系统回顾、梳理、总结了北京市学习型城市建设的缘由、理念、特征、模式、路径与成效等。这部分由张翠珠、桂敏、林世员执笔。

第二部分“区域发展：北京市学习型城区建设发展报告”，全面反映北京市十六个区和燕山地区创建学习型城区的实践，是根据各区教委在2018年北京市开展的“学习型城市建设成果汇报展示活动”中提交的材料整理而成。

第三部分“路径探索：北京市学习型城市建设的特色实践”，选取各区在学习型城市建设过程中的一些特色与创新实践作为案例，从一个个具体项目的实施来反映北京市建设学习型城市的方法、路径与创新。案例由中关村学院、东城区社区学院、朝阳区社区学院、顺义区社教中心、通州区教师研修中心、房山区成人（社区）教育中心等提供。

附录部分，我们将北京市学习型城市建设的重要文件选取部分附上。此外，北京市学习型城市特约研究员、中国传媒大学杨树雨教授精心整理了

《北京市学习型城市大事记（2000—2020年）》一并附录于后，方便大家了解和研究。

全书由史枫、张翠珠统稿、审校。

本书在编写过程中，得到北京市教委职成处、北京市建设学习型城市专家组、北京市学习型城市研究中心各位特约研究员的大力支持和帮助，在此，我们向以上所有单位和个人致以最诚挚的谢意！

编著者

2020年12月